우리友利 한자 808

우리한자 808

발행일 | 1판 2쇄 2021년 10월 7일

지은이 | 이기훈
주 간 | 정재승
교 정 | 홍영숙
디자인 | 배경태
펴낸이 | 배규호
펴낸곳 | 책미래

출판등록 | 제2010-000289호
주 소 | 서울시 마포구 공덕동 463 현대하이엘 1728호
전 화 | 02-3471-8080
팩 스 | 02-6085-8080
이메일 | liveblue@hanmail.net

ISBN 979-11-85134-37-6 03900

국립중앙도서관 출판시도서목록(CIP)

우리한자 808 : 고대문화로 해석한 808 한중일 공용한자 :
(中) 요우리 한쯔, (日) 유리 칸지 / 지은이: 이기훈. -- 서
울 : 책미래, 2017
    p. ;   cm

ISBN 979-11-85134-37-6 03900 : ₩16000

한자(글자)[漢字]
한중일[韓中日]

711.4-KDC6
495.71-DDC23   CIP2017006526

우리 友利 한자

고대문화로 해석한 808 한중일 공용한자
(中) 요우리 한쯔 | (日) 유리 칸지

808

이기훈 지음

"한자를 아는 것이 얼마나 큰 힘이 되는지 나는 해외에 나와서야 비로소 알았다. 그 전에는 한자의 중요성과 필요성에 대해 제대로 말해 주는 사람이 없었다. 왜 그랬을까?"

- 한비야의 《중국견문록》 중에서 -

Ⅰ. 한자의 변천

한자는 중국에서 수천 년 전부터 조금씩 발전해 오다 중국의 두 번째 왕조로 알려진 상(商, BC 1600~BC 1046)나라에 의해 대대적으로 개발이 됩니다. 상나라는 마지막 수도가 은(殷)이었기 때문에 은나라라고도 불리는 나라입니다. 상나라가 멸망한 이후 중국은 점차 춘추전국시대(BC 770~BC 221)의 혼란에 빠지고, 각지에서는 저마다 조금씩 다른 글씨체를 발전시킵니다. 이렇게 지역마다 다른 글자들을 통일한 사람이 있었는데, 바로 중국의 혼란을 잠재운 진(秦, BC 221~BC 206)나라의 군주 진시황(秦始皇)입니다.

중국 최초의 통일 왕조인 진(秦)나라는 원래 중국 서북쪽에 위치한 약소국이었습니다. 이 나라는 중국 북쪽 변방 민족의 풍습이 강하여 중원의 강국들로부터 무시를 당하기도 했는데, 점차 세력을 길러 중국 전체를 통일하는 대업을 이룹니다. 그런데 이 진나라와 관련하여 한 가지 알려지지 않은 흥미로운 사실이 있습니다. 진나라가 신라의 전신인 진한(辰韓)과 관련이 깊다는 사실입니다. 중국과 한국의 고대 역사서에는 진시황의 진나라 사람들이 한반도 동남부로 이주해 와서 나라를 세웠다고 기록하고 있습니다.

"진한(辰韓)은 마한의 동쪽에 있는데, 스스로 말하기를 자신들은 진(秦)나라에서 도망 온 사람들로서, 부역을 피해 한(韓)나라로 왔는데, 한(韓)

나라에서 동쪽 지역에 거하도록 떼어 주었다고 한다. 성과 목책을 세우며, 언어는 진(秦)나라와 유사하여, 혹자는 그 나라를 진한(秦韓)이라 부르기도 한다. 소를 부리고 말을 탈 줄 안다."《진서(晉書)》

진(秦)나라와 신라의 관계를 증명하는 새 모양 토기. 중국 학자들은 한자를 만든 상나라(은나라)와 중국 최초 통일 왕조인 진나라를 새를 숭배한 소호족으로 분류하고 있는데, 중국 북방민의 이주가 두드러진 신라인 역시 자신들의 시조를 '소호'라고 기록하고 있다《삼국사기》). 소호족은 중국 동이족을 대표하는 민족으로, 새를 하늘에 있는 최고의 신인 하느님(天)에게 가까이 날아가는 신과 같이 여겼다.

(좌) 신석기시대 중국 북방 지역(진(秦)나라가 있던 섬서성)에서 제작된 새 모양 토기(중국 북경국가박물관) (우) 한반도 중부에서 2~4세기 제작된 새 모양 토기. 중국 북방 새 토템 국가인 진(秦)나라 지역 토기(좌)와 같은 유형의 토기이다.(국립중앙박물관)

이렇듯 우리와 관련이 깊은 진(秦)나라의 진시황이 중국을 통일한 후 정리한 글자를 '소전(小篆)'글자라고 합니다. 소전은 비록 이전 글자에 비해 아름답고 정리도 되어 있어서 보기에 좋지만, 복잡하기도 하고 어떻게 보면 그림 같은 느낌마저 드는 글씨체입니다. 그래서 그러한 문제점을 해결하고 다시 탄생한 것이 바로 지금 우리가 배우고 있는 한자, 즉 1,800여 년전 한(漢)나라 말기에 정리된 것으로 알려진 '해서(楷書)' 글자입니다.

해서(楷書)는 동아시아인들에게 한자의 모범으로 여겨지며 대표적인 한자로 자리매김합니다. 한국, 일본, 대만 등 여러 나라에서는 아직도 이 글

BC 3세기 진(秦) 시기에 진시황의 명령에 따라 재상 이사(李斯)가 만든 소전 글자(좌)
와 AD 3세기 경 글자를 더욱 다듬어 새롭게 탄생한 해서 글자(우)(위키피디아)

자를 정자로 사용하고 있습니다. 하지만 해서도 단점이 없는 것은 아닙니다. 해서는 편리하고 보기에는 좋지만, 원래 글자체에서 변한 부분이 많으므로 한자 본래의 의미를 이해하는 데 어려움이 있습니다.

따라서 이 책에서는 해서에 비해 한자 분석에 용이한 글씨체인 진시황

상나라 시기(BC 16세기~BC 11세기)에 기록된 최초의 한자 갑골문. 거북딱지나 동물의
어깨뼈에 새겨진 글자로 신의 계시와 관련된 내용이 기록되어 있다.(중국국가박물관)

의 소전 글자를 기본으로 하여 한자를 해석하였습니다. 소전으로도 원래의 뜻을 해석하기 어려울 경우에는 약 3,300여 년 전 상나라 시기에 탄생한 갑골문을 분석하거나, 중국의 옛 문헌들을 참고하여 원뜻을 밝혔습니다.

II. 한자와 한국, 일본

코가 크고 광대뼈가 두드러진 상나라 사람 얼굴(BC 13세기~BC 11세기)(중국 인쉬박물관)

BC 2세기 말에 집필되어 현재까지 중국에서 최고 권위 있는 역사서로 인정받고 있는《사기(史記)》에는 지금으로부터 3,000여 년 전 한자를 처음 만들었던 상나라 사람들이 중국에서 망하여 '조선'으로 이주했다고 기록되어 있습니다. 이 기록에 나오는 '조선'은 우리나라 최초의 국가인 고조선을 의미합니다.

비록 우리나라 학교에서는 그 기록에 대해 가르치지 않고 있고, 역사학자들 역시 일반적으로 그 기록이 사실이 아니라고 말하고 있지만, 필자는 그 기록이 일정 부분 사실인 것을 연구를 통해 알게 되었습니다.[1]

상나라(은나라)는 기록상 하(夏)나라를 이은 중국의 두 번째 왕조입니다. 그런데 이 나라는 그 기원이 북한의 서쪽에 있는 발해만 북부, 즉 고조선 지역에서 발원하였으며, 민족 구성 역시 우리와 가까운 동이족(고대 중

---

1) 필자는 이 사실과 관련하여 중국 북경어언대학교(北京语言大学)에 〈은상문명이 한반도에 미친 영향 (2013.06)〉이라는 논문을 제출하여 석사학위를 취득하였다.

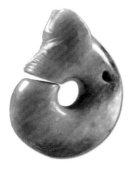

중국 동북의 발해만 북부(요서 지역)에서 발견된 신석기시대 용과 봉황 모습의 옥장식 (10,000~4,000년 전)(중국 요녕성 박물관). 발해만 북부 지역은 고대 고조선 서부 지역으로, 중국 최초의 국가 형태 주거지가 발견되었으며, 동아시아의 신석기, 청동기 시대를 이끈 문화 선진 지역이었다. 이곳에서 고조선과 상나라가 기원한 것으로 알려져 있으며, 상나라는 이후 중원을 점령하였다가 멸망한 뒤(BC 1046) 다시 이 지역으로 이주하게 된다. 이렇게 이주한 상나라를 '기자조선'이라고 한다. 기자조선의 기자(箕子)는 상나라 왕손으로 조선으로 이주한 상나라 망명인의 대표를 말한다.

원 내륙민인 화하족과 대립했던 중원 동부 민족)으로 밝혀진 나라입니다. 따라서 상나라가 망하여 고조선으로 이주했다는 사실은 상나라 사람들이 고조선 지역에서 남하하여 중원을 다스리다가 다시 고조선으로 돌아온 것이라고 해석할 수 있습니다.

고조선 땅으로 돌아온 상나라 후손들은 중국 춘추전국시대의 강국인 연(燕)나라와 다투다가 패하여 BC 3세기에 동쪽으로 2,000여 리나 후퇴하게 됩니다. 이때 연나라에 패망한 고조선 사람들은 중국 동북 지역(만주)과 한반도로 대거 이동하게 됩니다. 중국의 권위 있는 정사《삼국지》의 기록에 따르면 당시 한반도로 이동한 '고조선 왕'이 바로 상나라 왕손이자 상나라 유민의 대표인 기자의 41대손인 기준(箕準)이라고 기록되어 있습니다.

이러한 역사적 기록을 통해 중원에서 한자를 만들었던 상나라 후손들이 한반도와 만주까지 대가 이어진 것을 알 수 있는데, 이러한 사실은 무덤

양식, 청동기 등 고고학적 자료들로도 증명이 되고 있습니다.

기자의 후손이 다스리던 고조선(기자조선)은 이후 연나라 사람 위만이 찬탈하였다가(BC 2세기 초) 다시 한(漢)나라에 멸망하는데(BC 108), 한나라가 고조선 땅에 설치한 새로운 행정구역인 낙랑군은 한반도 동남부의 신라와 밀접한 관련을 가진 나라로서, 낙랑군 사람들은 중국, 고구려의 압박 속에 지속적으로 신라에 유입되어 그곳의 지도적인 세력이 됩니다. 이와 관련해 3세기 편찬된 중국 정사《삼국지》에는 다음과 같이 기록하고 있습니다.

"(신라의 전신인) 진한 사람들은 낙랑 사람들을 '아잔(阿殘)'이라고 부르는데, 동방 사람들은 '我(wo)'를 '아'로 발음하므로, '아잔'이라는 말의 뜻은 낙랑에 '자신들이 남겨 두고 온 사람들'이라는 뜻이다."

이렇게 한반도는 한자를 만든 상나라, 상나라를 이은 기자조선, 기자조

한(漢)나라 사람들 모습(AD 25~220). 한(漢)은 고조선을 멸망시키고 고조선 땅을 낙랑군으로 명명하며 다스린다. 낙랑은 한국 역사, 특히 신라의 역사와 밀접한 관련이 있다. (중국국가박물관)

선을 이은 낙랑과 일정 부분 관계가 있는데, 한반도뿐 아니라 만주에도 한자를 만든 상나라와 유사한 풍습을 가진 민족들이 오랫동안 살고 있었습니다. 대표적으로 고구려와 백제의 기원이라 할 수 있는 '부여'를 들 수 있습니다. 부여는 상나라 멸망 이후 1,000년이 넘게 상나라 달력을 사용하였고, 상나라와 같이 '흰색'을 숭상했으며, 당시 중국과 달리 두 무릎을 꿇고 공손함을 표하는 등, 여러모로 상나라와 닮은 나라였습니다.

만주에 살던 상나라 풍습을 지닌 민족들 중 스스로 상나라의 후예라고 자처했던 민족이 있습니다. 바로 우리와 같은 예맥족인 선비족입니다. 선비족은 만주 서부에 거주하던 민족인데, 이후 중국을 점령하면서 스스로를 상나라의 시조인 황제(黃帝)[2]의 후손이라고 기록하고 있고《위서》, 현대 중국 학자들 역시 선비족을 상나라 이주민으로 인정하고 있습니다.

선비족은 자신들과 같은 예맥족 국가인 부여와 고구려를 물리치고, 4세기부터 중국 고대 문명의 핵심 지역인 중원을 점령하여 다스립니다. 선비족 중 세력이 강했던 모용씨 부족은 연나라를 건국하여(337) 중원을 점령하였는데, 점차 다른 선비족 일파인 탁발씨 부족에 밀리면서 자신들의 기원지인 고구려에 나라 전체를 들어 투항합니다(436). 그런데 그 투항한 규모가 대단했기 때문에 고대 한국뿐 아니라 일본 문명의 주요 세력 중 하나로 자리하게 됩니다.[3]

---

2) 상나라의 시조 황제(黃帝)는 신라인들이 시조로 받들던 소호(少昊)의 아버지인데(한서 율력지), 소호는 아버지 황제(黃帝)와 더불어 중국 전설상의 5제(帝) 중 한 분으로 추앙받는 임금이다. 소호족은 중국 동부 동이족의 대표적 부족으로, 한국 대표 성씨인 김(金)씨 또한 소호로부터 비롯된다. 신라인이 유달리 새를 숭배한 것은 상나라, 진나라처럼 소호족 일원이기 때문이라고 볼 수 있다.
"신라 사람들은 스스로 소호 금천씨의 후손이라 하여 김(金)으로 성을 삼았다."《삼국사기》
3) 선비족이 고구려에 투항한 뒤 백제와 신라, 일본에 미친 영향에 관해서는 필자가 쓴《동이 한국사》에 자세히 설명하였다.

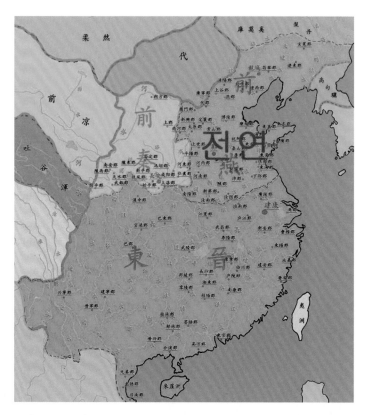

고대 중국의 중원을 다스리던 선비족의 연나라(전연(前燕), 337~370). 선비족은 고구려, 부여, 삼한과 같은 예맥족이었는데, 모용 선비족이 세운 연나라는 탁발 선비가 세운 위나라에 멸망하면서 왕과 백성이 모두 고구려에 투항한다. (북연, 436년)(위키피디아)

신라시대 중국에서 명성이 자자했던 국제적 석학인 최치원은 다음과 같이 말하고 있습니다.

"진한(신라)은 원래 연(燕)나라 사람들이 피난해 온 곳이다."(《삼국유사》)

신라의 주요 세력이 연나라에서 이주해 온 사람들이라는 뜻입니다. 연나라는 춘추전국시대부터 대대로 중국 동북 지역에 있던 강국이었는데, 기원 이후 선비족이 국호를 '연'으로 정하고 중원을 점령했다가 고구려에 투항하면서 한국 역사와 깊은 관련을 맺게 된 나라입니다.

이렇듯 최초로 한자를 만든 상나라(은나라), 상나라를 이은 기자조선, 기자조선을 이은 낙랑, 낙랑을 이은 신라, 상나라와 풍습이 같았던 부여, 부여를 이은 백제, 상나라 유민의 대표인 기자를 신으로 섬겼던 고구려, 상나라-신라와 같은 소호족 계열로 중국을 통일하고 한자를 정리한 진(秦)나라, 상나라를 시조로 삼고 중원을 점령했다가 고구려에 투항한 선비족의 연나라, 그리고 진(秦), 낙랑, 연나라 이주민이 대거 유입된 진한(신라), BC 3세기부터 꾸준히 중국과 한반도에서 이주한 사람들이 주축이 되어 세워진 왜(일본) 등은 모두 고대 중원 문명과 관련이 깊은 나라들로, 현재 한국과 정치, 문화, 역사적으로 가까운 나라들입니다.

이러한 역사적 사실들은 고대 중원 문명과 한국 그리고 일본 사이에 별개로 나눌 수 없는 공통분모가 존재할 수밖에 없음을 시사하고 있습니다. 따라서 한국과 일본에 고대로부터 한자와 관련된 풍습이 남아 있는 것은 어찌 보면 당연한 결과라고 할 수 있습니다.

실제로 한자 속에는 우리 기억 속에 사라져 가는 고유한 풍습들이 많이 담겨 있습니다. 따라서 한자를 공부하는 것은 동아시아의 철학과 문화를 이해하는 동시에 우리가 잊었던 우리의 조상들의 삶의 모습과 철학을 깨닫는 귀중한 계기가 됩니다. 다만 한 가지 주의해야 할 점은 한자를 한국인이 만들었다는 주장은 하지 말아야 한다는 것입니다. 최초로 한자를 만들었거나 그들과 같은 문명을 유지했던 고대인들(동이족)은 아시아 곳곳에 광범위하게 분포되어 살았고, 그 후손들은 이미 각 나라들에 동화되었기 때문입니다.

동아시아 고대사를 공부하다 보면 어디에서 어디까지가 한국역사이고 어디에서 어디까지가 중국역사이고 일본역사인지 분간이 안 될 정도로 세 나라는 역사적 공통분모를 가지고 있습니다. 지금은 비록 국경이 명확하고 언어나 풍습이 다르지만, 과거에 오랫동안 역사를 공유했다는 사실은 그만큼 서로 가까운 사이였음을 의미합니다. 필자는 한자가 이들 국가들이 같은 뿌리에서 나왔음을 깨닫게 하며 서로 화해시키는 중요한 매개가 될 것으로 기대하고 있습니다.

III. 현대 한자의 역할

현재 중국에서는 기존 한자가 너무 복잡하여 일반 사람들이 익히기 어렵다고 판단하고, 복잡한 글자체를 간단히 만든 '간체자'를 사용하고 있습니다. 하지만 이렇게 중국에서 일부 한자의 글자 모양을 바꾸었다고 전통 한자가 그 가치를 잃었다고 할 수는 없습니다. 현재 한국과 일본, 대만 등에서 여전히 전통 한자(해서)를 사용하고 있고, 이 전통 한자는 현재 중국에서 사용되는 간체자를 이해하는 데 매우 유용한 글자이기 때문입니다.

고대로부터 동아시아 사람들은 한자를 매개로 서로 소통하고 문화를 교류해 왔습니다. 현대를 사는 우리들 역시 한자를 이해하면 중국, 일본 등 주변 나라 사람들과 더욱 가까워지고 그들과 소통하며 그들을 이해하는 데 도움이 되리라 생각합니다.

'808 한중일 공용한자'는 2015년 한중일 삼국의 주요 언론사에서 한자를 통한 문화교류 확대의 필요성을 인식하고 채택한 '한중일 상용한자'입니다. 공용한자를 만든 취지는 고대에 그랬듯이 현대에도 한자를 매개로 삼국 간 소통을 원활히 하여 문화 교류를 확대하자는 데 있습니다. 필자는 삼국에서 자주 사용되는 이 808 한자를 알기 쉽게 사진과 함께 풀이하여 이 책을 썼습니다. 이 책을 통해 독자 여러분께서 한자를 더욱 쉽게 이해하시어, 주변국 사람들과 문화를 나누고 소통하시는 데 도움이 될 수 있기를 기대합니다.

2017년
이기훈

차 례

대주제	소주제	키워드	한자	쪽
	불	• 火 타오르는 불꽃	火赤燈然煙熱榮	265
	식물	• 生 흙에서 자라는 풀	生産姓性星	267
		• 才 새싹	才材在存	269
		• 木 나무	木林休未本困村未味朱松植速樹栽橋果課	270
		• 艸 풀	草華花茶落藥葉藝	274
		• 靑 풀처럼 파란 광물	靑晴淸情	276
		• 竹 대나무	竹筆答等算節	277
4 자연	동물	• 鳥 새	鳥鳴島	279
		• 隹 새	集難雄誰進推應	280
		• 雚 목이 긴 황새	觀權勸歡	282
		• 羽 새의 깃털	習飛	283
		• 西 새 둥지	西	283
		• 犬 개	犬伏	284
		• 羊 양	羊美善	284
		• 牛 소	牛半告造	285
		• 虍 호랑이	虎號處虛	287
		• 여러 동물 말, 사슴, 원숭이, 곰	馬慶遇能	288
		• 也 뱀	地他	289
		• 魚 물고기	魚漁鮮	290
		• 虫 벌레	蟲强風獨萬	291
		• 角 뿔	角解	293
		• 毛 털	毛	294
	광물	• 金 흙에서 빛나는 알갱이	金銀錢鐵針	294

1. 사람의 일생

1) 일반인

• **人**(사람 인) 손을 모으고 허리를 숙인 사람

808자	한자	훈&음	한어병음	간체자
1	人	사람 인	rén	
2	仁	어질 인	rén	
3	極	다할 극	jí	极

한자는 왕실의 제사나 업무를 위해 인공적으로 만든 글자이다. 그렇다 보니 왕실과 관련된 기물이나 사람들이 한자에 많이 등장한다.

人(사람 인)은 사람이 두 손을 앞으로 내밀고 겸손하게 허리를 숙인 모습이다. 왕이나 귀족 앞에서 허리를 숙이고 있는 낮은 지위의 일반인을 그리고 있다(인간, 인종, 인류).

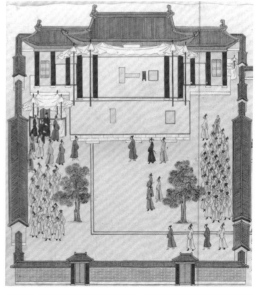

왕세자 성균관 입학식(1817년): 조선시대 궁실에서 사람들이 고개를 숙이고 손을 앞으로 모으고 있다.(국립고궁박물관)

仁(어질 인) 글자 맨 위는 하늘을 의미하는 一(하나 일), 그 아래는 사람(人), 그 아래 땅(一)이 그려져 있다. 고대 동아시아 사람들은 하늘(하느님), 땅(지신), 사람을 우주에서 가장 중요한 존재라 여겨 지극히 숭배하고 사랑했다. 현재 '사랑', '현명함'의 뜻으로 사용된다 (인자, 인의, 인애).

조선시대 기념 화폐: 우주 최고 존재인 '하늘, 땅, 사람(天地人)'과 우주의 기본 요소인 '물, 불, 쇠, 나무, 흙(水火金木土)'이 새겨져 있다.(국립민속박물관)

極(다할 극) 글자 가운데 부분은 동아시아인들이 지극히 사랑하고 숭배한 하늘과 땅, 사람을 그리고 있다(仁 어질 인). 그 왼쪽에 말하는 모습의 口(입 구)와 오른쪽에 손 又(또 우)가 추가되어 지극히 높은 도리인 '仁(어질 인)이 말하고 실천하다'라는 의미를 담게 된다. 이후 키가 큰 나무(木 나무 목)가 글자에 추가되어 '지극히 높다', '지극함'의 뜻을 강조하게 된다(태극기, 양극, 극한).

• 兄(형 형) 제사를 주관하는 집안의 어른

808자	한자	훈&음	한어병음	간체자
4	兄	형 형	xiōng	
5	競	다툴 경	jìng	竞
6	說	말씀 설	shuō	说
7	稅	세금 세	shuì	税
8	脫	벗을 탈	tuō	脱

兄(맏 형) 위는 입(口 입 구), 아래는 사람(人)으로, '말하는 사람'을 묘사하고 있다. 제사를 지낼 때는 신에게 축복을 기원하며 기도하는 모습이다. 축복을 기원하는 기도를 하거나 기원의 글(축문)을 읽는 사람은 집 안에서 가장 나이가 많은 맏아들(장자)이므로 '형'이라는 뜻으로 사용된다. 이 글자가 '축원하다'에서 '형'으로 바뀌자 글자 앞에 제단을 의미하는 示 (보일 시)를 추가하여 祝(빌 축)이라는 글자를 만들고, '축원하다(축복을 빌다)'의 뜻으로 구분하여 사용하게 된다.

마을 제사 – 동제: 당산나무 앞에서 마을 대표가 축문(祝文)을 읽는 모습. 전라남도 광주의 동제(洞祭)를 찍은 흑백 사진. 석남 송석하 (1904~1948)가 수집한 사진 자료(국립민속박물관)

競(겨룰 경) 글자의 윗부분은 나무(木)로 된 손잡이 위에 날이 선 날카로운 칼날을 의미하는 辛(매울 신)이 있고, 그 아래 제사 지낼 때 여러 사람 앞에서 기원의 말을 하거나 축문을 읽듯 공적인 말을 하는 사람을 의미하는 兄(맏 형)이 쌍으로 되어 있다. 공적인 자리에서 두 사람이 경쟁적으로 칼처럼 날카로운 말(言 말씀 언)을 하며 자신이 더 옳다고 주장하는 모습이다(경쟁, 경기, 경매).

說(말씀 설) 왼쪽에 날카로운 칼(辛 매울 신)과 그 아래 입(口)으로 이루어진 言(말씀 언)이 있고, 오른쪽은 위에 갈라짐을 의미하는 八(여덟 팔)과 그 아래 축문을 읽는 사람인 兄(맏 형)이 합쳐진 兌(빛날 태)가 있다. 제사 지낼 때 축문을 읽듯(兄) 또박또박 잘라(八) 공적인 말(言)을 하는 모습을 묘사하고 있다(설명, 연설, 설득).

稅(구실 세) 왼쪽에 벼이삭이 고개 숙인 모습인 禾(벼 화)와 오른쪽에 설득력 있게 하나하나 말하는 모습의 사람(兌 빛날 태)이 있다. 벼(곡식)를 세금으로 받아가기 위해 공무원이 공적이고 사무적인 말을 하는 모습을 그리고 있다(세금, 조세, 과세).

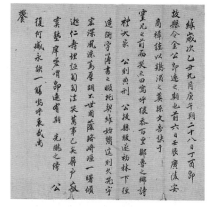

조선시대 축문(국립민속박물관)

脫(벗을 탈) 왼쪽에 제사용 고기를 의미하는 肉(고기 육)이 있고, 오른쪽에는 제사 시 축문을 또박또박 잘라 읽는 모습을 한 兌(빛날 태)가 있다. 옛날에 제사를 지낼 때는 제물로 사용될 동물을 잡고 규칙에 맞게

의식용 칼(중국 은허박물관): 상나라 시기(BC 16세기~BC 11세기) 의식용으로 사용되던 칼

살을 정성껏 발라내 신에게 바쳤다. 제사할 때 축문을 읽듯 일정한 절차에 따라 고기를 제물에서 조금씩 잘라 내는 모습에서 '떨어지다', '벗다'의 의미가 생긴다(탈출, 탈락, 탈의).

- **从(좇을 종) 앞사람을 따라가는 사람**

808자	한자	훈&음	한어병음	간체자
9	從	좇을 종	cóng	从
10	衆	무리 중	zhòng	众
11	千	일천 천	qiān	

從(좇을 종)은 왼쪽에 길(彳)이 있고 오른쪽에 사람(人)이 둘(从), 그 아래에 걸어가는 모습을 의미하는 발자국 止(발 지)가 있다. 사람들이 발맞춰 앞사람을 따라 길을 가고 있는 모습이다(종사, 복종, 종업원).

衆(무리 중) 위는 사람들을 감독하고 지시하는 사람의 눈(臣 신하 신)이고, 그 아래 사람들(人) 여럿이 서 있다. 관리의 지시를 따르는 일반 대중을 뜻한다. 이후 글자의 윗부분이 관리의 눈(臣)에서 피가 담긴 그릇(血 피 혈)으로 바뀌어 제사 지내는 사람들의 의미가 된다(민중, 군중, 대중).

千(일천 천) 위는 사람(人), 사람의 무릎 부분에 횡(一)이 하나 있는데, 이는 높음을 뜻한다. 횡(一)이 머리 위에 있는 원수(元 으뜸 원)보다는 낮지만, 많은 사람들(천 명)을 다스리는 높은 사람이라는 뜻이다(천만, 수천, 삼천리).

2) 귀족

• 兀(우뚝할 올) 일반인 중의 우두머리

808자	한자	훈&음	한어병음	간체자
12	元	으뜸 원	yuán	
13	完	완전할 완	wán	
14	光	빛 광	guāng	

元(으뜸 원) 위에 있는 二는 땅 위에 있는 하늘로 '높음'을 뜻하고(= 上 위 상), 그 아래 사람(人)이 있다. 하느님(天)이나 왕(王)을 제외한 일반인(人) 중 가장 높은 사람, 우두머리를 뜻한다(원수, 장원, 원조).

完(완전할 완)은 우두머리(元)가 사는 집(宀)이라는 뜻으로, 그 집에는 일반인이 갖추지 못한 귀한 가구나 청동 제기(제사용 그릇) 등이 완비되어 있었기 때문에 된 '완전함'의 뜻으로 사용된다(완성, 보완, 완전). 그런데 이 글자가 원래 의미인

신석기시대 고대 중국 동북 지역(옛 고조선) 귀족의 모습. 머리가 하늘(天), 높음(上)을 상징하는 二 모습이다.(상해박물관)

신라시대 기와집(국립경주박물관)

'잘 갖춰진 집'이라는 뜻에서 점차 '완전함'으로 사용되자, 후대에 글자 옆에 阝(언덕 부)를 추가하여 院(담 원)이라는 한자를 다시 만들게 되고, '높은 언덕(阝)에 담을 두른 큰 집'이라는 뜻으로 사용한다(학원, 병원).

光(빛 광)은 머리에 빛나는 관을 쓰고, 무릎을 꿇고 앉아 제사 지내는 모습을 하고 있다. 한자를 만든 사람들은 하늘과 땅, 사람(조상)에게 수시로 제사를 지냈는데, 특히 왕이 제사 지낼 때는 머리를 화려하고 아름답게 꾸미는 풍습이 있었다(광명, 관광, 영광).

무릎을 꿇고 머리에 빛나는 관을 쓴 사람을 그린 光(광)자(중국 은허박물관)

가야의 왕이 썼던 빛나는 금관(5세기)(롯데월드 민속박물관)

• 大(큰 대) 당당히 서 있는 귀족

808자	한자	훈&음	한어병음	간체자
15	大	큰 대	dà	
16	太	클 태	tài	
17	天	하늘 천	tiān	

大(클 대) 당당하게 두 팔과 두 발을 벌리고 서 있는 왕 또는 귀족의 모습이다(대한민국, 대통령, 대학). 太(클 태)는 大(클 대) 아래에 점이 한

개 찍혀 있는 형태인데, 이 점은 원래 기다란 횡(一)으로 높은 하늘이나 누각을 상징하며, 높은 곳에 올라서 있는 지극히 높은 사람을 뜻한다(태양, 태평양, 태극기).

天天(하늘 천) 위에 '하늘'을 의미하는 一(하나 일)과 그 아래 왕이나 귀족을 의미하는 大(클 대)로 이루어져 있다. 하늘에 있는 가장 높은 존재, 즉 하느님을 뜻한다. 지금은 주로 '하늘'의 의미로 사용되고 있다(천하, 천자, 천성).

하느님(天)께 제사지내던 세계에서 가장 오래된 제단. 옛날 고조선 지역이었던 요하 유역에서 발굴되었다.(5,500~5,000년 전)(중국 요녕성박물관)

명-청 시기 우주 최고의 신 하느님(天)에게 제사를 지내던 제단인 천단(天壇). 5,000년 전 모습과 같은 모습이다.(북경)

대한제국시대 건설된 원구단. 최고의 신인 天(하늘)에 제사를 지낼 때 쓰이는 둥근 단(국립민속박물관)

- **央**(가운데 앙) 땅의 가운데에서 다스리는 왕

808자	한자	훈&음	한어병음	간체자
18	央	가운데 앙	yāng	
19	英	꽃 영	yīng	

央(가운데 앙) 큰 사람(왕)을 의미하는 大(큰 대), 머리에 H모양의 기호는 멀리 끝에서 끝까지의 경계를 뜻한다. 먼 곳(冂 먼데 경) 끝에서 끝까지 다스리는 중심이 되는 사람(大), 곧 지도자(왕)를 말하는데, '가운데'라는 의미로 사용되고 있다(중앙).

英(꽃부리 영) 위에는 풀(艸 풀 초)이 있고, 아래는 먼 곳까지 다스리는 지도자(왕)의 모습인 央(가운데 앙)이다. 왕이 머리에 화려한 장식을 하고 서 있는 모습으로 '꽃 장식', '명예' 등의 의미로 사용되고 있다(영웅, 영어, 영국).

꽃과 넝쿨 모양으로 장식한 백제왕의 금제관식(문화재청)

전립(방갓): 황해도 성수굿에서 무복(巫服)에 갖추어 쓰던 모자. 무당은 고대에 왕처럼 지위가 높았다.(국립민속박물관)

- **夫(지아비 부)** 비녀를 꽂은 귀족

808자	한자	훈&음	한어병음	간체자
20	夫	지아비 부	fū	
21	扶	도울 부	fú	

夫(지아비 부) 성인(大)이 되어 길게 자란 머리를 묶어 상투를 틀고 비녀를 꽂은 모습이다. 현재는 '남편'의 의미로 사용하시만, 원래는 지위가 높은 성인 남자를 뜻했다(부부, 부인, 공부).

扶(도울 부) 왼쪽에 도움을 의미하는 손(手 손 수)이 있고, 오른쪽에 상투를 튼 귀족이 있다(夫). 귀족 남자는 법도에 맞는 옷을 입고 꼼꼼하게 상투를 틀어야 했으므로 누군가 옆에서 이를 돕는 사람이 필요했다(부조, 부양, 상부상조).

상투관: 상투에 씌우는 관으로 비녀를 꽂아 상투를 고정시켰다.(조선시대)(국립민속박물관)

종묘제례를 지내는 관리(일제시대). 비녀를 꽂고 홀을 들고 있다. 엘리자베스 키스(Elizabeth Keith, 1887~1956)가 제작한 다색동판화(etching)(국립민속박물관)

- **立(설 립)** 예복을 입고 정해진 자리에 선 귀족

808자	한자	훈&음	한어병음	간체자
22	立	설 립	lì	
23	泣	울 읍	qì	
24	位	자리 위	wèi	

立(설 립입) 일정하게 정해진 자리(一) 위에 당당히 서 있는 지위가 높은 사람(大)을 그리고 있다(독립, 설립, 기립).

泣(울 읍) 왼쪽은 물(水 물 수), 오른쪽은 지위가 높은 사람이 서 있는 모습(立)이다. 지위가 높은 귀족이 소리 내어 울지 못하고, 소리 없이 조용히 눈물을 흘리는 모습이다(읍소).

位(자리 위) 왼쪽에 허리를 굽힌 사람인 人(사람 인)이 있고, 오른쪽에 예복을 입고 정해진 자리에 서 있는 귀족이 있다(立). 관리들이 조회나 제사 등 왕실의 행사가 있을 때, 지위에 따라 자신의 위치에 서 있는 모습이다(위치, 순위, 지위).

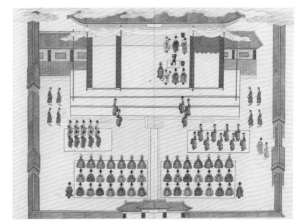

조선시대 왕세자 관례의식(성인식). 관리들이 신분에 따라 자신의 위치에 자리하고 있다.(국립고궁박물관)

3) 아이

• 台(기쁠 이) 갓난아기에게 음식을 주다

808자	한자	훈&음	한어병음	간체자
25	已	이미 이	yǐ	
26	抱	안을 포	bào	
27	以	~로써 이	yǐ	
28	治	다스릴 치	zhì	
29	始	처음 시	shǐ	

已(이미 이)는 머리가 큰 아기가 탯줄을 달고 있는 모습이다. 아이가 막 태어난 것을 의미하며, '이미', '그치다'라는 뜻으로 사용된다(이왕).

抱(안을 포) 왼쪽은 손(手 손 수), 오른쪽은 갓 태어난 아기(已 이미 이)를 품고 있는 여인(包 쌀 포)을 뜻한다. 엄마가 아이를 팔로 감싸 안는다는 뜻이다(포옹, 포부, 포부).

以(써 이) 왼쪽은 손잡이가 휘어진 숟가락(匕)이고, 오른쪽에는 허리를 숙인 사람(人)이다. 숟가락으로 음식을 뜨는 모습으로, '~를 가지고', '~로부터'라는 의미로 사용된다(이전, 이상, 이하).

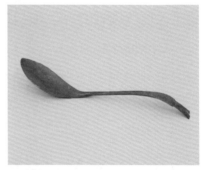

손잡이가 휘어진 금속 숟가락(고려시대)(국립민속박물관)

治(다스릴 치) 왼쪽은 물(水 물 수), 오른쪽 위는 숟가락(匕), 그 아래 입(口)이 있다. 숟가락으로 국물을 떠서 조심스럽게 아이 입으로 가져가 먹이는 모습이다. 아이를 잘 구슬려 밥이나 국 등을 먹이는 모습에서 '다스리다', '고치다' 등의 의미가 된다(정치, 치료, 자치).

始(처음 시) 왼쪽은 여자(女), 오른쪽은 숟가락과 입(台)을 의미한다. 엄마가 갓난아이에게 처음으로 음식을 먹이는 모습을 그리고 있다(시작, 원시, 시조).

- 儿(아이 아) 아이가 엄마로부터 나오는 모습

808자	한자	훈&음	한어병음	간체자
30	充	채울 충	chōng	
31	統	거느릴 통	tǒng	统

充(찰 충) 위는 어린아이(子 아들 자)가 거꾸로 있는 모습이고, 아래에는 무릎을 굽힌 다리이다. 어머니 뱃속에서 태아가 머리를 아래로 향하고 있는 모습으로, 아이가 나오기 직전 만삭이 된 어머니의 배를 뜻한다. '차다', '메우다', '막다' 등의 의미로 사용된다(충분, 충실, 보충).

統(큰 줄기 통) 왼쪽에 실(糸), 오른쪽에 아이를 낳기 직전의 여인(充)으로 되어 있다. 옛날에는 실(糸)을 매듭지어 날짜를 표시했는데, 실을 묶어 내려가듯이 아이를 낳아 대를 이어가는 모습을 그리고 있다. '혈통(핏줄)', '큰 줄기' 등의 의미로 사용되고 있다(전통, 통일, 통제).

금줄: 새끼를 꼬아 중간 중간에 고추나 숯, 솔가지 등을 끼워 넣어 처마나 대문 위에 걸쳐 두었던 줄이다. 외부에 새끼줄이 이어지듯 자손이 태어났음을 알리고 있다.(일제시대)(국립민속박물관)

• 子(아들 자) 머리가 큰 어린아이

808자	한자	훈&음	한어병음	간체자
32	子	아들 자	zǐ	
33	字	글자 자	zì	
34	保	지킬 보	bǎo	

子(아들 자)는 머리가 큰 어린 사내아이의 모습이다.

字(글자 자) 대를 이을 사내아이(子 맏아들 자)가 집(宀 집 면) 안에 있는 모습이다. 《논어》에 "남자가 20세가 되면 갓을 쓰고 정식 이름인 자

(字)를 갖는다"라고 기록되어 있다. 집안(宀)의 대를 이을 자손(子)에게 부여되는 품위 있는 이름을 '자(字)'라고 한다. 귀한 자손에게 이름을 부여하듯 만물에 이름을 한 자(字) 한 자 부여한다는 뜻으로 발전하여 '글자', '문자'의 의미를 갖는다(문자, 타자, 숫자).

保(지킬 보)는 왼쪽에는 사람(人), 오른쪽에는 어린아이(子)를 양쪽에서 무엇인가로 지탱하고 있는 모습이다. 다리 양쪽에 아이를 지탱하고 있는 것은 원래 글자(갑골문)에 아이를 감싸 안은 손 모습으로 그려져 있다. 아이를 등에 업고 손으로 엉덩이를 받치고 있는 모습으로, '보호하다'의 의미로 사용되고 있다(보호, 안보, 확보).

아이를 업고 행상하는 여자. 한국은 전통적으로 아이를 등에 업어 양육하였다. 조선시대 김홍도 풍속도(국립중앙박물관)

4) 부모

• 父(아버지 부) 권위 있는 홀을 든 아버지

808자	한자	훈&음	한어병음	간체자
35	父	아버지 부	fù	

父(아비 부)는 오른손(又 또 우)에 도끼(斧 도끼 부) 모양 홀을 든 모습으로, 아버지의 위엄과 권위를 상징하고 있다. 옛날 귀족들은 제사나 조

제사장 또는 귀족의 권위를 상징하는 옥홀(BC 21세기 ~BC 16세기, 상해박물관)

홀을 들고 있는 관리(국립민속박물관)

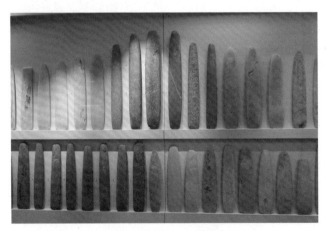

신라시대 귀족들이 휴대했던 옥홀(국립경주박물관)

회 등 공식적인 행사에 참가할 때 기다란 도끼 모양 장신구인 홀을 들고 서 있었다. 옥으로 된 귀한 홀은 지위와 권위의 상징으로, 우리나라 왕릉이나 박물관에서 쉽게 볼 수 있다.

• **母**(어머니 모) 젖을 먹이는 어머니

808자	한자	훈&음	한어병음	간체자
36	母	어머니 모	mǔ	
37	每	매양 매	měi	
38	海	바다 해	hǎi	

母(어미 모)는 무릎 꿇고 앉아 있는 여인의 가슴을 강조한 모습으로, 아이를 낳아 젖을 먹이는 어머니를 그리고 있다.

每(매양 매)는 어머니 또는 장성한 여인이 머리를 땋아 아름답게 만든 모습이다. 다복한 머리를 위로 묶고 무릎 꿇고 앉은 여자로, 과거 여자들은 머리가 길었고, 매일 자신의 머리를 아름답게 꾸몄으므로 '늘', '언제나', '자주' 등의 의미로 사용된다(매일, 매년, 매주).

머리를 풍성히 가꾼 조선 여인. 조선시대 신윤복 풍속도(국립중앙박물관)

海(바다 해) 왼쪽은 물이 흐르는 모습(水 물 수), 오른쪽은 머리를 다복하게 꾸민 여인(每 매양 매)으로, 바다의 큰 물결이 마치 여자의 길고 풍성한 머릿결과 같음을 비유한다(동해, 해외, 해양).

머리를 풍성히 가꾸던 고대 중국 여인들 (581~618)(상해박물관)

5) 여자

• **女**(여자 녀) 다소곳이 무릎 꿇고 앉은 여자

808자	한자	훈&음	한어병음	간체자
39	女	여자 녀여	nǚ	
40	妹	누이동생 매	mèi	
41	妙	묘할 묘	miào	
42	婚	혼인할 혼	hūn	
43	妻	아내 처	qī	
44	好	좋을 호	hǎo	
45	如	같을 여	rú	
46	婦	며느리 부	fù	妇

女(여자 녀여)는 무릎을 꿇고 두 손을 다소곳이 모으고 앉아 있는 여자의 모습이다.

妹(누이 매) 왼쪽은 여자를 의미하고 오른쪽은 나무(木)의 위로 짧은 가지가 하나 더 뻗은 모습이다(未 아직 미). 아래쪽에 길게 자란 가지에 비해 아직 다 자라지 않은 가지의 모습을 뜻한다. 큰 가지보다 덜 자란 나뭇가지와 같이 언니에 비해 작은 여동생을 뜻한다(남매, 자매, 형제자매).

무릎 꿇고 앉아 있는 여인
(BC 206~AD 8)(상해박
물관)

妙(묘할 묘) 왼쪽은 작고 흰 누에고치가 서로 엉켜 매달린 모습을 하고 있고, 오른쪽은 이런 누에고치를 물에 불려 조금씩 실을 뽑는 모습이

다(少 적을 소). 오밀조밀하고 예쁜 모습의 누에고치에서 비단의 재료인 비단실이 뽑히는 과정은 신기하기도 하고 예쁜 장면이기도 하다. 이후 왼쪽에 누에고치 대신 여자(女)를 써서 '묘하다', '젊다'는 의미로 사용된다(미묘, 교묘, 기묘).

婚(혼인할 혼) 왼쪽은 여자, 오른쪽은 아래로(低 아래 저) 해(日)가 내려가는 모습을 그린 昏(어두울 혼)이 있다. 해가 질 무렵 혼인식을 치르는 여인을 뜻한다. 옛날에는 밤에 결혼식을 했다(혼인, 결혼, 이혼).

妻(아내 처) 머리를 아름답게 꾸민 젊은 여자(每 매양 매)의 풍성한 머리 부분을 손(又)으로 잡고 있는 모습이다. 머리를 올리는 장면을 묘사한 것으로, 결혼한 여자를 상징한다. 과거 우리나라 여자들은 결혼하기 전에는 머리를 땋아 내리고(댕기머리), 결혼을 하면 땋은 머리를 올려 비녀를 꽂았다(처가, 처남, 애처가).

如(같을 여) 왼쪽은 무릎 꿇고 앉아 있는 여자이고, 옆에는 말하고 있는 입(口)을 그리고 있다. 남편이나 시부모의 말을 잘 따

물레로 누에고치에서 실을 뽑는 모습 (문화재청)

그네 타는 조선시대 여인들. 결혼한 여자는 머리를 올렸고 결혼하지 않은 여자는 머리를 길게 땋아 내렸다.(국립중앙박물관)

머리를 땋아 내린 어린 여자와 머리를 올린 결혼한 여자(일제시대)(국립민속박물관)

르는 여자를 뜻한다. 말하는 대로 따르는 모습에서 '같다(같게 하다)', '따르다'라는 의미가 된다(여전, 결여, 여차).

好(좋을 호)는 여자가 아이를 낳아 안고 있는 모습을 그리고 있다(선호, 호전, 기호).

婦(며느리 부) 왼쪽은 여자(女 여자 녀), 오른쪽 위에 손과 그 아래 빗자루가 있다(帚 비 추). 빗자루를 들고 청소하는 여인의 모습을 그리고 있다(부부, 부인, 주부).

6) 노인

- **長(길, 어른 장)** 머리가 긴 어른

808자	한자	훈&음	한어병음	간체자
47	長	길 장 어른 장	cháng, zhǎng	长

長(길 장)은 머리카락이 긴 어른이 손으로 무엇인가 능숙하게 다루는 모습이다. 머리가 긴 어른의 모습에서 '길다', '어른'이라는 의미가 나오고, 연륜에서 오는 노련함으로 일을 잘한다는 의미에서 '장점'의 의미로도 사용된다(장관, 성장, 장점).

- **耂(늙을 로노) 머리를 아름답게 꾸민 노인**

808자	한자	훈&음	한어병음	간체자
48	考	생각할 고	kǎo	考
49	老	늙을 로노	lǎo	
50	孝	효도 효	xiào	
51	壽	목숨 수	shòu	寿

考(상고할 고)는 머리를 멋있게 가꾸고 허리가 굽어진 노인이 아름답고 정교한 물건(巧 공교할 교)을 잡고 있는 모습으로, 지혜로운 노인을 상징하고 있다. 신중하고 사려 깊은 노인의 특성을 반영해 '곰곰이 생각하다'의 의미로 사용된다(고려, 사고, 고사).

老(늙은이 로노) 머리를 아름답게 꾸미고 허리를 굽힌 노인 앞에 누군가 손을 올리고 허리를 굽혀 절하는 모습(匕 숟가락 비)이 합하여져 노인을 공경하는 장면을 묘사하고 있다(노인, 경로, 장로).

정자관: 지위가 높은 사람이 집 안에서 상투를 튼 머리에 쓰는 모자(조선시대) (국립중앙박물관)

孝(효도 효)는 허리가 굽은 노인 앞에 아이(子)가 있는 모습으로, 아이가 할아버지 앞에서 할아버지의 말씀을 잘 듣고 따른다는 뜻이다(효녀, 효심, 효자).

壽(목숨 수) 원래는 머리가 길고 허리가 굽은 노인(老)에게 나이가 많이(多) 흘러내려

머리에 멋있는 정자관을 쓴 노인: 조선 후기의 문신 윤봉구의 초상화(디지털제천문화대전)

가기(S)를 축복(口)하는 모습이었는데, 후대에는 노인 앞에서 무릎 꿇고 앉아(巴 파) 장수하기를 축복하며(口) 손가락으로 무엇인가 잡고 드리는 모습(寸 마디 촌)으로 바뀌게 되고, 글자체를 정리하는 과정에서 현재와 같은 글자가 된다. 노인이 장수하기를 바라고 정성껏 뒷바라지를 하는 모습이다(장수, 수명, 수연).

• 疒(병들어 기댈 역) 침상에 누워 앓고 있는 노인

808자	한자	훈&음	한어병음	간체자
52	病	병 병	bing	

病(병 병) 왼쪽은 침상(침대)인데 기록의 편의상 세워 놓은 모습이고, 오른쪽은 원래 위는 베개, 아래는 머리가 긴 노인이 옆으로 누워 있는 모습이었다. 후대에 노인의 모습 대신 丙(남녘 병)으로 바꾸어 쓰고 있는데, 丙(병)은 만물이 번성하다 점차 시들기 시작함을 뜻한다. 노인이 침상에서 누워 젊음의 생기를 잃고 쇠약해진 모습을 표현하고 있다(병원, 질병, 병균).

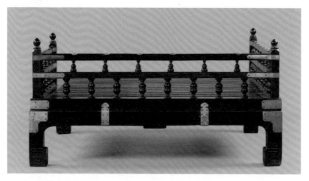

평상: 지위가 높은 사람이 지위가 낮은 사람보다 높은 위치에 앉는 역할을 하거나 침대로 사용되었다.(조선시대)(국립민속박물관)

2. 사람의 모습과 행위

1) 사람의 모습

• **匕**(숟가락 비) 자세를 바꾸어 절하다

808자	한자	훈&음	한어병음	간체자
53	化	될 화	huà	
54	北	북녘 북	běi	
55	乘	탈 승	chéng	
56	比	견줄 비	bǐ	
57	皆	다 개	jiē	

化(될 화)는 일반 사람(人)이 자세를 바꿔 다른 사람(匕)이 된다는 뜻으로, 匕(숟가락 비)는 손을 앞으로 뻗고 무릎을 꿇어 땅바닥에 엎드려 절하는 모습을 편의상 세워서 표현한 글자이다. 평범한 사람(人)이 예의를 갖추게 된다(匕)는 뜻으로, 모양이 바뀌거나(변화) 잘못이 고쳐지는(교화) 의미로 사용된다(문화, 심화, 강화).

北(북녘 북)은 사람이 서로 반대방향으로 등지고 서 있는 모습으로, 원래는 사람의 등(背 등 배)을 뜻했다. 해를 보고 서 있으면 반대 방향인 등 쪽이 북쪽이므로 북쪽이란 뜻으로 바뀌게 된다(북방, 북극).

乘(탈 승) 아래에 나무(木)가 있고, 위에 발의 방향을 서로 반대로 하고(北) 버티고 서 있는 사람(大)이다. 나무 위에 올라가 나뭇가지

양쪽에 발바닥을 서로 반대 방향으로 하고 서 있는 모습이다. 나무에 오른 모습으로 '타다'라는 뜻으로 사용된다(탑승, 승마, 승차).

궁전에서 동시에 절하는 신하들의 모습(한국 종묘대제)(전주이씨대동종약원)

比(견줄 비) 두 사람(人)이 동시에 팔을 올리고 무릎을 꿇고 엎드려 절하는 모습으로(匕 숟가락 비), 제사나 웃어른에게 한 사람이 먼저 절을 하면 모인 사람들이 그를 따라 동시에 같이 절을 하는 모습이다. 다른 사람을 좇아서 동시에 절하며, 서로가 자신의 예의바름을 보이는 것에서 '비교하다', '본받다'의 의미로 사용된다(비율, 대비, 비유).

皆(다 개) 글자 위에는 제사 등의 행사를 위해 모인 사람들 모두를 의미하고(比), 지위가 높고 머리가 하얀 노인을 의미하는 白(흰 백)이 있다. 친척들이 모두 모여 제사를 지낼 때 함께 절을 하고(比) 서열상 가장 높은 맏이(伯 맏 백)가 모두를 대표하여 신에게 축문을 읽거나 기도를 하는 모습을 그리고 있다. '모두'의 의미로 사용되고 있다(개근).

• 非(아닐 비) 서로 토라져 등지다

808자	한자	훈&음	한어병음	간체자
58	非	아닐 비	fēi	
59	悲	슬플 비	bēi	
60	罪	허물 죄	zuì	

非(아닐 비) 원래는 두 사람이 서로 등지고 있는 모습으로, 위는 고개를 돌린 머리를 강조하고 있고 가운데는 손, 아래는 발이다. 서로 뜻이 맞지 않아 고개를 돌리고 등진 모습이다(시비, 비상, 비리).

悲(슬플 비) 위에는 서로 등지고 있는 모습(非 아닐 비), 그 아래 마음(心 마음 심)이 있다. 서로 뜻이 맞지 않아 싸우고 난 뒤 슬퍼하는 모습이다(비극, 비명, 비관).

罪(허물 죄) 위에는 물고기나 새를 잡는 그물(网, ㄷㄷ)이고, 아래는 서로 싸우고 갈라진 사람들의 모습이다(非 아닐 비). 싸운 사람들을 붙잡아 잘잘못에 대해 심문하는 모습이다(범죄, 죄송, 사죄).

• 交(사귈 교) 다리를 꼬고 앉다

808자	한자	훈&음	한어병음	간체자
61	交	사귈 교	jiāo	
62	校	학교 교	xiào	
63	效	본받을 효	xiào	

交(사귈 교) 사람(大)이 양반다리하고 앉아 있는 모습으로, 글자 아래 부분은 다리가 서로 교차된 모습이다. 의자가 아닌 바닥에 앉을 때 다리가 교차되는 모습에서 '사귀다', '주고받다'의 의미로 발전한다(교체, 외교, 교통).

양반다리를 하고 앉아 있는 남자(1915년).

校(학교 교) 왼쪽은 나무(木), 오른쪽은 사람이 다리를 꼬고 앉은 모습(交)로서 교차함을 뜻한다. 옛날에 울타리를 만들 때면 대나무나 싸리나무를 가로세로로 얼기설기 교차해서 만들었는데, 옛날 군대의 군영, 죄인을 심문하는 관청 등, 울타리가 있는 공공장소를 뜻한다. 현재는 학교의 의미로 사용되고 있다(학교, 등교, 고교).

效(본받을 효) 왼쪽은 다리를 꼬고 앉아 있는 모습(交)이고, 오른쪽은 손에 나뭇가지(攵=支)로 만든 회초리를 들고 누군가를 다그치는 모습이다. 양반다리를 한 어른이 엄하게 하나하나 지시하고 나쁜 습관을 단번에 고치도록 하는 모습으로 '효과', '효율' 등의 의미로 사용된다(효과, 효율, 무효).

• 免(면할 면) 깃털 모자를 벗다

808자	한자	훈&음	한어병음	간체자
64	免	면할 면	miǎn	免
65	晩	늦을 만	wǎn	
66	勉	힘쓸 면	miǎn	

免(면할 면) 원래는 머리에 토끼(兔 토끼 토)의 귀 모양 장식이 있는 커다란 모자와 사람(人)으로 되어 있었다. 깃털이나 동물의 뿔 등으로 장식한 이 모자는 관리들이 쓰던 면류관(冕 면류관 면)을 의미하는데, 이 모자를 벗는 것은 관직에서 물러남을 뜻한다. 이 글자는 이렇게 나이 들어 관직에서 물러나는 사람이 면류관을 벗는 모습으로 '면하다', '해직하

다'의 의미로 사용되고 있
다(사면, 파면, 면제).

晚(저물 만) 왼쪽은 해(日
해 일), 오른쪽은 나이 들어
퇴직하는 모습의 免(면할
면)이 있다. 하루 종일 만물
을 비추던 햇빛이 자신의
할 일을 마치고 빛을 잃어
간다는 뜻으로 '해가 지는
저녁', '늦음'을 뜻한다(만찬,
만혼, 만추).

조선열성능행도: 깃털로 된 관모(조우관)를 쓴 취타대의 모습.
조우관은 모자에 깃털을 꽂은 관모로, 고구려, 신라 등지에서
유행했다.(국립고궁박물관)

勉(힘쓸 면) 왼쪽은 관직에서 물러남을 의미하는 免(면할 면), 오른쪽은
힘, 노력을 의미하는 力(힘 력역)이 있다. 공적 업무를 벗어날 늦은 나이에
도 불구하고 끝까지 힘을 내어 노력하는 모습을 표현하고 있다(근면, 권면,
면학).

• 令(명령 령) 무릎 꿇고 앉아 명령을 받다

808자	한자	훈&음	한어병음	간체자
67	令	명령할 령영	lìng	令
68	冷	찰 랭냉	lěng	冷
69	領	거느릴 령영	lǐng	领
70	命	목숨 명	mìng	

令(명령할 령영) 위는 음식이나 여러 가지 물건을 한곳으로 모아 덮는 뚜껑인 亼(모으다 집), 그 아래는 무릎 꿇고 앉아 명령을 듣고 있는 사람이다(卩 병부절). 여러 사람들을 모아 놓고 명령을 내릴 때 명령을 받는 사람들이 고개를 숙이고 무릎 꿇고 앉아 있는 모습이다(명령, 법령, 사령관).

무릎 꿇고 앉아 있는 신하(BC 221-BC 206)(중국 국가박물관)

冷(찰 랭냉) 왼쪽은 바늘처럼 뾰족하고 날카롭게 솟아 있는 고드름이나 서릿발을 의미하고(冫 = 仌 얼음 빙), 오른쪽은 사람들이 모여 무릎 꿇고 앉아 명령을 받는 장면이다(令, 영 령영). 윗사람이 아랫사람에게 서릿발처럼 차갑게 명령하는 모습으로 '차갑다'의 뜻이다(냉정, 냉철, 냉각).

領(거느릴 령영) 왼쪽은 사람들을 모아 명령을 내리는 모습이고(令 명령할 령), 오른쪽은 사람(人)의 머리(首)를 강조한 頁(머리 혈)이다. 많은 사람에게 명령을 내리는 머리되는 사람, 즉 우두머리, 수령을 뜻한다(대통령, 점령, 영역).

命(목숨 명) 여러 사람이 모여(亼 모으다) 무릎 꿇고 앉아 있고(卩 병부 절), 그들에게 명령하는 입(口 입 구)이 추가되어 있다. 신이나 성인이 냉정하고 이치에 맞는 말을 하는 모습으로, 하늘의 뜻, 원칙, 운명, 생명 등을 뜻한다(운명, 명령, 임명, 숙명, 천명).

- 卩(병부 절) 무릎 꿇고 윗사람의 뜻을 따르다

808자	한자	훈&음	한어병음	간체자
71	色	빛 색	sè	
72	仰	우러러볼 앙	yǎng	
73	迎	맞이할 영	yíng	迎
74	怨	원망할 원	yuàn	

色(빛 색) 위에는 허리를 굽힌 사람(人 사람 인), 그 아래에 무릎 꿇고 앉아 있는 사람이 있다(卩=㔾=卩 병부 절). 지위가 높은 사람이 무릎 꿇은 사람에게 부절(병부)을 건네는 모습이다. 부절(병부)이란 왕 또는 귀족의 신표(신임장)인데, 하나였던 것을 둘로 나누어(絶 끊을 절) 하나는 왕이 가지고 다른 하나는 신하가 가지고 있다가 유사시 왕이 부절을 보내면 맞추어 확인하고 왕의 명령을 따르게 된다. 왕이 하사하는 최고 권위의 신표(신임장)이므로 귀하고 아름다운 나무나 옥

발해시대 부절: 부절은 왕과 병권을 가진 신하 사이에 미리 나누어 가진 신표로 서로 짝을 이룬다. (국립중앙박물관)

으로 만들었는데, 색깔과 문양이 다양하여 '색깔'의 의미로 사용된다(색상, 색채).

仰(우러를 앙) 왼쪽은 사람(人 사람 인), 가운데 역시 사람(人 사람 인), 오른쪽은 무릎을 꿇고 앉아 윗사람의 명령을 기다리는 아랫사람을 의미하는 卩(병부 절)이다. 지위가 높은 사람 앞에서 무릎을 꿇고 고개를 들고 바라보는 모습으로 '우러러보다'의 뜻이다(추앙, 신앙, 숭앙).

迎(맞이할 영) 왼쪽은 길(彳)을 걷는(止) 모습의 辵(쉬엄쉬엄 갈 착),
오른쪽은 서 있는 사람을 무릎 꿇고 앉아 바라보는 모습(卬 나 앙)이다. 길
을 걸어온 귀한 손님을 무릎 꿇고 정성껏 맞이하고 있다(환영, 영접, 영입).

怨(원망할 원) 원래 모습은 위에 '모이다'의 뜻을 가진 뚜껑 모
습의 亼(모으다 집), 그 아래 손을 모으고 고개를 숙인 사람들(夗), 맨 아래
마음을 의미하는 心(마음 심)으로 되어 있었다. 지위가 높은 사람이 아랫사
람들을 모아놓고 크게 혼내며 명령(命令)하는 모습으로, 사람들의 잘못을
원망하고 질책하는 모습이다(원한, 원망, 원수).

2) 몸

• **身(몸 신)** 활처럼 휜 임신한 몸

808자	한자	훈&음	한어병음	간체자
75	身	몸 신	shēn	
76	射	쏠 사	shè	
77	謝	감사할 사	xiè	谢

身(몸 신)은 사람(人)의 배 부분이 불룩한 모습이다. 아래 다
리 부분은 열(十)을 상징하는데, 여자가 아이를 임신하고 태어나기까지 열
달 동안 태아를 뱃속에서 기르는 모습을 뜻한다. 어머니의 배는 사람 자신
이 기원한 최초의 장소이므로, '출신', '자기', '몸' 등의 의미로 사용된다(자
신, 출신, 신체).

射(궁술 사) 왼쪽에는 휘어진 화살과 같이 배가 불룩한 임신한 몸을 의미하는 身(몸 신), 오른쪽에는 손가락 마디를 굽힌 모습(寸 마디 촌)이 있다. 身(몸 신)은 휘어진 활을 의미하는 弓(활 궁)과 글자체가 비슷하여 '휘어지다'라는 의미로도 사용된다. 화살 시위를 손가락으로 잡아당겨 활을 쏘는 모습이다(발사, 사격, 주사).

활 쏘는 여인들(1935년)(국립민속박물관)

謝(사례할 사) 왼쪽은 공적이고 격식 있는 말(言 말씀 언), 가운데는 몸(身 몸 신)처럼 굽어진 활, 오른쪽은 활을 잡아당기는 손가락 마디(寸 마디 촌)로 구성되어 있다. 활이 휘어지듯 몸을 굽혀 격식 있게 인사하는 사람을 그리고 있다. 몸을 숙이며 감사의 말을 하는 사람을 뜻한다(사과, 감사, 사죄).

• **文**(무늬 문) 문신을 한 몸

808자	한자	훈&음	한어병음	간체자
78	文	글월 문	wén	

文(글월 문) 원래는 사람의 가슴에 어지럽게 선을 교차하여 (交 사귈 교) 문신을 새긴 모습이었는데(紋 무늬 문), 후대에 가슴에 새겨진 문신이 사라지고 다리 부분에 교차하는 모습(交)만 남게 된다. 사람의 몸

에 날카로운 도구로 상처를 내 검은색 물감을 입히는 문신은 이후 대나무나 종이에 검은색 물감으로 기록하는 '글자'의 의미가 된다(문화, 논문, 문장).

- **黑(검을 흑)** 검은 점을 찍어 문신하다

808자	한자	훈&음	한어병음	간체자
79	黑	검을 흑	hēi	
80	點	점 점	diǎn	点

黑(검을 흑) 위는 얼굴 그 아래 사람(大 크다 대), 그리고 몸 주변에 검은 점(點 점 점) 4개가 찍혀 있는 모습이다. 얼굴과 몸에 먹물(墨 먹 묵)을 묻힌 바늘로 점점이 문신하여 검게 보이는 모습이다. 고대인들은 몸에 문신을 하는 것을 용감함이나 아름다움으로 여겼다(암흑, 칠흑).

點(점 점) 왼쪽은 온몸이 검은 점으로 문신한 모습(黑 검을 흑), 오른쪽은 동물의 뼈에 날카로운 도구(卜)로 구멍을 내어(口) 점을 치는 모습인 占(차지할 점)이다.

점을 칠 때 날카로운 도구로 뼈 여러 곳에 일정하게 구멍을 내듯이 몸 전체에 점점이 문신하여 채운 모습이다. '점', '찍다'의 의미로 사용된다(점심, 점선).

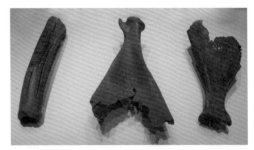

부산에서 발견된 점치는 뼈: 고대에는 뼈에 날카로운 도구로 점을 찍듯 구멍을 내어 금이 가는 모습을 보며 점을 쳤다.(국립경주박물관)

• **去**(갈 거) 집을 나와 걷다

808자	한자	훈&음	한어병음	간체자
81	去	갈 거	qù	
82	法	법 법	fǎ	
83	恩	은혜 은	ēn	
84	笑	웃을 소	xiào	

去(갈 거)는 높은 지위에 있는 사람(大)이 집 문(口 입 구)을 나와 어디론가 가는 모습이다(과거, 거래, 철거).

法(법 법) 왼쪽은 강(水 물 수), 오른쪽은 귀족이나 대인(大)이 밖에 나온 모습이다. 훌륭한 사람(大)이 물이 흐르듯 자연의 뜻에 따라 거침없이 행동하는 모습을 그리고 있다. 대인(大人)은 하늘(天)의 순리를 따르는 사람으로, '순리에 따라 행동하다'라는 뜻에서 '법', '방법' 등으로 사용이 된다(헌법, 법률, 방법).

恩(은혜 은) 위는 사람(大)이 흙을 쌓거나 풀을 엮어 만든 성(城) 또는 보호막을 의미하는 口(입 구)와 그 속에 성의 주인(大)이 안전하게 있는 모습이고(因 인할 인), 아래는 마음을 의미하는 심장(心 마음 심)이 있다. 자신을 위험이나 지켜주는 성 또는 보호막 또는 자리에 고마움을 느낀다는 의미에서 '은혜'의 의미로 사용되고 있다(은혜, 은사, 은사).

대나무: 조선시대 화가 이정(李霆, 1554-1626)

笑(웃을 소) 위는 대나무(竹 대 죽), 아래는 고개를 뒤로 젖힌 사람 모습인 夭(어릴 요)이다. 고개를 젖히고 크게 웃는 사람 모습으로, 바람이 부는 날 대나무 숲에서 잎이 서로 부딪혀 시끄러운 소리를 내듯, 사람들이 떠들썩하고 크게 웃는 모습을 비유하고 있다(미소, 담소, 조소).

• 久(오랠 구) 옆으로 누운 사람

808자	한자	훈&음	한어병음	간체자
85	久	오랠 구	jiǔ	

久久久(오랠 구) 왼쪽은 사람의 옆모습(人 사람 인), 오른쪽 아래의 획은 한쪽 다리를 펴고 있는 모습이다. 사람이 옆으로 누워 오랫동안 움직이지 않고 있는 모습으로, '오래되다'의 뜻이다(유구, 장구, 영구).

• 尺(자 척) 사람의 무릎부터 발바닥까지 길이

808자	한자	훈&음	한어병음	간체자
86	尺	자 척	chǐ	
87	局	구획 국	jú	

尺尺(자 척) 사람이 편하게 옆으로 누워 있는 모습(尸 주검 시)과 오른쪽 아래에 한쪽 무릎을 굽힌 모습이다. 사람이 무릎을 굽히고 누운 모습으로, 무릎을 굽혔을 때 발바닥에서 무릎까지의 길이를 뜻한다. 1척(尺)은 약 33센티미터이다(지척, 척도).

局局(판 국) 위에는 사람이 편하게 옆으로 누워 있는 모습(尸 주검 시)과 오른쪽 아래의 한쪽 다리를 구부린 모습을 의미하는 尺(자 척), 아래는 방이나 집의 입구(口 입 구)이다. 허리와 무릎을 구부리고 들어가는 좁은 방인데, 현재는 일정한 일을 맡아 처리하는 부서의 의미로 사용된다(결국, 당국, 국장).

• **心(마음 심)** 혈관이 이어진 심장

808자	한자	훈&음	한어병음	간체자
88	心	마음 심	xīn	
89	思	생각 사	sī	
90	愛	사랑 애	ài	爱
91	惡	악할 악 미워할 오	è,wù	恶
92	患	근심 환	huàn	

心(마음 심) 심장과 심장 아래에 이어진 혈관을 뜻한다. 사람의 마음이나 감정이 심장에서 생긴다고 생각하여 '마음'의 의미로 사용된다(열심, 핵심, 관심).

思(생각할 사) 글자 위는 상투를 튼 머리에 복잡한(x) 생각을 하는 모습을 그린 囟(腦 뇌 뇌)가 있고, 아래는 감정을 의미하는 심장(心 마음 심)이 있다. 옛사람들은 사람의 감정은 심장에서, 복잡하고 논리적인 생각은 머리에서 비롯된다고 생각하였다. 복잡한 생각을 하는 머리와 그리움 등의 감정이 드는 마음을 합해 놓은 글자이다(사상, 사모, 사고).

愛(사랑 애) 위에는 사람이 서서 입을 벌려 길게 입김을 뿜는 모습이고(欠 하품 흠), 그 속에 마음을 의미하는 심장(心)과 어디론가 정해진 곳으로 내려가는 발(夊)이 있다. 자신의 마음속 생각을 밖으로 내보내 어느 한곳을 향해 보낸다는 뜻으로, 자신이 흠모하는 사람에 대한 애틋한 정을 뜻한다(애국, 애정, 애완).

惡(악할 악, 미워할 오) 글자 위는 여러 곳으로 튀어나와(凸 볼록할 철) 보기 흉하게 굽은 것을 사방에서 눌러 반듯하게 펴려는 모습이다(亞 버금, 흉하다 아). 항아리나 병(壺 병 호) 등을 만들 때 매끄럽고 바르게 만들지 못하고 우그러진 것을 의미하는데, 제대로 된 제품이 아닌 흠이 있는 것을 말한다. 아래에 마음(心 마음 심)이 합하여져 사람의 마음이 반듯하지 못하고 제멋대로 여기저기 튀어나가는 것을 비유하여 '악하다', '싫어하다'의 의미가 된다(악화, 증오, 열악).

患(근심 환) 위에는 겹겹이 쌓인 물건을 꼬챙이로 꿰뚫는 모습의 串(꼬챙이 찬)이 있고 아래에 심장(心)이 있다. 꼬챙이로 심장을 찌르듯 슬프고 괴로운 마음을 묘사하고 있다(환자, 질환, 환난).

3) 얼굴

• 首(머리 수) 머리카락과 눈이 있는 얼굴

808자	한자	훈&음	한어병음	간체자
93	首	머리 수	shǒu	须
94	面	얼굴 면	miàn	
95	道	길 도	dào	道
96	須	반드시 수	xū	须
97	順	따를, 순할 순	shùn	顺
98	願	원할 원	yuàn	愿
99	頂	정수리 정	dǐng	顶
100	憂	근심할 우	yōu	忧

상나라 시기(BC 1600~BC 1046)에 제작된 얼굴 주형과 주형 안에 석고를 부어
떠낸 얼굴상. 상(은)나라 사람의 외모가 사실적으로 드러나 있다(중국 은허박물관)

首(머리 수) 위에 머리카락과 그 아래 눈(目 눈 목)이 있다. 머리의
특징적 부위를 그려 '머리'를 의미하고 있다(수도, 수석, 수긍).

面(낯 면) 네모 모양이 상징하는 얼굴과, 눈썹과 눈(目)이 부각된
首(머리 수)가 합해져 '얼굴'이라는 의미가 된다. 얼굴은 늘 드러나 있고 넓
으므로 '표면'의 의미로 사용된다(측면, 면접, 반면).

道(길 도) 왼쪽에 길(行)과 발(止)이 합해져 '걷다'
를 의미하는 辶(=辵)이 있고, 오른쪽에 사람의 머리(首 머리
수)가 있다. 사람이 머리를 향하고 걷는 길이라는 뜻 이외
에, 생각을 이끌어 가는(導 이끌 도) 길이라는 뜻으로, '이
치', '방법' 등의 의미로 사용된다(도리, 보도, 도로).

수염을 기른 신라 귀족
(국립경주박물관)

須(모름지기 수) 왼쪽에 수염을 의미하는 彡(터럭
삼), 오른쪽에 사람의 머리(首 머리 수)와 무릎 꿇고 앉은 사
람(人)이 있다. 얼굴에 난 털(鬚 수염 수)을 의미하는데, 남

자가 나이가 들면 반드시 수염이 나기 마련이고, 고대에 수염은 어른의 상
징이자 남자의 권위를 의미하므로 '반드시', '필요하다'의 뜻으로 사용된다
(필수, 수요).

順(순할 순) 왼쪽은 물(水 물 수), 오른쪽은 머리(首)를 조아리고 무
릎 꿇고 앉은 모습(頁 머리 혈)이다. 물이 흐르듯 사람이 고개를 숙이고 순
순히 따른다는 뜻으로 만든 글자이다(순서, 순리, 순위).

願(원할 원) 왼쪽은 언덕(厂 기슭 엄) 아래에서 스스로 물을 뿜어 올
리는 샘(泉 샘 천)을 의미하는 原(근원 원)이고, 오른쪽은 높은 사람 앞에
고개를 조아리고 무릎 꿇고 앉은 사람을 의미하는 頁(머리 혈)이다. 스스로
물이 솟아오르는 샘물처럼 윗사람의 요구에 억지로 시키지 않아도 자원하
여 따르는 모습을 하고 있다(소원, 기원, 민원).

頂(정수리 정) 왼쪽은 끝이 뾰족한 못을 의미하고(釘 못 정), 오른쪽
은 머리를 조아린 모습을 하고 있다(頁 머리 혈). 사람이 고개를 숙였을 때
머리 중앙에 마치 못을 박을 중요한 지점처럼 보이는 정수리를 뜻한다(정
상, 절정, 정점).

憂(근심할 우) 글자 위는 머리를 조아리고 앉아 있는 사람(頁 머리
혈)을 의미하고, 아래는 마음(心), 그 아래는 정해진 곳으로 내려가는 발
(夊)이 있다. 윗사람 앞에 머리를 조아리고 있을 때는 행여 자신이 잘못이
있는지, 윗사람이 자신에 대해 혼을 내지는 않을지 조심하게 된다. 윗사람
앞에서 머리(首)와 마음(心)으로 조바심내고 근심하는 모습을 그리고 있
다. 이성(首)과 감정(心)이 안정되지 못하고 안식처를 찾아가는(夊) 모습이
다(우려, 우울, 우환).

- **目(눈 목)** 크게 뜬 눈

808자	한자	훈&음	한어병음	간체자
101	目	눈 목	mù	
102	省	살필, 덜 성생	shěng	
103	直	곧을 직	zhí	直
104	看	볼 간	kàn	
105	相	서로 상	xiàng	
106	想	생각 상	xiǎng	
107	民	백성 민	mín	
108	眠	잠잘 면	mián	
109	臣	신하 신	chén	
110	見	볼 견	jiàn	见
111	親	친할 친	qīn	亲

目(눈 목) 눈 모양을 편의상 세워 기록한 글자이다. 눈은 본능적으로 자신이 원하는 곳으로 향하므로 '관심', '목적' 등의 의미로 사용된다(목표, 목적, 주목).

금과 은으로 만든 마스크
(916-1125)(요녕성박물관)

省(살필 성, 덜 생) 위에는 풀이나 나무의 새싹(屮)이 땅(一) 위에서 자라 오르는 모습인 生(날 생), 아래는 눈(目)이 있다. 땅에서 똑바로(直 곧을 직) 자라나는 풀처럼 눈을 똑바로 뜨고 사물을 응시하는 모습으로, '살피다', '깨닫다'의 의미로 만들어진 글자인데, 이후 위 모습이 '조금', '덜어내다'를 의미하는 少(적을 소)로 바뀌어 눈을 똑바로 뜨고 자세히 살피거나 '조금씩 덜어내다'라는 의미의 글자가 된다(반성, 성찰, 생략).

直 直(곧을 직) 왼쪽에는 고대 직각으로
된 자인 곡자를 그리고 있는데(ㄴ), 건물을 짓
거나 제품을 만들 때 유용하게 쓰이던 공구이
다. 그 옆에는 열(10)을 의미하는 십(十 열 십)
과 눈(目)이 있다. 곧게 뻗은 자를 수십 번 똑
바로 바라보는 모습으로, 오차 없이 여러 번

곡자 (국립민속박물관)

바르게 측정하는 모습을 뜻한다. 지금은 '바르다', '정직하다'의 의미로 사
용되고 있다(직접, 정직, 직진).

看 看(볼 간) 왼쪽은 손가락이 다섯인 손(手, 손 수)을 의미하고, 오른쪽
은 눈(目)이다. 손바닥을 펴서 눈 위에 올려 햇빛을 가리고 주변을 살피거
나 사물을 보는 모습이다(간호, 간판, 간병).

相 相(서로 상) 왼쪽은 나무(木), 오른쪽은 눈(目)을 의미하는데, 처음
이 글자의 모습은 사람이 나무에 올라 주변을 살피는 눈으로 되어 있었다.
나무 위에 올라 주변의 상황을 자세히 살피고 비교하는 모습에서 '서로'라
는 의미가 된다(상대, 상호, 상생).

想 想(생각할 상) 위는 나무와 눈, 아래는 심장(마음)이 합쳐진 글자로,
나무에 올라 주변을 자세히 살피듯 마음속으로 이것저것 비교하고 판단하
는 모습을 그리고 있다(예상, 상상, 사상).

民 民(백성 민) 원래는 위에 눈(目), 아래에 많은 수를 의미하는 十(열
십)이었다. 많은 사람들(十)의 눈(目)을 그리고 있는데, 왕을 바라보고 순종
하는 백성들을 의미했었다. 이후 글자 아래 부분이 '十(열 십)'에서 '낮음

(低 밑 저)'을 의미하는 氏(씨)로 바뀌어, 지위가 높은 사람 앞에서 눈을 아래로 낮게 향하고 있는 일반인을 의미하게 된다(주민, 민족, 농민).

眠(잠잘 면) 왼쪽의 눈(目), 오른쪽의 지위가 낮은 일반 백성이 눈을 아래로 뜬 모습의 民(백성 민)이다. 눈을 아래로 향하는 모습이 마치 눈을 감는 것과 유사하여 '잠을 자다'라는 뜻이 된다(수면, 숙면, 불면).

臣 臣(신하 신)은 눈을 크게 뜨고 왕의 명령에 따라 모든 일을 관리하는 신하를 뜻한다(신하, 사신, 공신).

見 見(볼 견) 임금이나 높은 사람 앞에서 무릎을 꿇고 눈(目)을 똑바로 뜨고 있는 사람의 모습이다. 높은 사람을 만나 뵙고(謁見 알현) 자신의 의견(意見)을 밝히고 있다(의견, 견해, 발견).

상나라 시기(BC 16세기~BC 11세기) 무릎 꿇고 앉은 신하 모습. 무릎 꿇고 예의를 표하는 풍습은 상나라를 비롯한 동이족의 독특한 풍습이다.(중국 은허박물관)

親 親(친할 친) 왼쪽은 날카로운 창(辛)과 그 아래 나무(木)로 된 창자루가 있고, 오른쪽은 이 창을 유심히 바라보는 (見) 모습이 있다. 병사가 자신의 새로운 창을 늘 곁에 두고 세심하게 돌보는 모습으로, 자루를 새로 갈아 낀 새 창(新 새 신)을 아끼며 관리하고 있다. '항상 가까이하다'라는 의미에서 '친하다', '사랑하다'라는 의미가 된다(친구, 친척, 친절).

• **艮(어긋날 간) 눈을 돌려 뒤돌아보다**

808자	한자	훈&음	한어병음	간체자
112	根	뿌리 근	gēn	
113	眼	눈 안	yǎn	
114	退	물러날 퇴	tuì	退
115	恨	원한 한	hèn	
116	限	한계 한	xiàn	

根根(뿌리 근) 왼쪽은 나무, 오른쪽 부분은 위에 눈(目)과 아래 사람(人)이 돌아선 모습으로 된 艮(어긋날 간)이 있다. 艮(어긋날 간)은 몸을 돌려 뒤를 돌아본다는 뜻으로, 이 글자에서는 艮(간)이 사람의 발 뒷부분인 발꿈치(跟 발꿈치 근)를 뜻한다. 나무의 발꿈치에 해당하는 뿌리를 말한다. 식물이 뿌리내리고 굳건히 서 있는 모습에서 '기초', '밑바탕'의 의미로 사용된다(근본, 근거, 근원).

眼眼(눈 안) 왼쪽의 바라보는 눈(目)과 오른쪽의 몸을 돌려 바라보는 모습(艮)이 합해져 앞과 뒤를 바라보는 '눈'을 뜻한다(안경, 안목, 안과).

退退(물러날 퇴) 길을 따라 진행하는 의미의 辶(=辵)와 뒤돌아 바라보는 모습(艮)이 합해져 '뒤돌아가다'라는 뜻이 된다(사퇴, 후퇴, 퇴근).

恨恨(한할 한) 마음을 의미하는 心(마음 심)과 뒤돌아 바라보는 모습인 艮(간)이 합해진 글자로, 토라져 뒤돌아서서 원망하는 모습을 그리고 있다(원한, 한탄).

限(한계 한) 언덕(阝=阜 언덕 부)과 뒤돌아 바라보는 모습(艮)이 합해져, 높은 언덕을 바라보며 지나갈 수 없음을 알고 돌아가는 것을 묘사한다. '한계'의 의미로 사용되고 있다(한계, 제한, 최소한).

• 自(스스로 자) 동물의 코

808자	한자	훈&음	한어병음	간체자
117	自	스스로 자	zì	
118	鼻	코 비	bí	鼻
119	四	넉 사	sì	

自(스스로 자)는 동물의 코를 본뜬 글자인데, 의식이 없어도 스스로 숨을 쉬므로 '스스로'라는 의미로 사용되며, 사람이 손가락으로 자신의 코를 가리키며 '자기'를 의미하는 데에서 '자기'의 뜻이 포함된다(자신, 자유, 자연).

鼻(코 비)는 위에 코(自), 아래에 코뚜레를 그리고 있다. 코뚜레는 동물을 부리기 편하게 코를 뚫어 나무를 둥글게 말아 코에 끼우고 끈을 달아 잡아당기게 되어 있다. 自(스스로 자)가 '코'의 의미를 잃고 '스스로'의 뜻으로 사용되면서 이 글자가 '코'를 대신하게 된다(비염, 이비인후과).

四(넉 사)는 코에서 콧김이 나오는 모습이다. 과거 네 마리 말을 끄는 수레를 駟(사마 사)라 불렀는데, 말(馬 말 마) 옆에 말의 콧김을 의

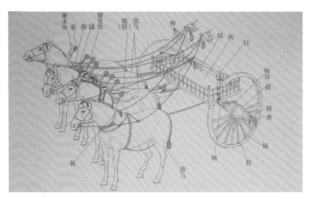

춘추전국시대 네 마리 말이 끄는 전차 복원도(북경 수도(首都)박물관)

미하는 사(四)가 후대에 '넷'을 의미하게 된다. 원래 넷을 의미하던 글자는 횡을 가로로 네 개 그어 표시했는데, 四(사)가 '넷'을 의미하면서 사라지게 된다(사촌, 사방).

• **耳(귀 이)** 현명함을 상징하는 귀

808자	한자	훈&음	한어병음	간체자
120	耳	귀 이	ěr	
121	聽	들을 청	tīng	听
122	聖	성스러울 성	shèng	圣
123	聲	소리 성	shēng	声
124	取	취할 취	qǔ	
125	最	가장 최	zuì	

耳(귀 이)는 귀의 모습을 그리고 있는데, 원래는 '듣다'의 의미로 사용되었다. 고대인에게 귀는 현명함의 상징이었다. 노자나 공자 같은 현인은 모두 귀가 매우 컸다고 전해 오는데, 이는 그들의 귀가 실제로 컸다기

보다는 그들이 하늘(天)의 뜻을 잘 귀담아듣고 실
천한 훌륭한 사람이라는 것을 귀를 통해 상징했
기 때문이다. 공자가 한 말 중에 60세를 의미하는
耳順(이순)이라는 말의 뜻은 "60세가 되어서야 하
늘의 뜻을 듣고(耳) 따랐다(順)"라는 뜻이다(이목).

聽(들을 청) 耳(귀 이)가 '듣다'에서 '귀'
로 뜻이 정해지자 耳(귀 이)를 대신해 '듣다'라는
뜻으로 사용되기 시작한 글자이다. 왼쪽은 귀(耳)
와 그 아래 무릎 꿇고 앉은 사람(壬)이 있고, 오른
쪽은 똑바로 바라보는 모습을 의미하는 直(곧을
직)과 마음을 의미하는 心(마음 심)이 있다. 연결
해서 해석하면 사람이 귀를 열고(耳) 무릎을 꿇고
앉아(壬) 똑바로 바라보며(直) 앞 사람이 하는 말을 마음(心)으로 받아들인
다는 뜻으로, '경청하다'라는 의미이다. 현재는 '듣다'의 뜻으로 사용되고
있다(시청, 청각, 청취).

聖(성스러울 성) 왼쪽을 보면 귀(耳)가 크게 강조된 무릎 꿇고 앉은
사람(壬)이 있고, 오른쪽은 입(口 입 구)을 그리고 있다. 무릎 꿇고 앉아 누
군가 하는 말을 주의 깊게 듣는 모습으로, '하늘(하느님)의 뜻을 잘 듣고 따
르는 사람'이라는 뜻이다. 현재 '거룩함', '성인'의 의미로 사용되고 있다(성
인, 성탄절, 신성).

聲(소리 성) 왼쪽 위(声)는 고대 왕실에서 사용되던 경(磬)이라는
악기이다. 경(磬)은 돌을 납작하게 갈아 크기가 작은 것부터 큰 것까지 매

달아놓고 치는 악기이다. 이 악기 오른쪽에 손으로 채를 잡고 경을 치는 모습이 있고(殳 수 몽둥이 수), 맨 아래에 이 악기의 소리를 듣는 귀(耳 귀 이)가 있다. 경에서 나는 서로 다른 여러 소리를 듣는 모습으로, 현재 '소리'의 의미로 사용되고 있다(함성, 명성, 음성).

取取(취할 취) 왼쪽은 귀(耳), 오른쪽은 이 귀를 잡고 있는 오른손(又)이 있다. 적의 귀를 잘라 취하는 모습인데, 고대 전쟁에서 자신이 적을 몇이나 무찔렀는지 진공을 증명하기 위해 석의 귀를 자르는 풍습이 있었다(채취, 취소, 청취).

最最(가장 최) 위에는 귀까지 덮는 모자(冃 쓰개 모)가 있고, 아래는 귀와 오른손으로 이루어진 取(취할 취)가 있다. 옛날에는 남자의 머리가 길었으므로 모자를 쓰기 위해서는 머리카락을 쓸어 올려 상투처럼 묶고 그 위에 모자를 썼다. 머리카락을 잡고(取) 머리끝까지 높이 올려 모자를 쓴다는 의미에서 '가장', '최상' 등의 의미로 사용된다(최고, 최대, 최근).

가죽모자(조선시대)(국립민속박물관)

모자: 황해도 장군굿에서 무복(巫服)에 갖추어 쓰던 모자. 모자 양쪽에는 청녹색 여밈끈이 있다.(국립민속박물관)

• 舌(혀 설) 뱀의 혀

808자	한자	훈&음	한어병음	간체자
126	舌	혀 설	shé	
127	活	살 활	huó	
128	話	말할 화	huà	话

舌(혀 설) 입(口)에서 혀를 내밀고 주변에 침이 묻어 있는 모습을 그리고 있다. 뱀의 갈라진 혀를 그리고 있다. 뱀은 혀를 매우 빠르게 날름거리는 습성이 있는데, 뱀처럼 입에서 빠르게 혀를 수없이 놀리며 말을 한다는 의미로 만들어진 글자이다. 후대에 혀 모습이 千(일천 천)으로 바뀐다(독설, 악설).

活(살 활) 글자를 보면 왼쪽은 흐르는 물(水 물 수), 오른쪽은 낮은 땅(低 밑 저)을 의미하는 氏(씨)와 그 아래 물이 모여든 웅덩이(口)가 있다. 계곡처럼 가파른 곳에서 물이 아래로 흘러내리며 시끄러운 소리를 내는 모습으로, 그 모습이 활력이 있고 살아 있는 듯하여 '살다'의 의미가 된다. 이후 오른쪽 글자는 혀를 빨리 놀리며 시끄럽게 떠드는 모습을 의미하는 舌(혀 설)로 바뀌어 활기 넘치게 떠드는 모습을 상징한다(활동, 활용, 생활).

話(말할 화) 왼쪽은 창을 던지듯 직설적으로 말을 하는 모습인 言(말씀 언), 오른쪽은 가파른 계곡에서 물이 흐르듯 빠르게 말하는 모습이 있다(舌 혀 설). 공적이고 직설적인 말(言)과 잡담(舌)을 두루 포함한 여러 종류의 말을 뜻한다(대화, 전화, 신화).

- 口(입 구) 입

808자	한자	훈&음	한어병음	간체자
129	口	입 구	kǒu	
130	品	물건 품	pǐn	
131	區	지경 구	qū	区
132	甘	달 감	gān	
133	句	글귀 구	jù	
134	唱	노래 창	chàng	

口(입 구) 입꼬리가 치켜 올라간 입 모양을 그리고 있다. 입처럼 속이 비어 있는 그릇이나 건물의 입구 등으로도 사용된다(인구, 가구, 출구).

品(물건 품) 입(口)이 여러 개 있음을 묘사한다. 옛날에 사람을 셀 때 밥을 먹는 '입(口)'을 단위로 세었다. 그래서 집에서 함께 밥을 먹는 사람들은 식구(食口), 전체 사람들의 수는 인구(人口)라고 한다. 일정한 지역에 사는 사람들 사이에는 어른과 아이, 장자와 차자, 남자와 여자 등 순서와 구분이 있으므로 이후 '제품', '등급', '종류' 등의 의미로 사용된다(제품, 식품, 물품).

區(지경 구) 여러 종류의 사람들을 의미하는 品(물건 품)과 이들이 살고 있는 지역을 둘러싼 벽이 있다. 사람들이 식구처럼 가까이 모여 사는 일정한 '구역'을 뜻한다(구분, 구역, 구획).

甘(달 감) 입(口) 안에 무엇인가 들어 있는 모습이다. 맛있는 음식을 먹고 있음을 묘사한다(감미, 감언이설).

句(글귀 구)는 갈고리처럼 구부러진 모양 두 개가 위아래 서로 얽혀 있고, 그 아래 입(口)이 있다. 말하는 것이 마치 갈고리가 서로 얽혀 있듯 얽히고 이어져 하나의 문장이 되는 것을 뜻한다. '글귀', '문장'의 의미로 사용되고 있다(구절, 시구).

唱(노래 창) 원래 태양(日)이 찬란하게 비치는 것을 기뻐하며 노래하는(日) 모습인데(昌 창성할 창), 이후 왼쪽에 입(口)을 추가하여 '노래하다'라는 의미로 사용한다. 고대인에게 있어서 태양은 신과 같은 존재로 찬미의 대상이었다(합창, 명창).

문으로 들어오는 빛을 막는 문발을 걸어 두는 고리(조선시대)(국립민속박물관)

- 欠(하품 흠) 입을 벌려 하품하다

808자	한자	훈&음	한어병음	간체자
135	次	버금 차	cì	
136	吹	불 취	chuī	
137	飲	마실 음	yǐn	饮
138	欲	하고자 할 욕	yù	

次(버금 차)는 입김을 의미하는 두 개의 점과 입을 벌려 하품하는 모습(欠 하품 흠)이 합해져 하품을 계속하는 모습을 묘사한다. 대수롭지 않게 여기고 다음으로 미룬다는 뜻으로 '버금', '다음'의 의미로 사용된

다(차석, 차례, 점차).

吹(불 취) 왼쪽에 입(口), 오른쪽에 하품하듯 입을 벌린 모습이다 (欠 하품 흠). 입으로 바람을 세게 부는 모습을 하고 있다(고취, 취타).

뚜껑이 있는 용무늬 술동이: 제례를 마친 후 벌어지는 음복연 때 제왕의 술을 담는 제기(국립고궁박물관)

飮(마실 음) 왼쪽에는 음식을 모아 뚜껑으로 덮은 모습(今 이제 금)과 그 아래 술 그릇(酉 닭, 술그릇 유)이 있고, 오른쪽은 입을 벌리고 앉은 모습(欠 하품 흠)이 있다. 술을 모아 둔 술병의 뚜껑을 열고 술을 마시는 모습으로, '마시다'의 의미로 사용된다(음식, 음주, 음료).

欲(하고자 할 욕) 왼쪽은 산골짜기 사이로 물이 모여드는 좁은 골짜기(谷 골 곡)와 오른쪽은 입을 벌린 사람 모습(欠 하품 흠)이다. 물이 골짜기로 끊임없이 모여들 듯, 사람이 무엇인가를 계속 모아 먹든가 소유하고자 하는 모습을 뜻한다(욕심, 욕망, 의욕).

• **而**(말이을 이) 머리를 단정히 빗다

808자	한자	훈&음	한어병음	간체자
139	端	바를 단	duān	

𣂤 端(바를 단) 왼쪽은 단정한 예복을 입고 바르게 서 있는 사람 모습(立 설 립)이고, 오른쪽은 머리를 평평하게 빗어 넘긴 모습으로, 용모를 바르게 하고 서 있는 귀족의 모습을 묘사하고 있다. 머리끝까지 단정하게 차림을 한 모습에서 '단정하다', '끝', '바르다'의 의미로 사용된다(단정, 단서, 첨단).

• 彡(터럭 삼) 가지런히 빗은 빛나는 수염

808자	한자	훈&음	한어병음	간체자
140	參	간여할 참	cān	参
141	形	모양 형	xíng	
142	修	닦을 수	xiū	

고대인에게 별은 사람의 운명을 좌우하는 신과 같은 존재였다. 그래서 늘 별을 관찰하고 별자리를 보고 점을 치곤하였다.

𦥑 參(간여할 참) 위에는 세 개의 별이 있고, 그 아래 사람(人), 그리고 왼쪽에 사람으로부터 무엇인가 나오는 모습을 하고 있다(彡 터럭 삼). 위에 있는 세 개의 별은 오리온자리의 중앙에 밝게 빛나는 삼성(參星, 三星)을 의미하는데, 고대 사람들은 별을 살아 있는 신으로 여겨 별 아래 사람의 모습(人)을 추가한 것이다. 왼쪽에 彡(터럭 삼)은 수염을 의미하는데, 여기에서는 세 별신이 아름답게 비추고 있는 모습을 묘사하고 있다. 이세 별(삼성)은 새해를 알리는 별로서, 우리나라에서는 연초에 이 별의 색깔이나 위치를 참고해 새해 농사의 풍흉을 점쳤고, 중국에서는 이 별의 위치가 남쪽에 높이 떴을 때를 '춘절(春節: 설날)'로 정했다. 별을 참고해 점치

고 날을 정했으므로 '참고하다', '참가하다(나란히 따르다)'의 의미로 사용되고 있다(참여, 참석, 참가).

천왕지신총의 삼성: 평안남도에 있는 고구려 고분 벽화로 왼쪽 위에 세 개의 별(삼성)이 그려져 있는데, 각각의 별 안에 人(사람 인)자가 새겨져 있어 별을 의인화하고 숭배했음을 알 수 있다(국립중앙박물관).

形 形(모양 형) 왼쪽은 곧은 나무줄기로 만든 창인 干(줄기 간) 두 개가 같은 높이로 가지런히 있고, 오른쪽은 아름답게 빛나는 수염 또는 머리카락을 의미하는 彡(터럭 삼)이 있다. 똑바르게 줄지어 서 있는 창이 머리나 수염처럼 가지런하고 빛나는 모습이다(형식, 형태, 형성).

修 修(닦을 수) 왼쪽에 사람(人)이 있고, 가운데는 반듯하게 서 있는 나무, 오른쪽 위는 도구를 든 손(攴)과 그 아래 가지런히 아름답게 정리된 머리카락(또는 수염)인 彡(터럭 삼)이 있다. 마치 잘 빗은 머리처럼 사물을 반듯하게 정리하여 단정하고 아름답게 만드는 모습으로 '꾸미다', '고치다', '(품행을) 기르다' 등으로 사용된다(수정, 수리, 수행).

4) 손

• **手**(손 수) 다섯 개의 손가락이 있는 손

808자	한자	훈&음	한어병음	간체자
143	手	손 수	shǒu	
144	失	잃을 실	shī	
145	承	받들 승	chéng	
146	拜	절 배	bài	
147	接	이을 접	jiē	
148	指	손가락 지	zhǐ	
149	招	부를 초	zhāo	
150	打	칠 타	dǎ	

手(손 수) 손가락 다섯 개를 그린 모습이다(수단, 수첩, 착수).

失(잃을 실) 사람의 손(手)에서 무엇인가 빠져나가는 모습이다. '잃어버리다', '잘못'의 의미로 사용되고 있다(실망, 실업, 실수).

承(받들 승) 원래 모습은 무릎 꿇고 앉아 있는 사람을 두 손으로 들어 돕거나 부축하는 모습으로, 자신보다 낮은 위치에 있는 사람이 무릎 꿇고 앉아 있는 것을 부축하여 일으키는 모습이다. 지위가 높은 관리가 퇴임하면서 자신을 잇는 사람에게 새로운 임무를 맡기는 장면을 묘사한다. '잇다', '받들다'의 의미로 사용된다(승인, 승낙, 계승).

拜(절 배)는 왼손과 오른손 모습을 그리고 있는데(手), 오른손 아래에 획이 그어져 있는 것은 '아래'를 의미한다(下 아래 하). 두 손을 모으고 큰절을 하는 모습으로, 남자가 큰절을 할 때 왼손이 오른손 위로 올라가는 것을 뜻한다. 이러한 풍습은 현재 한국에 남아 있다(세배, 숭배, 참배).

제사 지내며 절하는 모습(디지털양산문화대전)

接 (사귈 접) 왼쪽은 손(手 손 수), 오른쪽은 위에 날카로운 창(辛 매울 신)이 있고, 아래에 꿇어 앉아 두 손을 모으고 있는 여자가 있다(女 여자 녀여). 창(辛)은 공적인 판단을 상징하는데, 옛날 여자가 법을 어겨 자유를 잃으면 첩(妾 첩 첩)으로 삼았다. 이 글자는 손으로 첩을 잡고 가까이하는 모습을 묘사하고 있다. '접하다'의 뜻이다(접근, 접촉, 직접).

指 (손가락 지) 왼쪽은 손(手), 오른쪽은 위에 휘어진 숟가락(匕 숟가락 비)과 그 아래 입에 음식이 들어 있는 입(日 가로 왈)이 합해진 旨(맛있을 지)가 있다. 손가락으로 음식을 찍어 맛을 보듯이 손가락으로 무엇인가를 가리키는 모습을 그리고 있다(지적, 지휘, 지시).

招 (부를 초) 왼쪽의 손(手), 오른쪽의 칼(刀)과 입(口)이 있다. 멀리 떨어진 사람에게 손짓을 하며 칼처럼 날카로운 소리로 부르는 모습을 그

리고 있다(초대, 초청, 초빙).

打 (칠 타) 왼쪽은 손(手 손 수), 오른쪽은 못(釘 못 정)을 뜻한다. 손을 들어 망치로 못을 내리치는 모습이다(강타, 타격).

• 又(또 우) 무엇인가 잡는 오른손

808자	한자	훈&음	한어병음	간체자
151	又	또 우	yòu	
152	怒	성낼 노	nù	
153	假	거짓 가	jiǎ	
154	友	벗 우	yǒu	
155	左	왼 좌	zuǒ	
156	右	오른쪽 우	yòu	
157	若	같을 약	ruò	

又 (또 우) 오른손을 본뜬 글자로, 원래는 손을 이용해 반복적으로 일을 하거나 돕는 의미로 사용되다가 현재는 '또한'이라는 의미로 사용되고 있다.

怒 (성낼 노) 위에는 여자(女 여자 여)와 여자를 잡고 있는 오른손(又)이 있고, 그 아래에 '마음'을 의미하는 심장(心 마음 심)을 그리고 있다. 여자가 누군가가 자신을 강제로 잡으려 하는 것을 싫어하며 화내는 모습이다(분노, 대노, 격노).

假(거짓 가) 글자의 오른쪽에 있는 叚(빌 가)는 원래 왼쪽에 가파른 절벽, 오른쪽 위는 사람 손, 그 아래에 그 손을 잡고 있는 또 다른 손(又)으로 되어 있었다. 절벽에서 다른 사람의 손을 잠깐 빌려 잡고 오르는 모습으로, '임시로', '빌리다'라는 뜻이었다. '휴가', '거짓'이라는 뜻이 파생된다 (가정, 가상, 가설).

友(벗 우) 오른손이 두 개 있는 모습으로, 두 사람이 서로 힘을 합쳐 돕는 모습을 그리고 있다. 서로 돕는 친구를 뜻한다(우정, 우애, 우방).

左(왼 좌) 왼손으로 물건을 만들 때 사용하는 도구(工 장인 공)를 잡은 모습인데, 작업을 할 때 정교하거나 힘든 일은 오른손이 하고, 왼손은 자나 도구를 들고 오른손을 보조하는 역할(佐 도울 좌)을 한다. 보조적인 일을 하는 손이라는 뜻이다(좌천, 좌파).

右(오른쪽 우)는 오른손과 입으로 이루어진 글자로 오른손을 이용해 음식을 먹는 모습이다. 동아시아에는 오른쪽을 숭상해서 중요한 일은 오른손으로 처리했는데, 식사 역시 중요한 일이므로 오른손을 사용해 왔다. 현재 '오른쪽'의 의미로 사용된다(우측, 우경화).

若(같을 약) 위에 풀(艸)이 있고, 그 아래 음식을 먹는 오른손이 있다(右 오른쪽 우). 잡초 속에서 먹을 수 있는 채소를 골라 채집하는 모습으로, 잡초와 채소가 섞인 중에서 서로 같은 모양의 채소만을 골라 뽑는다는 의미에서 '같다'라는 뜻이 된다. '1만 개 중 같은 것이 있다면'이란 뜻의 '만약(萬若)'처럼 '~와 같다면'이라는 '가정'의 의미로도 사용된다(만약, 약간).

• 爪(손톱 조) 손가락을 펴 잡는 손

808자	한자	훈&음	한어병음	간체자
158	印	도장 인	yìn	
159	受	받을 수	shòu	
160	授	줄 수	shòu	
161	爭	다툴 쟁	zhēng	争
162	淨	깨끗할 정	jìng	净
163	靜	고요할 정	jìng	静
164	採	캘 채	cǎi	採
165	菜	나물 채	cài	
166	暖	따뜻할 난	nuǎn	暖

印(도장 인) 왼쪽은 무엇인가 건네는 손이고(爪), 오른쪽은 허리를 숙이고 꿇어앉은 사람이다(卩). 왕이 무릎 꿇고 앉은 신하에게 도장이 찍힌 공문서(신임장)를 건네는 모습이다. 고대에는 대나무를 얇게 잘라 글을 쓰고 끈으로 엮어 문서를 만들었는데, 둘둘 만 문서를 끈으로 묶고 최종적으로 끈끈한 아교를 섞은 진흙을 발라서, 한 번 떨어지면 다시 못 붙이도록 했다. 이를 봉니라고

낙랑의 봉니(평안남도 대동군 출토)(국립중앙박물관).

하는데, 봉니에는 도장이 찍혀 있어 다른 사람이 뗄 경우 복제가 어렵도록 만들어 놓았다. 현재 '도장'이라는 의미로 사용된다(인쇄, 인상, 낙인).

受(받을 수) 위에 무엇인가 건네는 손(爪)이 있고, 가운데는 물건, 그 아래 물건을 받는 손(又)이 있다. 가운데 물건은 나무로 만든 기다란 그릇이었는데, 점차 글자체가 간단해지게 된다. '받다'의 뜻이다(수용, 수락, 접수).

授(줄 수) 원래 '받다'를 의미하는 受(받을 수)와 같은 글자였으나 이후 왼쪽에 손(手)이 추가되어 '주다'라는 의미로 구분하여 사용하게 된다(수업, 교수, 전수).

爭(다툴 쟁) 글자의 위는 무엇인가 잡고 있는 손(爪)이 있고, 아래는 기다란 물건을 잡고 있는 손(尹)이 있다. 기다란 물건(끈)을 두고 두 손이 서로 잡아당기는 모습으로 하나의 물건을 두고 서로 차지하기 위해 다투는 모습을 그리고 있다(경쟁, 전쟁, 논쟁).

淨(깨끗할 정) 왼쪽에 물(水)이 있고, 오른쪽에 '팽팽하게 잡아당기는 모습'의 爭(다툴 쟁)이 있다. 이 글자는 '물(水)이 푸름(靑)을 다투다(爭)'라는 의미의 '瀞(깨끗할 정)'이 본래 글자였는데, 이후 가운데 靑(푸를 청)은 사라지고 爭(다툴 쟁)만 남게 된다. 물결 없이 맑고 잔잔한(팽팽한) 물을 의미하며 '맑다', '깨끗하다'의 의미로 사용된다(정화, 청정, 정수).

靜(고요할 정)의 왼쪽은 靑(푸를 청), 오른쪽은 爭(다툴 쟁)으로, 원래 '물이 푸름을 다투다'라는 의미의 瀞(깨끗할 정)과 같은 글자이다. 맑고 푸른 물이 끈을 팽팽하게 잡아당기듯(爭) 물결 없이 고요하고 평온한 모습을 묘사하고 있다. '고요하다'의 의미로 사용된다(안정, 냉정, 정숙).

采 採(캘 채) 위에 손(爪), 아래에 나무인데, 나무에서 잎이나 열매를 채집하는 모습이다. 이후 왼쪽에 손이 추가되어 '캐다', '채집하다'의 의미로 사용된다(채취, 채용, 채택).

菜 菜(나물 채) 위에 풀(艸)이 있고 아래에 채집을 의미하는 采(캘 채)가 있다. 나무에서 열매를 채집하듯 채소를 뽑는 모습으로, '채소', '나물'의 의미로 사용된다(채소, 야채, 채식).

뽕나무 위에서 뽕잎을 채취하는 모습
(전국시대 BC 403~BC 221)(상해박물관)

爰 暖(따뜻할 난)은 위와 아래에 팽팽하게 잡아당기는 손(爪, 又)이 있고, 그 사이에 가로로 된 횡이 두 개 있는데(二), 옥으로 장식한 두껍고 느슨한 허리띠를 상징한다. 그 아래 세로로 쳐진 선은 허리띠에 늘어뜨려 달아놓은 천으로 된 장식물이다. 옥이 달린 커다란 허리띠를 종의 도움(援 도울 원)으로 묶고 장식하는 모습으로, 이 허리띠는 지위가 높은 고관들이 관복을 입을 때 느슨하게(緩 느릴 완) 매던 일종의 장신구였다. 통으로 된 품이 넓고 여유 있는 관복의 가운데를 허

고종 어진(초상화). 옥으로 된 허리띠(옥대)와 늘어뜨린 천 장식물을 착용하고 있다.(국립중앙박물관)

리띠로 묶으면 외부 공기가 차단되어 따뜻해지므로 '따뜻하다'의 의미로 발전한다. 이후 왼쪽에 해(日)가 추가되어 따뜻함을 더욱 강조하게 된다 (온난, 난방, 난류).

• 寸(마디 촌) 손가락을 굽혀 작업하는 손

808자	한자	훈&음	한어병음	간체자
167	寸	마디 촌	cùn	
168	尊	높을 존	zūn	尊
169	對	대답할 대	duì	对

寸(마디 촌) 오른손과 손가락 아래에 점이 찍혀 있다. 이 점은 손가락의 한 부분, 즉 손가락 '한 마디(1촌)'를 상징한다. 손가락 마디를 굽혀 물건을 잡거나 세심하게 길이를 재는 모습을 묘사하고 있다. 고대 1촌은 약 3cm에 해당하며, '약간', '조금'을 뜻했다(삼촌, 사촌, 촌수).

尊(높을 존) 위에는 술(酒 술 주)을 담는 제사용 청동기 술잔(酉 닭, 술 유)이 있고, 아래는 손가락을 굽혀 술잔을 잡고 있는 손이 있다 (寸 마디 촌). 손으로 귀한 제사용 청동 술잔을 높이 들어 받들고 신에게 바치는 모습으로, '존중하다', '존

왕의 제사에서 신에게 두 손으로 술잔(尊 술그릇 준)을 받들어 올리는 모습(한국 종묘대제)(전주이씨대동종약원)

경하다'의 의미로 사용된다(존중, 자존심, 존경).

茻刂 對(대답할 대) 왼쪽은 두 개의 대를 세우고 그 사이에 돌 또는 청동 종을 크기대로 매달아 치는 고대 악기인 편경(편종)의 한쪽 대를 뜻한다. 오른쪽은 이 악기의 대를 세밀하게 조율하고 균형을 맞추는 모습이다 (寸). 편경은 양쪽 끝에 대가 두 개 마주보고 있으므로 마주하고 있다는 뜻에서 '대하다', '상대', '대답하다'라는 의미로 사용된다(대화, 반대, 대비).

편경, 편종을 치며 음악을 연주하는 모습(전국시대 BC 403~BC221)(상해박물관)

조선시대 편경(국립고궁박물관)

• **寺(절 사)** 한곳에 머물며 일하는 곳

808자	한자	훈&음	한어병음	간체자
170	寺	절 사	sì	
171	時	때 시	shí	时
172	詩	시 시	shī	诗
173	持	가질 지	chí	
174	特	특히 특	tè	

寺(절 사) 위는 발가락과 발바닥을 그린 止(발, 그칠 지)이고, 아래는 손가락을 굽혀 세심하게 일을 하는 손(寸)이다. 발을 의미하는 止(발 지)는 일정한 장소에 머물러 있는 모습을 상징하고(址 터 지), 손가락을 굽힌 손(寸)은 문서를 작성하거나 일을 진행시키는 것을 뜻한다. 원래 뜻은 한 곳에 머물며 손으로 업무를 보는 관청이라는 의미인데, 후대에 인도에서 불교를 전하러 중국에 온 사람들이 이 '사(寺)'라는 관청에 머물면서 '절'이란 의미로 바뀌게 되었다(사원, 사찰).

時(때 시) 왼쪽의 해(日)와 오른쪽의 발(止), 손(寸)으로 이루어진 글자로, 해(日)가 일을 멈추고 서쪽으로 넘어가 쉬거나(止 그칠 지) 다시 동쪽에서 떠올라 조금씩 일을 시작하는(寸) 모습을 비유한다. 아침에 일을 시작해 저녁까지 무엇인가 기록하고 꼼꼼하게 일을 처리하는 관청(寺 절 사)은 시간이나 시기, 절기를 일반인에게 알리는 역할도 했으므로 '시간', '때'를 의미하게 된다(시대, 동시, 시간).

詩(시 시) 왼쪽은 공적이고 격식에 맞는 말을 의미하는 언(言 말씀 언), 오른쪽은 한곳(관청)에 머물러 손으로 일하는 것을 의미하는데, 관청에서 형식을 갖춘 바른 말(言)을 기록하고 진행시키는 일을 말한다. 학식이 있는 관리가 일정한 형식을 갖춰 글을 짓는 모습을 비유한다. 고대에 '시'는 일정한 형식을 갖추고 있었다(시인, 시집, 동시).

持(가질 지) 왼쪽은 손, 오른쪽은 일을 진행시키는 관청(寺)이다. 관청에서 일을 맡아 계속 주관하는 사람을 뜻한다. '유지하다', '버티다'라는 뜻으로 사용된다(유지, 지속, 견지).

特(수컷 특) 왼쪽은 소(牛 소 우), 오른쪽은 일을 주관하는 관청(寺)을 뜻한다. 고대 관청에서 제사 지낼 때 '특별히 큰 소'를 바쳤던 풍습에서 '특별하다'라는 뜻으로 발전된다(특별, 특징, 특성).

• 廾(두손 공) 두 손으로 받들다

808자	한자	훈&음	한어병음	간체자
175	奉	받들 봉	fèng	
176	典	법 전	diǎn	
177	卷	책, 말 권	juàn	卷
178	共	함께 공	gòng	
179	異	다를 이	yì	异

奉(받들 봉) 위에는 제사용으로 바쳐진 소의 머리(牛 소 우), 그 아래에 두 손으로 받들고 있는 모습, 그리고 맨 아래에 '들다'의 뜻을 강조하여 한 손(手)이 추가로 그려져 있다. 높은 제사상 위에 귀한 소의 머리를 두 손으로 바치는 모습으로, '받들다', '돕다', '봉사(奉仕)'의 의미로 사용된다(봉사, 봉헌, 신봉).

돼지머리를 바친 제사상(서산 기은리 장승제)(한국학중앙연구원)

典(법 전) 위에는 대나무로 만든 책(冊 책 책)이 있고, 그 아래에는 두 손으로 책을 받들고 있는 모습이 있다. 성인의 말이나 귀한 글이 적힌 책을 두 손으로 들고 있다. 후대에는 두 손이 책상의 모습처

조선시대 황실에서 쓰던 상(국립고궁박물관)

럼 변하게 되어 책상에 올려 진 책처럼 글자체가 변하게 된다. '경전', '법전'의 의미로 사용된다(사전, 제전, 전당).

卷(책 권) 맨 위는 곡식(米 쌀 미), 가운데는 곡식을 두 손으로 잡고 있는 모습, 맨 아래는 무릎 꿇고 앉아 있는 사람(卩 병부 절)이다. 사람이 무릎을 꿇고 앉아 두 손으로 곡식 알갱이를 뭉치는 모습을 그리고 있다. 몸을 구부리고 앉아 손가락으로 곡식을 둥글게 뭉치는 모습에서 '말다'라는 뜻이 생겼는데, 과거에 책은 말아서 보관했으므로 '책'을 세는 단위인 '권'이 된다(권수, 상권, 하권).

共(함께 공) 위에는 열 개를 의미하는 十(열 십)이 두 개 나란히 있는 모습(卄 스물 입)이고, 아래는 이를 두 손으로 받들고 있는 모습이다. 귀한 물건을 한꺼번에 모두 바치거나 제공(供 이바지할 공)하는 모습으로, '함께', '모두'를 뜻한다(공동, 공유, 공감).

異(다를 이) 사람이 머리(田)를 두 손으로 잡고 있는 모습으로, 田는 머리가 어지러운 모습을 뜻한다. 제사를 지내고 음복을 하여 술

기운이 오르면 마치 '다른 사람'처럼 되고 기이한 행동을 하게 되어 '다르다'의 뜻으로 사용된다. 어지러운 머리를 의미하는 田(囟) 모양은 귀신을 의미하는 鬼(귀신 귀)나 생각을 의미하는 思(생각할 사) 등에 사용된다(차이, 이의, 특이).

고대 전설에 사악한 귀신을 물리친다는 신령스러운 짐승(BC 206~AD 220)(상해박물관)

• 臼(절구 구, 깍지 낄 국) 두 손을 맞잡아 물건을 들다

808자	한자	훈&음	한어병음	간체자
180	與	줄 여	yǔ	与
181	擧	들 거	jǔ	举
182	學	배울 학	xué	学
183	興	일 흥	xìng	兴
184	要	구할 요	yào	要
185	舊	예 구	jiù	旧
186	兒	아이 아	ér	儿

與(줄 여) 글자 위에는 두 손이 칼(刀 칼 도)을 잡고 있고, 아래에 있는 두 손도 칼을 잡고 있는 모습이다. 두 사람이 서로 무기인 칼을 모으며(与) 뜻을 같이하는 모습을 그리고 있다. '뜻을 같이한다'는 데에서 '참여하다'라는 의미가 나오고, '함께 힘을 더하다'라는 뜻에서 '주다'의 의미가 된다(참여, 급여, 부여).

𝍐 舉(들 거) 위에는 두 사람이 두 손으로 칼을 들고 뜻을 모으는 모습이고(與 줄 여), 아래 가운데는 '들다'의 의미를 강조하기 위한 손(手)이 추가되어 있다. 여러 사람이 자신들의 칼(무기)을 위로 치켜들고 있는 모습으로, '들다', '추천(선거)하다'의 의미로 사용되고 있다(선거, 거론, 거국).

𝍐 學(배울 학) 위에는 두 손이 있고, 그 사이에 점치는 네 조각의 나무토막(爻 효)이 있다. 아래는 집(宀 집 면)에서 어린 아이(子)가 이를 바라보는 모습으로, 윷과 같은 네 개의 나무토막(산가지)을 던져 점을 치거나 셈을 하는 방법을 어린 아이가 보고 배우는 모습을 그리고 있다(학교, 학생, 과학).

윷점책: 윷을 던져 나온 복잡한 점괘를 풀이하여 적어 놓은 점복서(국립중앙박물관)

윷: 윷은 원래 한 해의 운수를 미리 알아보기 위해 정초에 점을 치는 데 활용하던 고대 점복의 일종이었다.(한국민속촌)

뾻 뾻 興(일 흥) 위에는 두 손이 무엇인가를 잡고 있는 모습이다. 아래 역시 두 손으로 일을 도와가며 말하는(口 입구) 모습이다. 두 사람이 땅을 다지는 도구인 달구를 동시(同 한 가지 동)에 들었다

신석기시대 서로 손을 잡고 춤추는 모습이 그려진 그릇(북경 국가박물관)

내치며 박자에 맞춰 흥겹게 일하는 모습을 묘사하고 있다. 달구는 커다란 통나무에 네 개의 손잡이를 만들고 둘이 함께 들었다 내치며 땅을 다지는 도구로, 집을 짓기 위한 기초 작업에 사용된다. '일어남', '흥미', '즐거움' 등의 의미로 사용된다(부흥, 진흥, 흥미).

뾻 뾻 要(구할 요) 사람이 양손으로 허리(腰 허리 요)를 허리띠로 묶는 모습이다. 옷을 입고 두 손으로 허리를 조여 옷이 몸에서 떨어지지 않도록 하는 모습에서 '중요하다', '필요하다', '잡다' 등의 의미가 되고, '필요하다'의 의미에서 '요구하다'라는 뜻이 파생된다(필요, 중요, 요구).

舊 舊 舊(옛 구) 머리에 깃이 풀(艹 풀 초)처럼 위로 솟아 있는 새(隹)인 부엉이가 움직이지 않고 둥지(臼)에 오랫동안 앉아 있는 모습이다. 부엉이는 한자리에 오래 앉아 주변을 응시하는 습성이 있어 '오래되다'라는 뜻이 된다(친구, 복구, 구식).

수리부엉이(한국학중앙연구원)

兒(아이 아) 위는 입에서 이가 듬성듬성 빠져 있는 모습이고, 아래는 꿇어앉은 사람(八)이다. 나뭇가지로 엉성하게 지은 새의 둥지처럼 이가 빠진 어린아이가 어른 앞에서 무릎을 꿇고 앉아 있는 모습이다(유아, 아동, 고아).

- **尹**(다스릴 윤) 홀을 손에 든 귀족

808자	한자	훈&음	한어병음	간체자
187	君	임금 군	jūn	

君(임금 군) 오른손으로 권위의 상징인 기다란 옥으로 된 홀을 들고(尹 다스릴 윤), 입(口 입 구)으로 명령하는 사람을 그리고 있다. 홀은 귀족들만이 가질 수 있는 권위의 상징으로, '임금', '주권자'를 뜻한다(군자, 군신, 군주).

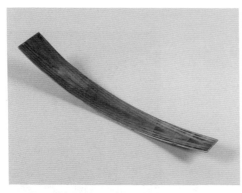

상아홀(조선): 조선시대 고위 관원들이 임금을 알현할 때 들었던 상아로 된 홀(笏). 왕이 든 것은 규(圭)라고 한다.(국립중앙박물관)

규(圭)(조선): 왕, 왕비, 왕세자 등이 예식 때 드는 옥판으로, 왕과 왕세자는 청옥, 왕비는 백옥으로 만들었다.(국립고궁박물관)

• **支(가를 지)** 잔기지를 다듬은 줄기

808자	한자	훈&음	한어병음	간체자
188	支	가를 지	zhī	
189	技	재주 기	jì	
190	枝	가지 지	zhī	

支(가를 지) 위는 잎이 뾰족하고 아래로 처진 대나무 가지(竹)를 의미하고, 아래는 손(又)이 있다. 대나무(竹)의 가지(枝 가지 지)를 제거하는 모습으로, 나뭇가지처럼 '갈리다', 조금씩 나누어 돈을 '지불하다'의 뜻이 생긴다. 가지를 제거하고 난 줄기는 물건을 받치거나 지팡이로 삼기도 하여 '지탱하다', '버티다'라는 뜻으로도 사용된다(지원, 지지, 지출).

技(재주 기) 왼쪽은 손을 강조한 모습(手), 오른쪽은 대나무 가지를 잡은 손(支)이다. 손으로 대나무를 잘라 지팡이나 바구니 등 여러 가지 생활용품을 만드는 모습을 묘사하고 있다. '재주', '기술'의 의미로 사용된다 (기술, 경기, 특기).

枝(가지 지) 왼쪽은 나무(木), 오른쪽은 대나무 가지를 잡은 손(手)이다. 대나무나 나무에서 뻗어 나온 가지를 잡고 있는 모습이다(지엽, 전지).

- **攵(칠 복)** 날카로운 도구를 든 손

808자	한자	훈&음	한어병음	간체자
191	改	고칠 개	gǎi	
192	敎	가르침 교	jiào	教
193	救	구원할 구	jiù	
194	散	흩을 산	sàn	
195	數	셀 수	shù	数
196	敢	감히 감	gǎn	敢
197	嚴	엄할 엄	yán	严
198	敬	공경할 경	jìng	
199	驚	놀랄 경	jīng	惊
200	敗	깨뜨릴 패	bài	败

改(고칠 개) 왼쪽은 선이 구부러진 모습으로(己 자기 기), 그물 전체를 당길 수 있도록 그물의 코를 꿰어 놓은 두꺼운 끈(紀 벼리 기)을 뜻한다. 이 끈이 끊어지면 그물 전체를 잃게 되므로 수시로 고치고 바꿔야 했다. 이 끈(벼리)은 그물의 전체를 다스리는 필수품으로 기강(紀綱), 도덕 등으로 비유되기도 한다. 오른쪽은 나뭇가지 같은 날카로운 도구를 들고 있는

그물: 그물 전체를 끌 수 있는 벼리(줄)가 달려 있다.(국립민속박물관)

손(攴=攵 칠 복)이다. 나뭇가지 같은 날카로운 도구를 들고 동아줄을 끊어지지 않게 고치고 개선하는 모습이다(개혁, 개선, 개편).

𣏟 教(가르침 교) 위에는 네 개의 나무토막(爻 효)이 있고, 그 아래는 아이(子), 오른쪽은 나뭇가지를 든 손(攴=攵 칠 복)이 있다. 아이에게 셈을 하는데 도와주는 나뭇가지(산가지)를 주고 이리저리 배열하면서 산수나 점치는 법을 가르치는 모습이다(교사, 교과서, 종교).

조선시대 점을 치거나 셈을 할 때 사용하던 산가지(국립중앙박물관)

𣏟 救(건질 구) 왼쪽은 위에 오른손(又)이 있고, 그 아래 동물의 꼬리(尾 꼬리 미)가 있다. 오른쪽은 나뭇가지같이 생긴 긴 도구를 든 손(攴=攵 칠 복)이 있다. 한 사람이 오른손으로 동물의 꼬리(尾)를 잡고 있고, 다른 사람이 오른손으로는 몽둥이를 들고 같이 동물을 제압하는 모습이다. 다치거나 도움이 필요한 동물을 구하기 위해서는 먼저 동물을 제압해야 하는데, 혼자서는 힘들기 때문에 서로 도와야 한다. '구원하다', '돕다', '치료하다' 등의 의미로 사용되고 있다(구조, 구출, 구원).

𣏟 散(흩을 산) 위에는 나무가 겹겹이 쌓인 모습이고(林), 그 아래는 고기 조각(肉 고기 육), 옆에는 기다란 나뭇가지를 든 손(攴=攵)이 있다. 나무를 얼기설기 짜 만든 넓은 장판에 고기(肉)조각을 널어 말리는 모습이다. 고기를 오랫동안 저장하기 위해서는 고기를 작게 잘라 말려 육포를 만들어야 한다. 육포를 만들기 위해 고기조각을 긴 나뭇가지로 넓게 펴는 모습이다(확산, 해산, 한산).

數(셀 수) 왼쪽 위에는 두 손으로 무엇인가 잡고 있는 모습이고, 그 아래는 무릎 꿇고 앉은 여자의 풍성한 머리카락을 뜻한다. 여자의 머리를 두 손으로 여러 번 땋아 올리는 모습이다. 머리를 땋을 때 고드름같이 길고 뾰족한(冫 얼음 빙) 비녀로 마무리하므로 오른쪽에 뾰족한 비녀를 든 손(攵=攴)이 추가된다. 머리를 여러 번 규칙에 맞게 감아올리는 것에서 숫자를 의미하게 된다(다수, 수학, 수량).

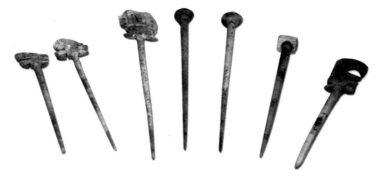

상나라 시기에 사용된 뼈로 만든 비녀(중국 인쉬박물관)

敢(감히 감) 원래 이 글자는 시집간 여인을 상징하는 빗자루(帚 비 추)와 말하는 입(口), 이를 막는 손(又)으로 이루어져 있었다. 부인이 말하는 것을 막는 모습이다. 고대에는 여자들에게 절대순종을 요구했는데, 만일 이를 어기고 남편의 잘못을 따지거나 비난하는 것은 여자에게 많은 용기가 필요했다. 현재 글자체가 많이 바뀌어 '감히', '용감하다'의 의미로 사용되고 있다(용감, 과감).

嚴(엄할 엄) 위에는 입(口)이 두 개 있고, 그 아래 언덕이나 산기슭을 의미하는 厂(기슭 엄), 그 아래에 동물의 꼬리(尾 꼬리 미)와 함정이나 깊이 파인 곳을 의미하는 口(입 구), 무기를 든 손(攵)이 있다. 여러 사람이 소리를 지르며(口口) 동물(尾)을 벼랑으로 몰아(厂) 함정에 빠뜨려(口) 사냥하는 모습(攵)을 묘사하고 있다. 야생동물을 잡는 일은 험하고 목숨을 잃을 수도 있는 위험한 일이므로, '엄하다', '혹독하다'의 의미로 사용되고 있다(엄격, 엄중, 엄숙).

敬 敬(공경할 경) 왼쪽은 머리에 깃으로 장식된 관을 쓴 관리가 허리를 숙이고 있는 모습이고, 그 안에 말하는 모습의 입(口), 오른쪽에 나뭇가지를 든 손이 있다(攵). 왕 또는 제사장이 머리에 아름다운 관모를 쓴 관리(귀족)를 다그쳐 경계하는 모습을 묘사하고 있다. '경건하고 공손하다'라는 뜻으로 사용된다(존경, 공경, 경로).

驚 驚(놀랄 경) 글자 위에는 사람을 다그쳐 말하는 모습(敬 공경할 경)이 있고, 그 아래 말(馬 말 마)이 있다. 말에게 소리 지르며 회초리로 다그쳐 놀라게 하는 모습이다(경탄, 경악, 경이).

敗 敗(깨뜨릴 패) 고대에 왕권의 상징이던 청동제기를 의미하는 貝(=鼎 솥 정)와 이를 몽둥이로 내려치는 손으로 이루어진 글자이다. 제사용 청동기는 한 국가를 지켜 주는 신을 섬기는 성스러운 기물이었으므로 국가를 상징하는 대표적인 물건이었다. 그러므로 청동기가 훼손되는 것은 그 나라가 망함을 뜻한다(실패, 패배, 부패).

상나라 시기에 제사용으로 사용되던 청동 솥. 국가를 대표하는 상징적인 물건이었다.(중국 은허박물관)

- 殳(창 수) 뾰족한 작업 도구를 든 손

808자	한자	훈&음	한어병음	간체자
201	殺	죽일 살	shā	杀
202	設	베풀 설	shè	设
203	醫	의원 의	yī	医
204	投	던질 투	tóu	

殺殺殺(죽일 살) 위의 X자 모양은 엇갈리게 그어진 칼자국을 의미하고, 그 아래 동물의 털(毛)이 있다. 털이 있는 동물을 칼로 베는 모습이다. 후대에 '칼로 베다'라는 의미를 명확히 하기 위해 뾰족하고 날카로운 도구를 손으로 잡은 모습의 殳(창 수)가 오른쪽에 추가된다(살균, 살충제).

設設設(베풀 설) 왼쪽은 공식적인 말을 의미하는 言(말씀 언), 오른쪽은 작업을 위해 도구를 들고 있는 손(殳 창 수)이 있다. 도구를 들고 작업하기 전에 서로 논리적인 의견을 말하며(言) 계획을 세우는 모습이다. 물건을 만들거나 건물을 세울 때 설계(設計)하는 모습으로, '설치하다', '설립하다'의 의미로 사용된다(시설, 설치, 건설).

醫醫醫(의원 의)의 왼쪽 위에는 깊이 파인 곳(匸)에 화살(矢 화살 시)이 들어간 모습인데, 원래는 화살이 옆구리에 박힌 사람의 모습이었다. 오른쪽은 창 같은 날카로운 도구를 손으로 들고 있는 모습(殳 창 수)이고, 아래에는 술(酒 술 주)을 의미

신석기시대 제작된 목이 긴 잔(배杯), 산동 용산문화(중국 국가박물관)

하는 술병(酉)이 있다. 의사가 화살에 맞은 사람을 날카로운 도구로 수술하고 술(알코올)을 부어 소독하고 치료하는 모습이다(의사, 의료, 의학).

投(던질 투) 왼쪽은 손(手), 오른쪽은 창 등의 도구를 들고 있는 손(殳 창 수)이 있다. 창을 던지는 모습을 그리고 있다(투자, 투표, 투항).

• 史(역사 사) 사물의 중간을 잡은 손

808자	한자	훈&음	한어병음	간체자
205	史	역사 사	shǐ	
206	事	일 사	shì	
207	使	시킬 사	shǐ	

史(역사 사) 위는 가운데를 상징하는 中(가운데 중)이 있고, 그 아래이 中(중)을 잡고 있는 손이 있다. 중립적인 입장에 서서 판단하고 손으로 기록하는 모습이다. '역사'의 의미로 사용되고 있다(역사, 국사).

事(일 사)의 위는 '발생'을 의미하는 生(날 생)이 있고, 가운데를 의미하는 中(가운데 중), 아래는 다스리는 사람을 의미하는 홀을 잡은 손(尹다스릴 윤)으로 되어 있다. 여러 가지일을 중립적으로 공정하게 처리하는 관리(吏 관리 이)가 다루는 사무적인일이라는 뜻이다(사실, 사건, 사업).

홀을 든 고대 일본 관원(일본 대판(大阪)박물관)

使 使(하여금 사) 왼쪽은 사람을 의미하고, 오른쪽은 공적인 일을 하는 관리(吏 관리 이)를 뜻한다. 일을 시키는 관리라는 의미로, '시키다'의 의미로 사용되고 있다(사용, 노사, 대사).

- **聿(붓 율)** 절굿공이를 잡은 손

808자	한자	훈&음	한어병음	간체자
208	建	세울 건	jiàn	
209	律	법 률율	lǜ	
210	書	쓸 서	shū	书
211	晝	낮 주	zhòu	昼
212	畫	그림 화	huà	画

建 建 建(세울 건) 왼쪽은 계단이 있는 얕은 산이나 언덕을 의미하고, 오른쪽은 땅을 다지는 절굿공이(午 낮 오, 杵 공이 저) 같은 도구를 들고 있는 손(聿)과 그 아래에 평평한 바닥이 있다. 집을 짓기 위해 언덕 아래 평평한 곳(廴)을 절구질하듯 다지는 모습(聿)으로, '건설하다'의 뜻이다(건설, 건축, 건의).

律 律(법 률율)의 왼쪽은 길(彳)을 의미하는데 '나아가다', '실행하다'라는 뜻이고, 오른쪽은 마치 절굿공이처럼 똑바로 잡고 내렸다 올렸다 하며 글을 쓰는 도구인 붓을 의미한다(筆 붓 필). 붓으로 기록된 규칙에 따라 모두가 고르게 행동해야 한다는 의미로 '법'이 된다(**법률, 자율, 규율**).

書 書(쓸 서) 위에는 붓을 잡은 손(聿), 아래는 무엇인가 말하는 모습

(曰 가로되 왈)이 있다. 왕이나 성인이 말하는 내용을 받아 적는 모습으로, '글을 쓰다', '책'의 의미로 사용된다(교과서, 독서, 도서).

畫(낮 주)는 똑바로 서 있는 절굿공이(午 정오 오)를 잡은 손(聿)과, 그 아래 해가 땅 위에서 올라 사방을 비추는 모습(旦 아침 단)으로 되어 있다. 해가 머리 위에 똑바로 있는 정오(낮)는, 똑바로 세워 절구질을 하는 절굿공이에 비유된다(午 낮 오, 杵 공이 저). 해가 아침(旦)에 떠오른 뒤 머리 위에서 비추는 모습으로 '낮'을 뜻한다(주야, 주간).

畫(그림 화)는 위는 붓을 수직으로 잡고 있는 모습(聿), 아래는 곡식이 심긴 밭(田 밭 전)을 뜻한다. 밭에 선을 긋고 구획을 나누는 모습으로, '선을 긋다(劃 그을 획)'라는 글자로 사용되다가 이후 '그림을 그리다'라는 뜻으로 변하게 된다(화가, 화면, 계획).

• 及(미칠 급) 도망가는 사람을 따라가 손으로 잡다

808자	한자	훈&음	한어병음	간체자
213	及	다다를 급	jí	
214	急	급할 급	jí	

及(미칠 급) 사람(人)의 뒤에 손(又)이 닿음을 그리고 있다. 앞서가는 사람을 따라가 손으로 잡는다는 뜻이다. '~에 닿다(미치다)', '도달하다'의 의미로 사용된다(언급, 보급, 파급).

急(급할 급) 위는 사람을 뒤에서 손으로 잡는 모습이고(及 미칠 급),

아래는 심장(心)을 뜻한다. 사람이 뒤에서 따라와 자기를 잡으려 할 때의 긴장감, 초조함을 뜻한다(긴급, 급격, 급증).

• 更(고칠 경) 도구를 들고 고치는 모습

808자	한자	훈&음	한어병음	간체자
215	更	고칠 경 다시 갱	gēng	
216	便	편할 편	biàn	

更(고칠 경 다시 갱) 위는 원래 병든(病 병 병) 노인이 침대에 누워 있는 모습을 의미했는데(丙), 점차 만물이 번성하다 점차 시들기 시작함을 의미하는 것으로 사용된다. 아래는 도구를 들고 무엇인가 고치는 모습(攵)이 있다. 오랜 기간 사용해 조금씩 고장이 나는 가구(침대)나 그릇 등을 다시(再 다시 재) 고치는 모습이다. '고치다', '다시'의 의미로 사용된다(변경, 경신, 갱신).

便(편할 편) 왼쪽은 사람, 오른쪽은 물건을 다시 고치는 모습이다 (更 고칠 경). 고쳐 놓은 물건(更 고칠 경)을 사용하는 사람을 그린 글자로, '편하다'의 뜻이다(편안, 형편, 불편).

• 尤(더욱 우) 손을 위로 뻗다

808자	한자	훈&음	한어병음	간체자
217	就	이룰 취	jiù	

就(이룰 취)의 왼쪽은 높은 건물(京 서울 경)을 의미하고, 오른쪽은 오른손(又)을 높이 뻗은 사람(人) 모습이다(尤 더욱 우). 높은 건물을 사람이 차지하는 모습으로, 성취를 뜻한다(취업, 성취, 취침).

5) 발

• **止**(발 지) 전진하거나 멈추는 발자국

808자	한자	훈&음	한어병음	간체자
218	止	그칠 지	zhǐ	
219	步	걸음 보	bù	
220	先	먼저 선	xiān	
221	洗	씻을 세	xǐ	
222	走	달릴 주	zǒu	
223	起	일어날 기	qǐ	
224	出	나갈 출	chū	
225	正	바를 정	zhèng	
226	政	정치 정	zhèng	
227	足	발 족	zú	
228	定	정할 정	dìng	
229	武	굳셀 무	wǔ	
230	歷	지낼 력역	lì	历
231	歸	돌아갈 귀	guī	归
232	歲	해 세	suì	岁
233	齒	이 치	chǐ	齿

止(발 지, 그칠 지) 사람의 발자국 모양으로, 한자 속에서 '멈추다'와 '나아가다'라는 뜻으로 응용된다. 현재는 '멈추다'의 의미로 사용된다(폐지, 금지, 정지).

步(걸음 보) 위에는 왼발, 아래는 오른발의 발자국이 있다. '걸어가다'의 뜻이다(양보, 진보, 보행).

先(먼저 선) 위에는 앞서 걸어간 발자국 모습이 있고(止), 아래는 사람 모습이 있다. 앞서 걸어가신 분, 즉 조상을 의미하는데, '먼저'라는 의미로도 사용되고 있다(선진, 선조, 우선).

洗(씻을 세) 왼쪽에는 물이 있고, 오른쪽은 앞서간 사람의 발(先 먼저 선)이 있다. 발을 앞으로 뻗어 씻는 모습이다(세탁, 세수, 세척).

走(달릴 주) 위는 고개를 뒤로 젖히고 두 손을 휘저으며 달려가는 사람 모습(大)이고, 아래는 진행을 의미하는 발자국(止)이다. 고개를 젖히고 어디론가 급히 달려가는 모습이다(주행, 질주, 패주).

起(일어날 기) 왼쪽은 달리는 모습을 묘사하고(走), 오른쪽은 갓 태어난 어린아이(已 이미 이)가 다리를 웅크리고 있는 모습을 뜻한다. 갓난아이가 시간이 지나 일어나서 아장아장 걷는 모습이다(기상, 제기, 기원).

出(날 출) 안에서 밖으로 나오는 발(止)을 그려 '나가다'라는 뜻을 표현하고 있다(수출, 제출, 지출).

正(바를 정) 글자 위는 원래 네모 모양이었는데, 성벽으로 둘러싸인 성이나 나라(國 나라 국)를 뜻했다. 그 아래에 그 성을 향해 진행하는 발(止)이 있다. 성을 정복(征 칠 정)하기 위해 똑바로 나아가는 모습을 그리고 있다. 고대 정벌의 목적은 신의 뜻에 따르지 않는 지역을 신의 뜻에 맞게 '바르게' 고치기 위함이었다. '바르다', '바로잡다'의 의미로 사용된다(정확, 정직, 부정).

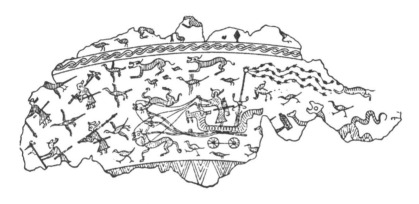

전국시대(기원전 403년부터 기원전 221년) 창을 들고 가는 사병

政(정사 정) 왼쪽은 성을 정복하는 모습이고(正 바를 정), 오른쪽은 길고 날카로운 도구를 든 손이 있다. 정벌한 뒤 무기를 들고 다스리는 모습이다. '신의 뜻을 따르지 않는 불의한 성을 정복하여 바르게 다스리다'라는 뜻이며, 현재 '정치'의 의미로 사용되고 있다(정부, 정권, 정치).

足(발 족) 원래 의미는 정복을 의미하는 正(바를 정)자와 같이 신의 뜻을 거스르는 성(口)을 정복하여 바르게 만드는 모습을 그리고 있다. 성을 정복하러 가는 '발자국'의 모습을 강조하여 '발'이라는 의미가 되고, 정복한 후 바로잡았을 때 느끼는 만족이나 성취, 넉넉함을 의미하기도 한다 (부족, 만족, 풍족).

定(정할 정) 위는 집의 지붕인데 집을 의미하고(宀 집 면), 아래는 옳지 않은 지역을 정복함을 의미한다(正 바를 정). 불의한 나라를 정복한 뒤(正), 집을 세우듯 정의를 고정시키는 모습이다. '확정하다', '반드시'의 의미로 사용된다(결정, 인정, 규정).

武(굳셀 무) 창(戈 창 과)을 어깨에 메고 행진하는(止 발 지) 모습이다. 무기를 들고 당당히 걸어가는 군인을 뜻한다(무기, 무장, 무력).

歷(지낼 력역)은 이삭이 여문 벼(禾 벼 화)가 빽빽이 들어선 밭을 가로질러 가는(止 발 지) 모습이다. 원래는 산이나 언덕을 의미하는 厂(기슭 엄)이 없다가 이후 추가되어 곡식이 여문 들판 또는 산을 넘어 지나가는 모습을 의미하게 된다(역사, 이력, 학력).

歸(돌아갈 귀) 왼쪽에는 언덕(阜 언덕 부), 그 아래 발자국(止)이 있고(追 쫓을 추), 오른쪽에 빗자루를 손으로 잡고 있는 모습의 帚(비 추)가 있는데, 결혼하여 집안일을 하는 여자를 비유한다. 언덕을 넘어 누군가를 따라가는 결혼한 여자(婦 며느리 부)를 그리고 있다. 남자가 결혼할 여자 (신부)를 데리고 자신의 집으로 돌아오는 모습이며, 시집가기 전 여인은 원래 집안 식구가 아니라 장성하면 자기 남자를 찾아가야 한다는 의미에서 '돌아가다'의 의미로 사용된다(복귀, 귀국, 귀가).

歲(해 세)는 처음에는 날이 큰 도끼(戉 도끼 월)로 제물인 동물의 살을 떼 내는 모습으로, 한 해를 마무리하는 큰 제사를 뜻했다. 이 제사를 기점으로 한 해의 시작을 알리게 되는데, 제삿날을 목성을 보고 정했으므로 목성을 세성(歲星)이라고도 한다. 이후 이 제사가 매년 계속 진행되는 의미의 발자국(步 걸음 보)이 큰 도끼(戉)에 추가되어 '세월(歲月)', '나이'를 의미하는 글자가 된다(세월, 세배).

상나라 시기(BC 16세기~BC 11세기) 제사용 도구로 사용된 큰 청동도끼 월(鉞). 왕권을 대표하는 중요한 상징물이었다.(은허박물관)

齒(이 치) 위는 걸어가거나 멈추는 발을 의미(止)하고, 아래는 이빨 모습을 그리고 있다. 위의 '발'은 '시간의 진행(止)'을 의미하는데, 이가 빠지면서 유년에서 소년으로 점차 나이가 많아진다는 뜻이다(치아, 치과, 충치).

• 夊(뒤져서 올 치) 발바닥을 아래로 향하고 내려오다

808자	한자	훈&음	한어병음	간체자
234	各	각각 각	gè	
235	客	손님 객	kè	
236	路	길 로노	lù	
237	降	내릴 강 항복할 항	jiàng	
238	夏	여름 하	xià	
239	冬	겨울 동	dōng	
240	終	끝날 종	zhōng	终

各(각각 각) 위에는 발가락이 아래로 내려간 발바닥 모습(夂)이고, 아래는 집의 입구(문)를 의미한다(口 입 구). 사람들이 멀리 나갔다가 돌아와 각자 자신의 집으로 들어가는 모습으로 '각각', '저마다' 등으로 사용된다(각종, 각국, 각각).

客(손 객) 위는 집(宀 집 면)을 묘사하고 있고, 그 집 안에 거꾸로 돌아선 발(夂)과 집의 입구를 의미하는 各(각각 각)이 있다. 먼 곳에서 와서 어느 한 집으로 들어가 묵는 모습으로, '손님'이라는 뜻이다(고객, 승객, 관객).

路(길 로노) 왼쪽은 성을 정복하러 떠나는 모습이고(正 바를 정), 오른쪽은 먼 곳에서 돌아와 자기 집으로 들어가는 모습(各 각각 각)이다. 멀리 떠나거나 돌아올 때 걸어 다니는 길을 뜻한다(도로, 통로, 가로수).

降(내릴 강, 항복할 항) 왼쪽은 돌계단이 있는 산 또는 언덕을 의미하고(阜 언덕 부), 오른쪽은 발자국 두 개가 엄지발가락을 아래로 향하여 그려져 있다(夂). 언덕을 내려오는 사람을 묘사하고 있다. '내려가다'라는 뜻으로 사용되며, 높은 성에서 내려와 항복한다는 뜻으로도 쓰인다(하강, 항복, 투항).

夏(여름 하) 머리를 의미하는 首(머리수)와 다른 곳으로 가는 모습의 夂(천천히 걸을 쇠)로 이루어진 글자인데, 처음에 이 글자는 눈을 크게 뜬 머리와 두 손, 그리고 발과 땅을 파는 도구인 삽으로 이루어져 있었다. 농사를 짓는 모습을 의미하는데, 이후 농사가 한창 바쁜 여름을 의미하게

신석기시대 돌로 된 삽 모양 도구(요녕성박물관)

된다(하복, 하계).

冬 (겨울 동) 글자 위는 지붕이 있고(宀 집 면), 그 아래 집의
입구를 나무로 막은 모습의 一이 있다. 간이로 지은 동물의 축사(우리)를
뜻한다. 그 아래 仌(얼음 빙)은 고드름이나 서릿발처럼 뾰족
한 얼음을 의미하는데, 축사 지붕 끝에 매달린 고드름을 그
리고 있다. 고드름이 맺히는 겨울을 의미하는데, 고드름은
처마 '끝'에 맺히므로 '끝(終 마칠 종)'의 의미로도 사용되다
가 현재는 겨울의 의미로만 사용된다. 글자체가 바뀌어 '얼
음(仌)이 아래로 내려가다(夂)', 즉 고드름이 맺히는 모습을
의미하는 冬이 되었다(동면, 동계).

終 (끝날 종) 왼쪽은 매듭을 지은 실(糸 실 사), 오른
쪽은 고드름이 맺힌 처마 끝(冬)을 뜻한다. 고대에 매듭은
날짜를 세는 기호였으므로 이 매듭의 끝은 한 달, 혹은 한
해의 끝을 의미하여 '끝나다'의 뜻으로 사용된다(최종, 종말,
종결).

장식용 매듭(조선시
대)(국립민속박물관)

808자	한자	훈&음	한어병음	간체자
241	發	쏠 발	fā	发
242	登	오를 등	dēng	
243	證	증거 증	zhèng	证

發(쏠 발) 맨 위는 두 발로 뛰어가는 모습(癶 등질 발)이고 아래는 휘어진 모습의 활(弓 활 궁)과 끈이 달린 화살을 손으로 잡고 있는 모습(殳 몽둥이 수)이다. 도망가는 사냥감을 쫓아가 끈이 달린 화살을 쏘는 모습을 그리고 있다(발표, 발전, 개발).

전국시대(BC 5세기~BC 4세기) 활을 쏘아 새를 사냥하는 모습. 끈이 묶인 화살이 새를 관통한 모습을 볼 수 있다.(상해박물관)

登(오를 등) 위에는 걷는 모습을 의미하는 두 발이 있고, 그 아래 제사를 지내는 청동 그릇(豆)이 있다. 원래 모습은 목이 긴 제사용 그릇을 들고 높은 곳으로 올라가는 발을 그리고 있다. '오르다'의 의미로 사용된다(등장, 등산, 등록).

證(증거 증) 왼쪽은 공적인 말을 의미(言 말씀 언)하고, 오른쪽은 제기를 들고 제단에 올라가는 모습이다(登 오를 등). 제단에 올라 신에게 숨김없이 사실을 말하는 모습이다(증거, 증언, 보증).

제사용 그릇 – 탕기(조선)(국립민속박물관)

• 舛(어그러질 천) 여기저기 발자국을 남기다

808자	한자	훈&음	한어병음	간체자
244	舞	춤출 무	wǔ	

舞(춤출 무)는 지위가 높은 사람을 의미하는 大(큰 대)가 가운데 있고, 그 양손에 꽃이나 깃털 등을 장식한 기다란 장신구를 잡고 있다. 아래는 두 발이 양쪽으로 벌어져 있는 모습이다(舛 어그러질 천). 제사장이 발을 이리저리 옮기면서 춤을 추고 노래를 하는 모습으로, 신에게 제사를 드리는 과정 중 하나인 춤을 추는 모습을 그리고 있다(무용, 무대, 무도).

조선 왕의 제사(종묘대제)에서 관리들이 양손에 장신구를 들고 춤추는 모습. 3,000년 전 제사 때 추던 舞(무)의 모습이 한국에서 현재까지 전해지고 있다.(일무)(전주이씨대동종약원)

• 韋(둘레 위) 성을 도는 발자국

808자	한자	훈&음	한어병음	간체자
245	偉	훌륭할 위	wěi	伟
246	韓	나라 이름 한	hán	韩

偉 偉(훌륭할 위) 왼쪽은 사람, 오른쪽은 가운데에 국가나 성을 의미하는 口와 그 성을 돌고 있는 발자국들이 그려져 있다. 성을 지키는(衛 지킬 위) 당당한 모습의 호위병 모습을 그리고 있으며, '훌륭하다', '위대하다' 라는 의미로 사용되고 있다(위대, 위인, 위력).

韓 韓(나라 이름 한) 왼쪽에 수풀(艸 풀 초) 사이에 해가 떠오르는 아침을 의미하는 早(아침 조)가 있고, 오른쪽은 가운데 성벽을 의미하는 네모난 모습의 성(口)과 성 위와 아래에 발자국이 있다. 호위병이 이른 아침부터 성을 지키는 모습으로, '아침 해가 떠오르는 나라'라는 뜻이다. 현재 한국의 국호로 사용되고 있다(한국, 한반도, 한류).

• 彳(조금 걸을 척) 길

808자	한자	훈&음	한어병음	간체자
247	待	기다릴 대	dài	
248	德	덕 덕	dé	
249	徒	무리 도	tú	
250	得	얻을 득	dé	
251	往	갈 왕	wǎng	
252	後	뒤 후	hòu	后

待(기다릴 대) 왼쪽은 '길(彳)', 오른쪽은 발(止)과 손가락을 구부리고 일하는 손(寸)으로, 공적인 일을 처리하는 관청(寺 절 사)을 뜻한다. 사람들이 여러 가지 이유로 관청을 찾아가(彳) 관청의 지시를 기다리는 모습이다(기대, 대우, 우대).

德(덕 덕) 왼쪽에 진행을 의미하는 길(彳)이 있고, 오른쪽에는 눈을 똑바로 뜨고 전면을 응시하는 모습(直 곧을 직), 그 아래 마음을 의미하는 심장(心)이 있다. '똑바로 바라보고(直) 진심으로(心) 행하다(行)'라는 의미로, '바르게 행해야 할 도리'를 뜻한다(도덕, 덕담, 미덕).

徒(무리 도) 왼쪽은 길, 오른쪽은 땅을 의미하는 흙(土 흙 토), 그리고 길을 걸어가는 모습의 발자국(止 발 지)으로 이루어진 글자이다. 흙길을 걸어가는 모습으로, 수레를 타고 가는 스승을 따라 걸어가는 여러 제자들을 뜻한다(신도, 교도, 사관생도).

得(얻을 득) 왼쪽은 길(彳), 오른쪽은 고대 화폐인 조개껍데기(貝 조개 패)와 그 아래 손가락을 구부린 손(寸 마디 촌)이 있다. 길을 걷다가 우연히 돈(조개껍데기)을 줍는 모습이다(소득, 획득, 취득).

往(갈 왕) 왼쪽에 길이 있고, 오른쪽에 발(止 발 지), 그리고 땅을 의미하는 土(흙 토)가 있다. 흙길을 걸어 어디론가 가는 모습으로, '가다'라는 뜻이다(왕래, 왕복, 기왕).

後(뒤 후) 왼쪽은 앞으로 걸어가는 의미의 길(行 갈 행), 오른쪽은 실을 매듭지어 놓은 모습(糸), 그 아래 바닥을 향한 발(止 발 지)이 그려져 있다. '실을 매듭지어 내려가다'라는 뜻으로, 과거 날짜를 확인할 때 실을 매듭지어 내려간 풍습을 반영한다. 매듭지어 내려가는 모습에서 '순서상 뒤', '후손'을 뜻한다(오후, 후손, 후회).

• 行(갈 행) 번화한 길

808자	한자	훈&음	한어병음	간체자
253	行	갈 행	háng	
254	街	거리 가	jiē	

行(갈 행)은 사방으로 뻗은 길을 묘사하며, '가다', '행하다'의 의미로 사용된다(진행, 행동, 시행).

街(거리 가)는 사방으로 뻗은 길과 그 길 중앙에 흙(土 흙 토)이 겹겹으로 쌓인 모습이다. 흙으로 쌓은 벽이 늘어선 번화가를 뜻한다(가로수, 상가, 시가지).

• 辶(쉬엄쉬엄갈 착) 길을 걷다

808자	한자	훈&음	한어병음	간체자
255	過	지나갈 과	guò	过
256	達	통달할, 도달할 달	dá	达
257	選	가릴 선	xuǎn	选
258	送	보낼 송	sòng	送
259	逆	거스를 역	nì	逆

過(지날 과)의 왼쪽에는 사람이 지나다니는 길(彳)과 발자국(止)이 있고(辶), 오른쪽에는 점을 치는 뼈(骨 뼈 골)와 그 아래 무엇인가 말하는 입(口)이 있다. 고대에 점을 칠 때 소의 넓은 어깨뼈에 홈집을 내서 열을 가해 금이 가는 방향을 보고 길흉을 판단했다(卜 점 복). 당시 사람들은 오른쪽을 숭상했으므로 금이 오른쪽으로 가면 신이 길(吉)함을 말한다(口 입 구)고 여겼고, 왼쪽으로 가면 흉함(禍재앙 화)을 말한다고 여겼을 것이다. 오른쪽이나 왼쪽 모두 아닌 그대로 직진하여 갈라지면(過 지나갈 과) 점을 잘못 친 것이다. 이 글자는 점을 친 뼈가 오른쪽이나 왼쪽으로 갈라지지 않고(길흉을 판단하지 않고) 그대로 반듯하게 갈라진 상황을 묘사하고 있다. '지나가다', '잘못'의 의미로 사용되고 있다(과정, 통과, 과실).

達(통달할 달) 왼쪽은 길(彳)이 있고, 오른쪽은 대나무(竹), 양(羊), 진행을 의미하는 발(止)이 있다. 대나무로 양을 치며 장애물이 없는 큰 길을 지나가는 모습으로, 막힘없이 '통하다', '도달하다', '능숙하다' 등의 의미로 사용되고 있다(전달, 미달, 배달).

選(가릴 선) 왼쪽은 길과 걸어감을 의미하는 발(辶, 辵, 쉬엄쉬엄갈 착), 오른쪽은 손을 모으고 꿇어앉은 사람들(卩卩)과 그들 아래에 두 손(共 함께 공)이 있다. 왕이 자신 앞에 있는 신하들 중 뛰어난 사람들을 '골라' 먼 곳으로 파견하는 모습이다. '선택하다'라는 의미로 사용된다(선거, 선발, 선정).

送(보낼 송) 왼쪽은 어디론가 떠나는 모습이고(辶), 오른쪽 위는 길을 가는 사람에게 주는 어떤 물건을, 아래는 두 손으로 그 물건을 건네주는 모습이다. 사람에게 물건을 맡기고 보내는 장면을 그리고 있다(방송, 수송, 송금).

逆(거스를 역) 왼쪽은 큰 길(彳), 오른쪽은 사람(大)이 거꾸로 된 모습과, 그 아래는 걸어가는 발이 있다(止). 사람이 자신이 가는 방향과 반대로 길을 가는 모습으로 '거꾸로'의 의미로 사용된다(역행, 역전, 반역).

3. 사람의 생활

1) 농경

- **田(밭 전)** 여러 구역으로 나뉜 밭

808자	한자	훈&음	한어병음	간체자
260	田	밭 전	tián	
261	界	지경 계	jiè	
262	里	마을 리	lǐ	
263	理	이치 리	lǐ	
264	番	차례 번	fān	
265	留	머무를 류유	liú	
266	東	동녘 동	dōng	东
267	量	헤아릴 량양	liàng	
268	重	무거울 중	zhòng	

田田(밭 전) 여러 구역으로 경계가 나뉜 밭을 뜻한다(전원, 전토).

界界(지경 계) 위에 여러 구역으로 나뉜 밭이 있고, 아래에 사람이(人) 둘로 나뉜 경계 사이에서 서 있는 모습(介 낄 개)이 있다. 밭의 경계를 나누고 있는 사람의 모습을 그리고 있다(세계, 경계, 한계).

里里(마을 리) 위에 밭이 있고, 아래에 땅의 신을 의미하는 土(흙 토)가 있다. 너른 밭 가운데 사람들이 모여 살며 제사 지내는 곳을 뜻한다. 과

조선 왕실에서 토지신에 제사를 지내던 사직단. 하늘은 원, 땅은 방(네모)이
라는 생각에서 신단을 네모로 조성했다.(문화재청)

거 마을마다 그 마을을 지키는 토지신(土)을 모시는 제단인 社(모일 사, 토
지신 사)를 두었던 것에서 '마을'이라는 의미가 생기게 된다. 마을을 다스
리던 토지신은 그 마을 사람들이 천국에 갈지 지옥에 갈지 결정하는 신으
로 여겨졌었다(이장, 만리).

理 理(다스릴 리) 글자 왼쪽은 작은 옥을 연결하여 만든 옥 꾸러미를
의미하고(玉), 오른쪽은 토지신을 중심으로 사람들이 모여 사는 마을을 의
미한다(里). 고대인들은 옥
을 땅에 있는 모든 존재보
다 지극히 순결한 존재로
여겨, 땅의 정령이 깃들어
있다고 믿었으므로 옥이
귀신을 물리칠 수 있다고
생각했다. 옥은 토지신(土)
과 더불어 지상세계를 다
스리고 판단하는 존재이므

옥으로 된 홀을 들고 땅(사직)의 제사에 참가한 신하
들(문화재청)

로 '다스리다', '이치', '도리'의 의미로 사용된다(이유, 처리, 정리).

番 (차례 번) 위는 볍씨(米)를 고르게 판단하여 뿌리는 모습(釆 분별할 변)이 있고, 아래는 밭(田)이 있다. 순서대로 밭에 볍씨를 고르게 뿌려나가는(播 뿌릴 파) 모습이다. '순서', '차례'를 뜻한다(번호, 번지, 당번).

留 (머무를 류유) 위에는 물이 흐르는 중간에 넓게 물이 고인 웅덩이가 있고, 그 아래 밭이 있다. 밭에 물을 대기 위해 물을 저장한 저수지를 뜻한다. 본래 글자는 畱(머무를 류)이며, '머무르다', '보류하다'의 의미로 사용되고 있다(체류, 보류, 유보).

東 (동녘 동) 가운데 곡식이나 물건을 담은 자루(가마니)가 있고, 위와 아래를 끈으로 묶은 모습이다. 처음에는 무거운 짐을 의미하여(重 무거울 중) '물건을 나르다'라는 뜻으로 사용되었으나(動 움직일 동), 글자 모양이 해와 나무가 합쳐진 (日+木) 듯하고, 만물을 생장시키고 움직이게 하는 해가 동쪽에서 떠오르므로, '동쪽'이라는 의미로 뜻이 바뀌어 사용된다 (동해, 동양).

가마니: 곡식을 담기 위해 볏짚 등으로 만든 전통 부대(국립민속박물관)

量 (헤아릴 량양) 위에는 무엇인가 말하는 모습이 있고(曰 가로되왈), 가운데는 짚으로 짠 가마니(부대)를 끈으로 묶은 모습(東 동녘 동, 束 묶을 속)이 보인다. 아래에는 땅을 의미하는 흙(土 흙 토)이 있다. 곡식이 들어

있는 가마니를 땅 위에 세우고 위쪽을 풀어 곡식의 양이 어느 정도인지 확인하는 모습이다. '헤아리다', '양'을 뜻한다(대량, 가량, 수량).

童 重(무거울 중) 허리를 숙인 사람(人)이 곡식을 담은 가마니(東 동녘 동)를 땅(土)에서 드는 모습이다. '무겁다'의 의미로 사용되며, 곡식 가마니는 보통 차곡차곡 쌓아두므로 '중복'의 의미로도 사용된다(중요, 존중, 중시).

• **禾**(벼 화) 이삭이 달린 벼

808자	한자	훈&음	한어병음	간체자
269	和	화할 화	hé	
270	季	끝 계	jì	
271	私	사사로울, 개인적인 사	sī	
272	年	해 년	nián	
273	穀	곡식 곡	gǔ	谷
274	科	과목 과	kē	
275	利	날카로울 리 이	lì	
276	秀	빼어날 수	xiù	
277	移	옮길 이	yí	
278	香	향기 향	xiāng	
279	秋	가을 추	qiū	
280	愁	시름 수	chóu	
281	小	작을 소	xiǎo	
282	少	적을 소	shǎo	
283	種	씨 종	zhǒng	种

和(화할 화) 벼(禾 벼 화)와 입(口)으로 이루어져 있다. 벼는 농사를 의미하는데, 일을 할 때 농부들이 함께 노래를 부르며 어려움을 달래는 모습이다. 우리나라 시골 마을에서 자주 보던 풍습으로, 농부 중 한 사람이 선창을 하면 나머지 사람들이 함께 이어서 노래를 불렀다. 이를 창화(唱和)라 하는데, 서로 돕는 모습에서 '화목하다', '화합하다'라는 뜻이 생겨난다(평화, 화해, 화목).

季(끝 계) 위는 이삭이 여물어 고개를 숙인 벼(禾 벼 화), 아래는 어린아이(子)가 있다. 벼가 자란 뒤 마지막에 열매를 맺는 모습처럼 시기적으로 마지막에 태어난 아이(막내)를 묘사하고 있다. '끝', '막내'를 뜻한다(계절, 사계).

私(사사로울 사) 왼쪽은 벼, 오른쪽은 머리가 아래로 향한 태아를 뜻한다. 벼가 자란 들에서 혼자 아이를 낳는 모습으로 사생아(私生兒)를 뜻한다. 남이 모르는 개인적인 일을 의미하며, '개인적인', '비밀' 등의 의미로 사용된다(사설, 사교육, 사생활).

年(해 년) 위에는 열매가 맺힌 벼(禾 벼 화), 아래는 사람이 있다. 늦가을 무르익어 수확한 볏단을 지고 나르는 모습이다. 수확은 한 해의 마무리를 의미하므로 '해', '년'의 의미로 사용된다(매년, 연령, 청년).

穀(곡식 곡) 위에는 돌을 매달아 치는 악기(声)와 그 아래 곡식이 여문 벼(禾 벼 화)가 있고, 오른쪽에는 그 악기를 두드리는 손(殳)이 있다. 악기를 치듯 볍씨를 터는 모습이다. 볏짚에서 털어 낸 곡식을 뜻한다(곡식,

벼 타작하는 모습
(조선시대, 단원풍속도)
(국립중앙박물관)

곡물, 오곡).

科(과정 과) 왼쪽은 이삭이 달린 벼, 오른쪽은 손잡이가 긴 바가지 같은 그릇(斗 말 두)이 있다. 벼를 국가에서 법으로 정한 일정한 크기의 그릇(말, 되)에 담아 양을 재는 모습이다. '과목', '등급', '법' 등의 의미로 사용되고 있다(교과서, 과학, 학과).

利(날카로울 리이) 왼쪽은 곡식이 익은 벼(禾 벼 화), 오른쪽은 날카로운 칼(刀 칼 도)이다. 칼로 벼를 베는 모습이다. '이롭다', '날카롭다' 등의 의미로 사용된다(이용, 권리, 승리).

秀(빼어날 수) 위는 벼가 익어가는 모습이고, 아래는 젖이 흐르는 여자의 유방을 그리고 있다(奶 젖 내). 볍씨는 덜 여물었을 때 마치 젖과 같이 희고 뿌연 액체이다. 벼가 완전히 익기 전 한창 크게 자라난 벼의 날씬하고 싱싱한 모습을 보고 만든 글자이다. '뛰어나다', '수려하다(예쁘다)' 등의 의미로 사용된다(수재, 준수, 우수).

移(옮길 이) 왼쪽은 벼, 오른쪽은 제사용으로 다듬어 놓은 고기가 쌓여 있는 모습으로 많음(多 많을 다)을 뜻한다. 벼가 많다는 뜻이다. 고대에는 볍씨를 밭에 뿌려 재배했는데, 그러다 보면 어떤 곳은 볍씨가 많이 뿌려져 싹이 많이 나게 된다. 그럴 경우 벼가 어느 정도 자란 뒤 뽑아 벼가 적은 곳으로 옮겨 심었다. 이를 이앙(移秧)이라고 한다. 벼가 많이 난 곳의 벼 묘목을 다른 곳으로 옮겨 심는 모습을 그리고 있다(이동, 이체, 이주).

香(향기 향)은 벼(禾)가 달콤하다(甘 달 감)라는 뜻으로, 밥을 지을 때 수증기와 함께 구수하고 달콤한 냄새가 나는 모습이다. '향기롭다'의 의미로 사용된다(향기, 향수, 방향).

秋(가을 추)는 곡식(禾)이 불(火)처럼 붉게 익어가는 시기인 가을을 뜻한다(추석, 추수).

愁(시름 수) 위는 벼가 불처럼 붉게 익어가는 가을(秋)을, 아래는 가을에 느끼는 마음(心 마음 심)을 뜻한다. 곡식이 익고 낙엽이 떨어지고 귀뚜라미가 우는 가을에 우울하거나 슬픈 마음이 들기 때문에 '근심', '슬퍼하다'의 의미로 사용된다(수심, 우수).

小(작을 소) 세 개의 곡식 알갱이를 묘사하고 있다. 작은 것을 뜻한다(축소, 소형).

少(적을 소)는 곡식 알갱이를 숟가락 등으로 조금씩 떠내는 모습으로, 많지 않은 양을 뜻한다(감소, 다소, 소년).

種種(씨 종) 왼쪽은 벼, 오른쪽은 맨 위에 사람(人), 그 아래 볍씨를 담는 부대인 가마니(東 동녘 동), 그 아래 땅(土 흙 토)이 그려져 있다. 볍씨를 담은 무거운 부대(重 무거울 중)를 들고 밭에 볍씨를 뿌리는 모습이다. '씨', '심다'라는 의미로 사용된다(종류, 각종, 파종).

• **耒(쟁기 뢰)** 나무 손잡이가 달린 쟁기

808자	한자	훈&음	한어병음	간체자
284	耕	밭갈 경	gēng	

耕耕(밭갈 경) 왼쪽은 나무(木)로 된 손잡이가 달리고 기다란 통나무처럼 생긴 쟁기이고(耒 쟁기 뢰), 오른쪽은 구역이 나뉜 밭(井)을 가는 모습이다. 고대 토지제도인 정전제(井田制)는 밭을 우물 정(井)자 모양의 9구획으로 나누어 주변 8구획은 개인이 소유하고, 가운데 밭은 공동으로 경작하여 국가에 조세를 바치도록 했었다(정전제 井田制). (농경, 경작).

• **方(방위 방)** 날카로운 날이 달린 쟁기

808자	한자	훈&음	한어병음	간체자
285	方	네모, 방향 방	fāng	
286	放	놓을 방	fàng	
287	訪	찾아다닐 방	fǎng	访

方方方(모 방) 위에는 쟁기의 손잡이가 십자가 모양(十)으로 있고

식물이 자라기에 적당하도록 밭을 갈아 흙을 부드럽게 하는 쟁기(국립민속박물관)

아래는 날카로운 칼 모양(刀)의 쟁기 날이 있다. 쟁기는 소를 이용해 밭을 가는 도구로, 손잡이 부분이 수직으로 연결되어 있어야 하고, 쟁기로 밭을 갈 때 비뚤어지지 않고 반듯하게 밭의 사방 곳곳을 갈아야 하므로 '방향', '네모', '널리', '방법' 등의 뜻으로 사용된다(방안, 처방, 방위).

放(놓을 방)의 왼쪽은 쟁기, 오른쪽은 회초리로 내리치는 손(攵=攴 칠 복)이 있다. 쟁기로 밭을 갈 때 소가 바른 방향으로 가지 않고 제멋대로 가면 쟁기를 놓고 회초리로 치며 똑바로 앞으로 나아가게 하는 모습이다. '놓다', '달아나다', '그만두다', '멋대로 하다'라는 뜻으로 사용된다(개방, 해방, 방송).

소가 끄는 쟁기로 밭을 가는 농부(조선, 단원 풍속도-국립중앙박물관).

訪訪(찾을 방) 왼쪽은 '바른 말', '사실'을 의미하는 언(言)이 있고, 오른쪽은 사방 곳곳을 의미하는 방(方)이 있다. 여러 곳을 찾아가 사실을 듣고 정보를 얻는 것을 묘사한다. '찾다', '방문', '조사하다'라는 뜻으로 사용된다(방문, 순방, 탐방).

• 力(힘 력) 오른쪽 팔뚝

808자	한자	훈&음	한어병음	간체자
288	力	힘 력역	lì	
289	功	공로 공	gōng	
290	加	더할 가	jiā	
291	男	사내 남	nán	
292	勞	일할 로노	láo	劳
293	協	화합할 협	xié	协
294	勤	부지런할 근	qín	
295	勢	기세 세	shì	势
296	勝	이길 승	shèng	胜
297	動	움직일 동	dòng	动

力力力(힘 력역)은 오른손과 팔뚝을 그린 글자로, '힘'을 뜻한다 (노력, 능력, 세력).

功功(공 공)은 고대에 사물의 무게를 재거나 선을 긋거나 하는 일에 사용되던 도구인 工(장인 공)과 오른손으로 힘써 일하는 모습인 力(힘 력)으로 이루어져 있다. 도구를 들고 힘써 일하여 훌륭한 작품을 만든 모습이다. '공적', '일', '공부'의 뜻으로 사용된다(성공, 공로, 공적).

加(더할 가) 왼쪽에는 힘을 의미하는 오른손(力)이 있고 오른쪽에는 입이 있다(口). 다른 사람에게 자신이 힘을 더하겠다는 말을 하는 모습이다. '더하다'라는 뜻으로 사용된다(추가, 증가, 가입).

男(사내 남)은 밭(田)에서 힘을 써서(力) 경작을 하는 모습이다(남편, 남매, 장남).

勞(일할 노로) 위에는 불이 맹렬히 일어나는 모습이고, 가운데는 집(冖), 아래는 오른손(力)이 있다. 집 안에서 불을 피우기 위해서는 노력하는 모습이다. 옛날에는 불씨가 꺼지면 다시 켜기 어려웠으므로 늘 불씨가 꺼지지 않도록 노심초사(勞心焦思)했다. 어렵게 불을 피우며 음식을 만들거나 난방을 하는 등 여러 가지 가사를 하는 모습이다. '일하다'의 뜻이다(근로, 위로, 피로).

協(맞을 협) 왼쪽은 '많음'을 의미하는 십(十 열 십)이 있고, 오른쪽은 오른손이 세 개 모여 있는 모습이다. 많은 사람이 힘을 더하는(加 더할 가) 모습으로, '협력'을 뜻한다(협상, 타협, 협력).

세 명이 힘을 합해 땅을 파는 도구인 가래로 가래질을 하고 있다. – 조선 말기의 풍속화가 김준근 그림

勤(부지런할 근) 왼쪽 위에는 동물의 가죽을 머리부터 다리까지 벗겨 넓게 편 모습이고(革 가죽 혁), 그 아래 가죽을 말리는 불(火 불 화), 그 아래 흙(土 흙 토)이 있다. 이 흙은 가죽을 만들 때 가죽에 바르는 진흙을 의미한다(堇 진흙 근). 오른쪽은 힘쓰며 일하는 손이다. 가죽은 그대로 두면 썩거나 딱딱해지고 못쓰게 되므로 황토(석회)가 섞인 물에 담가 썩지 않게 하고, 이를 불에 건조하는 등의 과정이 필요하다. 여러 공정이 필요한 힘든(難 어려울 난) 일이므로 '부지런하다(근면)', '일' 등의 의미로 사용된다(근무, 근로, 출근).

勢(기세 세) 왼쪽에는 흙(土) 위에 나무(木)가 있는 모습이고, 오른쪽은 한 사람이 허리를 굽히고 두 손으로 어린 나무를 심고 있는 모습이다(埶 심을 예). 나무를 땅에 심었을 때 나무의 형세가 불과 몇 년 만에 번창함을 보고 후대에 힘을 의미하는 力(힘력)을 추가하여 '형세', '권세', '기세' 등의 의미로 사용한다(세력, 추세, 정세).

勝(이길 승) 왼쪽에 배(舟)가 있고, 오른쪽 위에는 배의 방향을 조정하는 방향키(핸들), 그 아래에 키를 잡고 있는 두 손, 그 아래에 힘을 상징하는 力(힘 력)이 있다. 배가 나아갈 때 배의 방향을 틀기 위해 강하게 키를 움직이는 조타수의 모습을 그리고 있다. 커다란 배를 다스려 조정하는 모습에서 '이기다', '뛰어나다'의 의미로 사용된다(승리, 승부, 필승).

動(움직일 동) 맨 위는 사람(人), 그 아래는 물건을 담는 가마니(東 동녘 동), 그 아래 땅(土)이 있다. 무거운 가마니를 드는 모습이다(重 무거울 중). 오른쪽에 힘(力 힘 력)이 추가되어 사람이 무거운 가마니를 힘 있게 메고 가는 모습을 그리고 있다. '움직이다', '일하다', '흔들리다'의 뜻으로 사용된다(활동, 운동, 이동).

- **其(그 기)** 곡식을 까부르는 키

808자	한자	훈&음	한어병음	간체자
298	基	터, 기초 기	jī	
299	期	기약할 기	qī	

基(터 기) 위에는 벼에서 쭉정이나 돌 등을 골라내는 도구인 키를 의미하고, 가운데는 무엇인가 높이 쌓은 모습, 아래는 흙(土)을 뜻한다. 대나무를 엮어 만든 키는 한쪽이 터진 바구니 모습으로, 곡식을 고르는 용도 이외에도 곡식이나 흙을 모아 담는 역할도 한다. 이 글자는 집을 지을 때 기본이 되는 흙벽을 만들기 위해 흙을 모아 쌓는 모습을 하고 있다. 기초, 근본 등의 의미로 사용된다(기준, 기초, 기본).

期(기약할 기) 왼쪽은 바구니(키)에 흙을 담아 건물을 짓는 모습이고, 오른쪽은 기간을 의미하는 '달(月 달 월)'이다. 건물을 짓는 동안의 기간을 뜻한다. 건물을 짓기 위해서는 기간과 비용을 일하는 사람들과 정해 두어야 하므로 '기간', '기약(약속)'을 뜻한다(기대, 시기, 연기).

키: 곡식 등을 까불러 쭉정이 등 불순물을 걸러 내는 용구(국립중앙박물관).

808자	한자	훈&음	한어병음	간체자
300	良	좋을 량양	liáng	
301	浪	물결 랑낭	làng	

良(좋을 량양) 위에는 곡식이 들어가는 곳(口)이고, 가운데는 곡식을 저장하는 그릇 또는 상자(뒤주), 아래는 받침대를 뜻한다. 잘 건조시킨 좋은 곡식(粮 양식 량양)을 뒤주나 단지에 담아 저장한 모습이다. '좋다', '훌륭하다', '착하다'의 뜻으로 사용된다(양호, 불량, 양심).

옹기 항아리: 고대에는 쌀이나 술 등을 저장했다.(국립중앙박물관)

浪(물결 랑낭) 왼쪽은 물이 흐르는 모습이고(水), 오른쪽은 곡식을 담은 단지나 궤(뒤주)인 良(좋을 량양)이다. 곡식을 단지 속에 담을 때 곡식이 마치 물 흐르듯 세차게 쏟아지는데, 이 모습이 '물결', '파도'처럼 보인다(낭비, 풍랑, 방랑).

• **午**(낮 오) 절굿공이

808자	한자	훈&음	한어병음	간체자
302	午	낮 오	wǔ	

午(낮 오) 손잡이가 달린 절굿공이(杵 공이 저)를 묘사하고 있

다. 아래는 여러 번 반복을 의미하는 (十)이 있다. 집터를 닦기 위해서는 먼저 아래가 두꺼운 방망이로 수없이 땅을 내리쳐야 한다. 또한 곡식의 껍질을 벗기거나 가루로 만들 때 역시 두꺼운 방망이가 필요하다. 이렇게 땅을 다지거나 절구질을 할 때 쓰는 절굿공이는 위에서 아래로 똑바로 내리치므로 해가 한낮에 하늘 위에 수직으로 올라가 있는 모습을 비유하여 '12시'를 의미하게 되었다. 오전은 오(12시) 이전을, 오후는 오(12시) 이후를 의미한다(오후, 오전, 정오).

절구와 절구공이(조선시대)(국립중앙박물관)

2) 의복

• 皮(가죽 피) 동물의 가죽을 손으로 벗기다

808자	한자	훈&음	한어병음	간체자
303	皮	가죽 피	pí	
304	彼	저 피	bǐ	
305	波	물결 파	bō	

皮(가죽 피) 왼쪽은 입을 벌린 모습(口)과 입 아래에 넓게 무엇인가 펼쳐져 있는데, 사냥한 동물의 가죽을 머리부터 벗기는 모습이고(革 가죽 혁), 오른쪽은 가죽을 잡아당기는 손(又)을 뜻한다. '가죽', '겉'의 뜻이다(피부, 모피, 탈피).

彼(저 피) 왼쪽은 길(彳), 오른쪽은 동물의 가죽을 벗기는 모습(皮 가죽 피)이다. 길을 갈 때 원래의 길에서 갈라진 다른 길로 가는 모습이 마치 사냥한 동물에서 가죽이 벗어지듯 떨어져 나감을 비유하고 있다. 떨어져 있는 '상대방', 저쪽' 등을 뜻한다(피차, 어차피 − 이것에 있든 저것에 있든 (어차어피於此於彼)).

波(물결 파) 왼쪽은 물(水 물 수), 오른쪽은 동물의 가죽(皮 가죽 피)을 뜻한다. 동물에서 가죽이 벗겨지듯 물에서 언덕(坡 고개 파)처럼 높이 솟아오르는 파도를 뜻한다(파동, 파도, 방파제).

• 革(가죽 혁) 두 손으로 가죽을 펴다

808자	한자	훈&음	한어병음	간체자
306	革	가죽, 고칠 혁	gé	

革(가죽 혁) 위에는 입이 있고(口), 그 아래 두 손으로 무엇인가 잡고 있다. 입을 벌리고 죽은 동물에서 털이나 가죽을 잡아당겨 벗기고 가공하는 모습이다. 동물의 털은 옷이나 이불을 만드는 재료로 사용되었다. '가죽', '(털을) 갈다', '고치다'의 의미로 사용된다(혁명, 혁신, 개혁).

• 幺(작을 요) 부드럽고 약한 실

808자	한자	훈&음	한어병음	간체자
307	幼	어릴 유	yòu	
308	慈	사랑할 자	cí	

幼 幼(어릴 유) 왼쪽은 실, 오른쪽은 팔의 힘(力)을 뜻한다. 합성섬유에 비해 목화나 누에로 만든 실은 가늘고 잘 끊어지는데, 팔의 힘이 실처럼 가늘고 약하다는 뜻이다. 어린 아이를 뜻한다(유아, 유치원).

누에고치: 누에고치를 끓는 물에 넣고 끝을 풀어 실을 뽑아낸다.(문화재청)

慈 慈(사랑할 자) 위에는 실이 여러 가락 있는 모습(絲 실 사), 아래는 마음을 의미하는 심장(心 마음 심)을 뜻한다. 실은 베틀을 짜는 어머니를 상징하기도 하고, 점점 아래로 이어져 내려가는 자식 또는 자손(孫 손자 손)을 의미하기도 한다. 부모의 자식을 향하는 실처럼 섬세하고 부드러운 마음으로, '인자함', '사랑'의 뜻으로 사용된다(자비, 자애, 무자비).

베틀로 명주 짜는 모습(문화재청)

• 糸(가는 실 사) 실

808자	한자	훈&음	한어병음	간체자
309	經	날실, 지날 경	jīng	经
310	給	넉넉할 급	gěi	给
311	練	익힐 련연	liàn	练
312	變	변할 변	biàn	变
313	線	줄 선	xiàn	线
314	細	가늘 세	xì	细

315	素	흴 소	sù	
316	孫	손자 손	sūn	孙
317	約	묶을 약	yuē	约
318	絶	끊을 절	jué	绝
319	紙	종이 지	zhǐ	纸
320	純	순수할 순	chún	纯
321	紅	붉을 홍	hóng	红

經(날 경) 왼쪽은 실(糸), 오른쪽 위는 가로로 된 나무에 실이 여러 가닥 매달린 모습(날실), 그 아래 도구를 의미하는 工(장인 공)이 있다. 천을 짜는 도구인 베틀에 날실을 여러 가닥 묶고 베를 짜는 모습이다 (巠 물줄기 경). 세로로 된 여러 가닥의 실(날실) 사이로 가로질러 실을 엮어 나가면(씨실) 옷을 만들 수 있는 천이 된다. '세로', '지나가다', '경제' 등의 의미로 사용된다(경영, 경험, 경도).

베틀로 베 짜는 여인(조선시대, 국립중앙박물관)

給(넉넉할 급) 왼쪽은 실이고, 오른쪽은 물건을 모아 뚜껑을 덮은 그릇(合 합할 합)이다. 귀한 실(비단)을 그릇에 담아 둔 모습으로, 비단 같은 귀한 선물을 뚜껑이 있는 함에 담아 누구에게 전달한다는 뜻이다. '주다', '공급하다'의 뜻이다(공급, 급여, 지급).

練(익힐 련연) 왼쪽은 실을 의미하고 오른쪽은 나무(木)를 불로 달구는 모습(煉 달굴 련)이다. 무명(목화)이나 모시(모시풀), 명주(누에)로 된 천을 잿물(재를 타 우려낸 물)에 삶아 더욱 희고 부드럽게 하는 모습이다. '익히다', '단련하다'의 뜻으로 사용된다(훈련, 연습, 수련).

變(변할 변) 위에는 양쪽에 실이 있고(絲 실 사), 가운데 공적인 말을 의미하는 언(言 말씀 언)이 있다. 아래에는 도구를 든 손이 있다(攵=攴 칠 복). 공적인 말을 조리 있게 하지 못하고 마치 엉킨 실처럼 횡설수설하는 것(絲 어지러울 련)을 바르게 고치는 모습이다. '변하다(변경하다)', '고치다'의 의미로 사용된다(변화, 변수, 변동).

線(줄 선) 왼쪽은 실이고, 오른쪽은 움푹 들어간 곳에서 물이 흘러내리는 모습의 샘(泉 샘 천)을 뜻한다. 누에고치에서 실을 뽑을 때 실이 꼬치로부터 끊임없이 풀려나오는 모습과 샘에서 물이 끊이지 않고 흘러내리는 모습을 통해 '선', '줄'의 의미하게 된다(노선, 시선, 직선).

細(가늘 세) 왼쪽에는 실이 있고, 오른쪽은 사람의 머리를 상징(囟 정수리 신)한다. 실의 굵기가 마치 머리카락처럼 가느다란 모습을 비유하고 있다(세포, 상세, 섬세).

素(흴 소) 위에는 보리의 잎과 줄기(麥 보리 맥)가 있고, 아래는 실(糸 가는 실 사)이 있다. 마치 실로 천을 짜듯 보리 줄기를 재료로 바구니나 방석 등 여러 가지 생활용품을 만드는 모습이다. 보리 줄기로 만든 제

보리짚으로 만든 모자(국립민속박물관)

품은 색이 희고 농가에서 쉽게 만들어 쓰는 것들이므로 '희다', '소박하다', '바탕' 등을 뜻한다(소재, 요소, 산소).

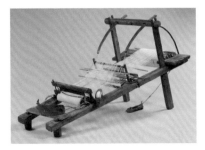

孫(손자 손) 왼쪽은 아들을 의미하고(子 아들 자), 오른쪽은 베틀에 묶인 세로로 된 날실을 의미한다(系 이을 계). 자손이 마치 베틀에 묶여 길게 이어진 실처럼 이어지는 모습을 그린 것으로, '자손', '손자'를 뜻한다(자손, 손자, 후손).

베틀: 물레로 자은 실을 가로 세로로 엮어 천을 짜는 전동기계(국립민속박물관).

約(묶을 약) 왼쪽은 실, 오른쪽은 국이나 술을 뜨는 국자를 의미한다(勺 구기 작). 실은 여러 물건을 묶거나 고정시키는 역할을 하고, 국자는 큰 솥에서 제사 음식을 조금씩 덜어 내 다른 그릇에 담아 합치는 역할을 한다. 여러 가지를 묶거나 조금씩 합친다는 의미로, '절약', '약속'의 의미로 사용되고 있다(약속, 절약, 제약).

제례용 국자(국립고궁박물관)

絶(끊을 절) 왼쪽은 실, 오른쪽은 위에 칼(刀) 모양의 날카로운 물체와 그 아래 무릎 꿇고 앉은 사람으로(卩), 왕이 신하에게 약속의 증거로 주던 부절을 뜻한다. 부절은 가운데를 잘라 서로 이가 맞는지 확인하여 명령을 집행하는 신표인데, 모양이 정교하고 빛이 나는 옥 등으로 만들었으므로 '색깔(色 빛 색)'을 의미하게 된다. 부절을 만들 때 가운데를 잘라 둘로 만들 듯, 실을 끊는 모습을 비유하여 '끊다'의 의미로 사용되고 있다(절대, 거절, 절망).

紙(종이 지) 왼쪽은 실, 오른쪽은 물건이 가라앉은 바닥(低 밑 저)을 뜻한다. 실로 천을 만들고 난 뒤 잿물에 천을 표백하면 바닥에 실밥이 가라앉는데, 이 가라앉은 실밥을 넓게 펴서 말리면 종이와 같았으므로 '종이'의 의미로 사용된다(편지, 지폐, 휴지).

純(순수할 순) 왼쪽은 옷을 만들거나 염색하기 전 순수한 실이고(糸 가는 실 사), 오른쪽은 땅에 뿌리를 내리고 처음 올라온 새싹(屯)이다. 옷을 가공하거나 식물이 크게 자라기 전의 '순수함'을 뜻한다(순수, 불순, 단순).

紅(붉을 홍) 왼쪽은 실, 오른쪽은 정교하게 사물을 만드는 데 사용하는 자와 같은 도구(工 장인 공)이다. 실을 짜서 일차적으로 흰색 천을 만든 뒤, 붉은 염색을 하고 정교하게 자(工)로 치수를 재고 재단하여 만든 고급 천을 뜻한다(홍차, 주홍).

- **叀**(오로지 전) 실을 감는 도구 가락

808자	한자	훈&음	한어병음	간체자
322	團	둥글 단	tuán	团
323	傳	전할 전	chuán	传
324	惠	은혜 혜	huì	

圖 團(둥글 단) 글자 안의 **專 專**
(오로지 전)은 둥글게 이리저리 실이 감긴
실타래와 그 아래 동그랗고 무거운 돌(가
락바퀴), 그리고 그 아래 실을 잡고 있는
손가락(寸 마디 촌)으로 이루어져 있다. 나
무를 세우고 아래에 동그란 돌을 끼워 돌
려가며 실을 감는 도구인 가락(叀 삼갈 전)
을 손가락으로(寸) 돌리는 모습이다. 가락
은 과거 식물이나 동물의 털에서 실을 뽑

가락바퀴: 방추차라고도 하며 솜
이나 기타 직물에서 실을 꼬아가며
뽑는 가락 아래에 끼워 원심력을
돕는 역할을 한다. 신석기시대부터
발견이 된다.(통일신라)(경주대학
박물관)

을 때 사용하던 도구로, 무거운 흙이나 돌을 동그랗게 만들고 그 가운데를
뚫어 나무를 꽂아 사용했다. 가락바퀴가 돌며 실을 둥글고 단단히 감는 모
습에서 '둥글다', '모임', '덩어리'의 뜻으로 사용되며, 의미를 명확히 하기
위해 후대에 경계를 의미하는 口가 추가된다(단체, 집단, 단결).

傳 傳(전할 전) 왼쪽은 사람, 오른쪽은 가락바퀴로 실을 뽑는 모습의
專(오로지 전)이 있다. 목화나 누에고치, 모시풀 등에서 실을 뽑아 가락으
로 실이 전달되어 실타래가 만들어지듯, 사람이 이곳에서 저곳으로 무엇

가락: 솜에서 풀려나오는 실을 돌려가며 감는 도구(국립민속박물관)

인가를 전달하는 모습이다. '전하다', '보내다'의 의미로 사용된다(전달, 전파, 유전).

惠(은혜 혜) 위에는 가락바퀴로 실을 만드는 모습(叀 삼갈 전)이고, 아래는 마음(心 마음 심)이 있다. 여자가 가락바퀴로 능숙하게 실을 뽑는 모습과 그 일에 정성을 기울이는 마음을 묘사한다. 집안일을 열심히 하여 도움이 되는 착한 여자의 의미로, '은혜', '혜택'의 뜻으로 사용된다(혜택, 은혜, 특혜).

신석기시대 구멍에 나무를 끼워 넣고 실을 감던 가락바퀴(방추차)(요녕성박물관)

• **予(나 여) 엉킨 실타래**

808자	한자	훈&음	한어병음	간체자
325	序	차례 서	xù	
326	野	들 야	yě	

序(차례 서) 위에는 넓은 집을 의미하는 广(집 엄), 그 안에 엉킨 실타래에서 실 한 가닥이 나온 모습이 있다. 원래 의미는 창고 같은 넓은 건물에 쌓여 있는 실의 원재료(모시나 목화 등)로부터 실을 차례대로 뽑는 일을 뜻했다. 이후 실을 뽑는 원재료가 予(주다 여)로 바뀌었고, '차례', '실마리'의 의미로 사용된다(질서, 순서, 서열).

野 野(들 야) 왼쪽은 밭과 흙이 있는 들판(里 마을 리), 오른쪽은 실의 재료인 목화나 풀이 수북하게 쌓인 모습이다(아래 나온 선은 실을 뽑는다는 의미). 경작하지 않은 들판에 풀이 거칠게 자라 있는 모습으로, 마치 실을 뽑기 전 헝클어지고 정리되지 않은 실의 재료와 같음을 비유한다. '들판', '촌스럽다'의 의미로 사용된다(분야, 야만, 야채).

• 尸(주검 시) 엉덩이를 내민 사람

808자	한자	훈&음	한어병음	간체자
327	尾	꼬리 미	wěi	
328	展	펼 전	zhǎn	

尾 尾(꼬리 미) 위는 사람이 편히 누워 있는 모습이고(尸), 그 아래 사람의 엉덩이 부분을 가리던 가죽으로 만든 작은 가리개(毛 털 모)가 있다. 옛날에는 엉덩이 부분의 윤곽이 드러나는 것을 부끄러워하여 엉덩이를 덮을 정도로 웃옷을 길게 하거나 바지 위에 치마처럼 생긴 옷을 둘러 입기도 했다. 동물의 가죽으로 엉덩이를 가린 것이 마치 짐승의 꼬리와 같아 '꼬리'라는 의미로 사용된다(말미, 연미복).

展 展 展(펼 전) 위에는 사람(尸), 그 아래 옷(衣 옷 의)이 있고, 옷 사이에 工 모양의 장신구가 여러 개 달려 있다. 장신구가 달린 멋있는 옷을 넓게 펼쳐 엉덩이를 가리는 모습으로, '펼치다'의 의미로 사용된다(전시, 전망, 전개).

- 니 (얽힐 구) 끈이 얽힌 모습

808자	한자	훈&음	한어병음	간체자
329	收	거둘 수	shōu	收

收(거둘 수) 왼쪽은 끈이 서로 꼬여 있는 모습(糾 꼴 규), 오른쪽은 나뭇가지(회초리)를 든 모습이다(攵=攴). 원래는 죄인을 끈으로 묶어 끌고 오는 모습이었는데, 이후 곡식이나 사물을 끈으로 묶어 거두어들인다는 의미로 사용된다(수렴, 흡수, 철수).

- 己(자기 기) 두꺼운 끈

808자	한자	훈&음	한어병음	간체자
330	己	자기 기	jǐ	
331	記	기록할 기	jì	记

己(자기 기) 두꺼운 동아줄이 구부러진 모습이다. 그물 전체를 당길 수 있도록 그물 가운데에 묶어 놓은 두꺼운 끈(紀 벼리 기)을 뜻한다. 그물의 중심에 묶여 있고, 그물 전체를 자기 쪽으로 끌어당기는 데 사용하는 끈이므로 이후 '자기', 또는 '몸'의 의미로 사용된다(자기, 이기적).

記(기록할 기) 왼쪽은 공적인 말(言 말씀 언), 오른쪽은 두꺼운 끈(己 자기 기)으로, 물건 전체를 끌어당기는 실마리, 줄거리의 의미를 가지는데(紀 벼리 기), 관청에서 일어나는 재판이나 세무 등의 내용(줄거리)을 '기록하다'라는 뜻이다(기록, 기억, 기념).

808자	한자	훈&음	한어병음	간체자
332	布	베 포	bù	
333	市	시장 시	shì	
334	席	자리 석	xí	
335	希	바랄 희	xī	

布(베 포) 위에는 회초리 또는 도구를 든 손이 있고(又), 그 아래 모시풀로 만든 천인 삼베를 둘둘 만 모습의 巾(수건 건)가 있다. 방망이 (홍두깨)를 들고 베(천)를 쳐 평평하게 펴는 모습이다. '삼베', '펴다'의 의미로 사용된다(분포, 선포, 배포).

다듬이질: 돌판 위에 천을 놓고 방망이 (홍두깨)로 두드려 펴는 모습(국립민속박물관)

市(저자 시) 원래 위에는 '멈추다'의 의미인 止(발지) 모양이었고, 아래는 옷을 만드는 재료인 삼베(巾 수건 건)이다. 고대 세계의 중요한 거래 품목인 옷감(천)을 일정한 곳에서 파는 모습으로 시장을 뜻한다(시장, 도시, 시민).

席(자리 석) 위에는 넓은 집을 의미하는 广(집 엄), 그 안에 많음을 의미하는 廿(스물 입), 그 아래 삼베로 만든 천(巾 수건 건)이 있다. 집 안에 방석을 여러 장 깔아 놓은 모습이다. 원래 모습은 집 안에 대나무나 식물 줄기로 얼기설기 거칠게 짠 돗자리를 깔아 놓은 모습이었다(참석, 출석, 수석).

돗자리를 짜는 모습(조선 단원풍속도-국립중앙박물관)

希 希(바랄 희) 위에는 X자 모양 두 개(爻 엇갈리다 효), 아래는 천을 의미하는 巾(수건 건)이 있다. 거친 재료로 얼기설기 성글게 천을 짠 모습으로, '드물다'의 뜻인 稀(드물 희)자의 본래 글자이다. '희망(希望)'이란 의미로 사용되는데, '희망(希望)'이란 소망(望)을 얼기설기 엮는다(希)는 뜻이다(희망, 희구).

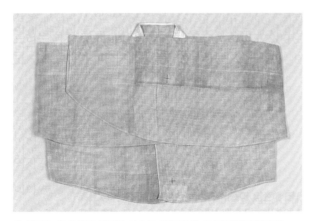

삼베적삼: 한해살이 식물인 삼으로 성글게 짠 옷(국립중앙박물관)

• 乍(잠깐 사) 바늘과 칼로 옷을 만들다

808자	한자	훈&음	한어병음	간체자
336	作	지을 작	zuò	
337	昨	어제 작	zuó	

作 왼쪽은 사람(人 사람 인), 오른쪽은 위에 뾰족한 바늘에 실을 꿴 모습(乍), 그 아래 칼(刀 칼 도)이 있다. 사람이 칼로 천을 자르고 바늘에 실을 꿰어 꿰매며 옷을 만드는 작업을 묘사한다(제작, 시작, 작업, 작가).

昨(어제 작) 왼쪽은 하루를 의미하는 해(日 해 일), 오른쪽은 바늘과 칼로 옷을 재단하는 일(作 지을 작)을 뜻한다. 해가 질 동안 작업이 이루어지는 모습이다. 하루 일거리를 다 마무리했음을 의미하며, 이미 일을 마치고 지나간 하루인 '어제'를 뜻한다(작년, 재작년).

• 彔(나무깎을 록) 옷을 물들이는 조개풀

808자	한자	훈&음	한어병음	간체자
338	綠	초록빛 록녹	lǜ	绿

綠(초록빛 록녹) 왼쪽은 실을 의미하는 糸(가는 실 사), 오른쪽은 녹색을 의미하는 彔(나무 깎을 록)이다. 彔의 의미는 물(水)이 많은 우물가나 논 등 습지에 자생하는 잎이 다이아몬드 형(◇)인 초록색

실이나 천을 노란색으로 염색할 때 사용하던 조개풀(위키피디아)

조개풀(菉 조개풀 록)로, 과거 실을 염색하는 염료로 사용된 풀이다. 실(糸)을 조개풀로 물들이는 모습이다(녹색, 초록, 녹차).

• 衣(옷 의) 소매가 있는 옷

808자	한자	훈&음	한어병음	간체자
339	衣	옷 의	yī	
340	依	의지할 의	yī	
341	初	처음 초	chū	
342	製	지을 제	zhì	
343	園	동산 원	yuán	园
344	哀	슬플 애	āi	
345	遠	멀 원	yuǎn	远
346	表	겉 표	biǎo	

衣(옷 의) 윗옷을 그린 모습이다. 오른쪽 옷깃이 왼쪽 옷깃 위로 올라가 있는데, 이는 오른쪽을 숭상한 동이(중국 동부민족)의 고유 풍습이었다.(의복, 의식주, 탈의).

依(의지할 의) 왼쪽에 사람(人), 오른쪽에 옷(衣 옷 의)이 있다. 사람이 옷을 의지하여 체온을 유지함을 뜻한다. '의지하다', '의거하다'의 의미로 사용된다(의뢰, 의존, 의지).

初(처음 초) 왼쪽은 옷(衣 옷 의), 오른쪽은 칼 또는 가위(刀 칼 도)이다. 옷을 만들기 위해 가위로 천을 자르는 모습이다. 옷 만드는 순서상 가장 처음 시작하는 작업으로 '처음', '시작'을 뜻한다(최초, 초기, 초보).

물을 짜는 여인들 모습의 청동기 (BC 206~AD 8)(중국국가박물관)

製(지을 제) 위에는 나뭇가지가 무성한 아직 열매를 맺지 않은 나무(未 아닐, 아직 미)와 그 옆에 칼 또는 가위(刀 칼 도), 아래는 옷(衣 옷 의)이 있다. 윗부분은 가위나 칼로 나뭇가지를 잘라 불필요한 양분이 분산되지 않고 열매가 크게 자라도록 하는 모습(制 벨 제)으로 가지치기를 뜻한다. 아래에 옷이 추가되어 '옷을 규칙에 따라 자르고 만들다'의 의미가 된다. '제작', '제품'의 의미로 사용된다(제조, 복제).

園(동산 원) 가운데 글자 袁(긴 옷 원)을 보면 위에 땅에서 자라는 식물(屮, 生)을 의미하고, 그 아래 둥그런 경계를 의미하는 口(입 구), 그 아래 옷(衣 옷 의)이 있다. 원래는 위에 손(又)이 있고 그 아래에 옷으로 둘러싼 모습(口), 그 아래에 옷이 있었다. 옷이 사람의 몸을 감싸듯 경계를 두고 그 안에 식물을 기르는 모습이다. 이후 위의 손 모습이 흙(土 흙 토)으로 바뀌고, 주변에 네모 모양의 경계(울타리)가 추가되어 울타리를 치고 귀중한 작물을 기르는 '밭', '정원'의 의미가 된다(공원, 정원, 낙원).

哀(슬플 애) 위아래에 옷이 있고(衣 옷 의), 그 사이에 입(口)이 있다. 드러내 울지 못하고 옷으로 가리고 눈물을 닦거나 슬퍼하는 모습이다(애통, 비애, 애걸).

遠 (멀 원) 왼쪽은 길과 발로 이루어진 辶, 辵(쉬엄쉬엄 갈 착)으로 길

을 떠나는 모습을 의미하고, 오른쪽(袁)은 특별히 고르고 주변에 울타리를 둘러친 밭을 뜻한다. 거주지에서 멀리 떨어져 있는 자신의 밭까지 가는 모습이다. '멀다'의 의미로 사용된다(원근, 영원).

表 (겉 표) 위와 아래는 옷(衣 옷 의), 옷 중간에 털(毛 털 모)이 있다. 동물의 털이 있는 가죽으로 옷을 만들 때, 보온을 위해 털이 안으로 들어가고 가죽이 밖으로 드러나게 만든 모습이다. 가죽이 밖에 드러나 있으므로 '겉', '드러나다'의 의미로 사용된다(표시, 표현, 발표).

• **卒(군사 졸)** 옷을 끈으로 묶다

808자	한자	훈&음	한어병음	간체자
347	卒	군사 졸	zú	

卒 (군사 졸) 위에는 옷(衣 옷 의)이 있고, 아래는 손(又 또 우)이 있다. 옷을 정리하는 모습이다. 원래는 옷을 끈으로 X자 모양으로 묶은 모습이었다. 죽은 사람에게 수의(壽衣)를 입히고 끈으로 시신을 단단히 묶은 모습으로 '죽음', '마침'을 뜻한다. 병사의 옷 역시 흐트러지지 않게 끈으로 X자 모양으로 단단히 묶은 데에서 '병사'의 의미로도 사용된다(졸업, 병졸, 졸도).

3) 주거

• 工(장인 공) 커다란 자

808자	한자	훈&음	한어병음	간체자
348	工	장인 공	gōng	
349	巨	클 거	jù	

工(장인 공) 고대 집을 짓거나 물건을 만들 때 다용도로 사용되던 커다란 도구(자)를 뜻한다(공부, 공장, 공업).

巨(클 거) 직선이나 직각을 그리는 데 사용하는 큰 자(工 장인 공)와 자를 드는 손잡이로 이루어져 있다. 자가 길고 크므로 '크다'의 의미로 사용된다(거대, 거목, 거액).

전통 톱: H(工)자 모양의 커다란 틀 위에 실이 묶여 있고 아래에 톱이 달려 있다.(국립중앙박물관)

• 入(들 입) 움집

808자	한자	훈&음	한어병음	간체자
350	入	들 입	rù	
351	內	안 내	nà	内

人 入(들 입) 고대 땅을 파고 풀잎으로 지붕을 했던 텐트 모양 집(움집)의 입구를 묘사한다. '들어가다'의 의미로 사용된다(수입, 구입, 가입).

고대 집 모습(공주 석장리 구석기박물관)

内 丙(안 내) 네모난 틀이 있는 문과 문을 가리던 가리개가 열린 모습이다. '내부'의 뜻이다(내용, 국내, 내부).

• 口(입 구) 울타리

808자	한자	훈&음	한어병음	간체자
352	因	원인 인	yīn	
353	圖	그림 도	tú	图
354	商	헤아릴 상	shāng	

因 因(인할 인) 안에는 사람(大)이 누워 있는 모습이고, 주변에 흙을 쌓거나 풀을 엮어 만든 보호막(口)이 있다. 보호막으로 인(因)해 위험이나 추위로부터 자신을 지킬 수 있다는 뜻으로, '원인'의 뜻으로 사용된다(원인, 인연, 요인).

圖 圖(그림 도) 네모 모양의 경계 口와 그 안에 啚(인색할 비)로 이루어져 있다. 啚(비)는 곡식을 저장하는 곳간을 의미하는 靣(곳집 름)과 그 위를 덮은 덮개(口) 모습이다. 곡식을 아끼고 숨기는 '인색함', '가난함'을 뜻한다. 이 글자에서 바깥 부분에 경계를 의미하는 口는 그림을 그리는 종이를 의미하고, 그 안에 있는 啚(인색할 비)는 그 종이에 세밀하고 조심스럽

게(인색하게) 계획하고 그리는 모습을 뜻한다. '그림', '의도하다'의 뜻으로 사용된다(지도, 시도, 의도).

商 (헤아릴 상) 위에는 공정함을 의미하는 칼(辛 매울 신), 그 아래 집 내부를 의미하는 內(안 내), 그 아래 입(口 입 구)이 있다. 집안 이나 상점 에서 말을 하는데, 그 말이 공적이고 사무적임(辛)을 뜻한다. '상의하다', '장사'의 의미로 사용된다(협상, 상품, 상인).

• 穴(구멍 혈) 구멍이 뚫린 집

808자	한자	훈&음	한어병음	간체자
355	空	빌 공	kōng	
356	究	연구할 구	jiū	
357	窓	창문 창	chuāng	窗
358	探	찾을 탐	tàn	

空 (빌 공) 위에는 동굴의 내부를 의미하는 穴(구멍 혈), 아래는 공사 할 때 쓰는 도구(工 장인 공)이다. 동굴집이나 움집을 지을 때 도구를 이용 하여 측량하고 구멍을 파 빈 공간을 만드는 모습이다. '공간', '비다'의 뜻 이다(공기, 공항, 공간).

究 (궁구할 구) 위에는 동굴, 아래는 팔을 들고 있는 모습의 九(아홉 구)가 있다. 잘 보이지 않는 동굴이나 집의 내부를 더듬어 탐색하는 모습 이다. '연구', '탐구'의 의미로 사용된다(연구, 탐구, 추구).

囱窓(창 창) 위에는 집을 의미하는 穴(구멍 혈), 그 아래 창살이 있는 창문(囱 창 창)을 그리고 있다. 고대인들은 땅을 파고 가운데 기둥을 세우고 풀이나 나무로 주변을 둘러 움집을 지었는데, 천정을 뚫어 집 안의 연기가 빠져나갈 수 있게 만들었다. 囱(창 창)은 이 움집 천정에 있던 연기가 빠져나가는 구멍(굴뚝)을 의미하는데, 그곳으로 빛이나 공기가 들어오므로 창문 역할도 했다. 원래 글자 모습은 窗(창문 창)이었는데, 이후 窗 아래 마음(心)이 추가되어 窻(창 창)이라는 글자로 바뀌었다가 너무 복잡하여 窓으로 정리된다. 중국에서는 다시 옛글자 형태인 窗으로 되돌려 사용하고 있다(창문, 동창, 차창).

探(찾을 탐) 왼쪽은 손(手 손 수), 오른쪽은 동굴 집 穴(구멍 혈), 그 아래 오른손(又 또 우)과 오른손이 잡고 있는 불(火 불 화)이 있다. 손으로 횃불을 들고 어두운 동굴을 탐색하는 모습인데(罙 무릅쓸 미), 이후 횃불을 잡은 손이 나무(木 나무 목)로 바뀌게 된다. '탐색하다', '찾다'의 뜻으로 사용된다(탐구, 탐색, 탐사).

• 宀(집 면) 지붕이 있는 집

808자	한자	훈&음	한어병음	간체자
359	向	향할 향	xiàng	
360	家	집 가	jiā	
361	官	벼슬 관	guān	
362	寫	베낄 사	xiě	写
363	守	지킬 수	shǒu	
364	宿	묵을 숙	sù	
365	安	편안할 안	ān	

366	案	책상 안	àn	
367	宇	집 우	yǔ	
368	宙	집 주	zhòu	
369	宅	집 택	zhái	
370	寒	차가울 한	hán	寒
371	害	해칠 해	hài	

向(향할 향) 위에 집이 있고(宀) 그 안에 입구(口 입 구)가 있다. 집의 문(입구)이 향하고 있는 곳을 뜻한다. 집을 지을 때 문이나 창문의 방향을 빛이 잘 들어오고 통풍이 잘 되는 방향으로 만든 것에서 '방향'이라는 의미로 사용된다(방향, 경향, 지향).

家(집 가) 위에 집을 의미하는 宀(집 면)이 있고, 그 안에 돼지를 의미하는 豕(돼지 시)가 있다. 돼지우리가 있는 큰 집을 뜻한다. 돼지는 부유하고 풍요로운 집을 상징한다. 일반적으로 사람만 사는 집(房 방 방, 屋 집 옥)과 달리 많은 수의 일가 사람들이 함께 거주하던 큰 집으로, 한 분야, 또는 같은 분야에 종사하는 사람들, 또는 전문가를 일컫기도 한다. '집', '전문가'의 의미로 사용된다(국가, 가족, 화가).

官(벼슬 관) 위에는 지붕이 있는 집(宀)을 의미하고, 그 안에 邑는 계단이 있는 높은 언덕(阜 언덕 부)을 뜻한다. 높은 언덕에 있는 큰 집으로, 백성을 다스리는 '관청', '관리'를 뜻한다(장관, 관리, 관료).

寫(베낄 사) 위는 집을 의미하고, 아래는 새의 둥지 모습(臼)과 그 아래 새(鳥 새 조)를 그린 모습이다. 새의 둥지는 마치 과거에 짚을 엮어 만

든 신발(짚신)과 같으므로 둘을 합친 舄
(신발 석, 까치 작)은 신발, 또는 까치의 의
미로 사용된다. 까치는 비슷한 모양의 둥
지(宀)를 나무 위에 여기저기 만들어 놓
으므로 '베끼다', '본뜨다'의 의미로 사용
된다(사진, 묘사, 복사).

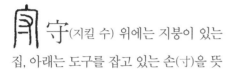

守(지킬 수) 위에는 지붕이 있는
집, 아래는 도구를 잡고 있는 손(寸)을 뜻
한다. 한곳에 머물며 일을 보는 관청(寺 절 사)을 지키는 공무원의 모습이
다. '지키다'의 의미로 사용된다(준수, 수호, 수비).

宿(묵을 숙) 위는 지붕이 있는 집, 아래는 사람(人 사람 인)과 사람
이 누워 있는 침대(돗자리)를 의미한다(丙). 사람이 집 안의 돗자리에 누워
있는 모습이다. '자다', '숙소'의 뜻이다(숙박, 숙제, 기숙사).

安(편안할 안) 집 안에 여자(女 여자 여녀)가 있는 모습이다. 집 안
에 조용하게 앉아 있는 여자의 모습을 보며 마음이 편안함을 그리고 있다.
'편안하다', '안전하다'의 뜻이다(안전, 불안, 안심).

案(책상 안) 위에는 '안정됨', '편안함'을 의미하는 安(편안할 안), 아
래는 나무(木 나무 목)가 있다. 여자가 집 안에 앉아 집을 지키듯, 집 안 가
운데에 늘 안정적으로 놓여 있는 나무로 된 낮은 책상을 뜻한다. 무슨 일
을 구상할 때 책상 앞에서 글을 쓰거나 그림을 그렸으므로 '방안', '제안'
등의 의미로 사용된다(제안, 방안, 대안).

宇(집 우) 위에는 지붕, 아래는 크고 두꺼운 나무줄기(羋 장대 간) 가 있다. 기둥으로 지붕을 지탱하고 있는 모습으로, 지붕이 넓은 큰 집을 뜻한다. 넓은 공간을 덮는다는 뜻이다(우주).

宙(집 주) 위에는 지붕, 아래는 사방 가운데 세워진 기둥(由 말미암을 유)인데, 지붕을 받치는 기둥과 들보를 뜻한다. 기둥과 들보가 있는 큰 집을 의미하며, 대들보가 넓은 지붕을 바치고 있는 宇(집 우)와 합해져 만물을 포함하는 '우주'의 의미로 사용된다.

宅(집 택) 위에는 지붕, 아래는 풀잎을 의미하는 乇(부탁할, 잎 탁)이 있다. 집 안 바닥을 풀잎으로 깔아 덮은 모습이다. '집'의 의미로 사용된다(주택, 자택, 저택).

寒(찰 한) 위에 지붕과 그 아래 곳곳에 풀(艸 풀 초)이 있고, 가운데 사람(人 사람 인), 맨 아래 날카로운 얼음이 솟아 있는 모습의 仌(얼음 빙)이 있다. 얼음이 어는 추운 겨울에 집 안에 풀을 많이 깔고 추위를 피하는 모습이다. '차갑다', '춥다'의 뜻이다(방한복, 한심, 한랭).

害(해칠 해) 집과 그 안에 여기저기 흩어져 자라나 있는 풀 모습의 丰(풀이 자라 흐트러진 모습 개), 그리고 맨 아래에 무엇인가 말하는 입(口)이 있다. 집 안 여기저기에 자라니 불편하고 방해되는 보기 흉한 풀처럼 이것저것 남을 험담하는 모습을 비유한다. '해치다', '해롭다'의 뜻이다(피해, 손해, 폐해).

• 广(집 엄) 큰 집

808자	한자	훈&음	한어병음	간체자
372	廣	넓을 광	guǎng	广
373	度	법도 도	dù	
374	店	가게 점	diàn	
375	庭	뜰 정	tíng	

廣 廣(넓을 광) 왼쪽은 넓고 큰 집을 의미하는 广, 그 아래 허리에 노란 장신구를 차고 있는 사람(黃 누를 황)이 있다. 궁전에서 제일 넓고 큰 건물에 왕의 상징인 노란 패옥을 허리에 차고 서 있는 왕의 모습이다. 왕이 차던 노란 패옥은 옥을 갈아 만들며, 빛이 나고 넓고 납작하게 만들었으므로 '넓다'의 의미로 사용된다(광고, 광장, 광역).

왼쪽: 갈고리 구름 모양의 허리 장식(패佩) BC 30세기 홍산문화(중국 동북지역)
오른쪽: 용무늬가 새겨진 장식(용문식龍紋飾) '노랗다, 넓다'라는 뜻이 이 무늬가 새겨진 장식품에서 유래되었을 것으로 추측된다.(상(은)나라 말기 BC 13세기~BC 11세기)(상해박물관)

度 度(법도 도) 위에는 창고같이 넓은 곳을 말하고, 그 아래는 여러 가지 잡다한 물건들을 의미하는 卄(스물 입), 그 아래 손(又 또 우)이 있다. 다양한 기구들이나 제사용 기구, 무기 등이 있는 창고에서 이를 규칙에 맞게

나르거나(渡 건널 도) 정리하는 모습이다(정도, 제도, 태도).

店(가게 점) 후대에 만들어진 글자로, 넓은 집을 의미하는 广와 그 아래 정해진 지역에서 점을 치는 모습의 占(차지할 점)이 있다. 점을 치는 곳은 건물의 중요한 곳을 차지하고 다양한 기물과 제물이 놓여 있으므로 여러 물건을 올려 두고 파는 가게(店 가게 점)를 비유하게 된다(백화점, 편의점, 음식점).

庭(뜰 정) 위는 넓은 건물(궁전), 그 안의 왼쪽은 넓은 통로(廴 길게 걸을 인), 오른쪽에 허리와 무릎을 구부린 신하(壬)가 있나. 궁전에서 넓은 통로를 천천히 걸어가 왕 앞에 절하는 모습이다. 집 안에서 걸어다닐 수 있는 넓은 곳이라는 의미에서 '정원(庭園)', '법정', '가정'의 의미로 사용된다(가정, 정원, 법정).

• 戶(외짝문 호) 문짝이 하나인 집

808자	한자	훈&음	한어병음	간체자
376	戶	집 호	hù	户
377	所	~하는 바 소	suǒ	

戶(지게 호) 문이 하나인 것을 말하며, 큰 집의 두 쪽 문(門 문 문)과 비교하여 작은 집의 문을 뜻한다. 여러 사람들이 모여 사는 큰 집인 家(집 가)에 비해 작고 가족 단위로 떨어져 사는 작은 '집'을 뜻한다(호적, 호구조사).

所(바 소) 왼쪽은 작은 집을 상징하는 문(戶 집 호), 오른쪽은 나무를 자르는 도끼(斤 도끼 근)이다. 나무를 잘라 일정한 곳으로 나른 뒤 집을 짓는 모습이다. 집을 짓기 위한 재료로 '~곳', '~것'의 의미로 사용된다(장소, 소득, 주소).

• 門(문 문) 문짝이 둘인 집

808자	한자	훈&음	한어병음	간체자
378	門	문 문	mén	门
379	開	열 개	kāi	开
380	關	관계할 관	guān	关
381	問	물을 문	wèn	问
382	聞	들을 문	wén	闻
383	間	틈 간	jiān	间
384	閉	닫을 폐	bì	闭
385	閑	막을 한	xián	闲

門(문 문) 작은 집에 달던 한 쪽으로 된 문인 戶(집 호)와 달리 큰 집에 설치된 두 쪽 문을 뜻한다. 큰 집을 대표하는 상징물로 일정한 분야나, 시작점을 의미하기도 한다(전문, 부문, 입문).

開(열 개) 두 쪽으로 된 문(門)을 두 손으로 여는 모습이다. 손 위의 횡은 두 문을 걸어 잠그는 빗장을 뜻한다. 빗장을 풀어 문을 여는 모습이다(개발, 공개, 개방).

대문 빗장: 문을 닫고 가로질러 잠그는 막대기(국립민속박물관)

關(관계할, 빗장 관) 문(門)과 그 아래 끈(絲 실 사), 맨 아래 두 개의 십자가 모양의 나무가 있다. 문 양쪽에 구멍이 뚫린 나무를 하나씩 세로로 고정시키고, 그 구멍에 가로로 된 기다란 나무(빗장)를 관통시켜 문을 잠근 뒤, 빗장이 풀어지지 않도록 끈으로 한 번 더 고정시키고 있다. 두 문을 연결하여 잠그는 모습에서 '관계', '닫다', '관문'의 의미가 된다(관련, 관계, 관심).

問(물을 문) 문(門 문 문)과 입(口 입 구)으로 이루어져 있다. 다른 집에 방문하여 문 앞에서 주인이 있는지 묻는 모습이다(문제, 방문, 질문).

聞(들을 문) 문(門 문 문)과 귀(耳 귀 이)로 이루어져 있다. 누군가 문 밖에서 부르는 소리를 집안에서 듣는 모습이다(소문, 청문회, 신문).

間(틈 간)은 문(門 문 문)과 해(日 해 일)로 이루어져 있는데, 열린 문 사이로 빛이 들어오는 모습이다. 문이 열린 공간을 의미하는 말로 '사이', '공간'의 의미로 사용된다(시간, 순간, 기간).

閉(닫을 폐)는 문(門 문 문)과 문 사이를 연결하여 닫는 빗장으로 이루어져 있다. '닫다'의 뜻이다(폐쇄, 밀폐, 폐막).

閑(막을 한)은 문과 나무(木)로 되어 있다. 나무는 일을 하거나 길을 가다 쉴 수 있는 그늘을 제공하므로 휴식을 의미하기도 한다(休 쉴 휴). 나무 그늘 대신 집 안에서 문을 닫고 한가하게 쉬는 모습이다. 일이 없이 '한가하다'의 뜻이다(등한, 한가, 한산).

• **尙**(오히려 상) 곡식을 바친 높은 제단

808자	한자	훈&음	한어병음	간체자
386	堂	집 당	táng	
387	當	당할 당	dāng	当
388	常	항상 상	cháng	

堂堂(집 당) 맨 위는 곡식 알갱이(小 작을 소), 그 아래 곡식을 올려두는 높은 대, 그 아래 소원을 비는 입(口 입 구), 맨 아래 흙을 쌓아 놓은 모습(土 흙토)이다. 높은 곳에 곡식을 바치고 신에게 기원하는 모습이다(尙 높다, 숭상하다 상). 집의 가장 넓고 좋은 자리에 제사를 지내기 위해 높은 대를 세우고, 그 위에 곡식 등 제물을 올려놓은 모습이다. 신을 모신 '사당'이나 의식을 집행하는 '강당'의 뜻이다(전당, 식당).

當當(당할 당) 위에는 제단을 둔 높은 대(尙 오히려, 높다, 숭상하다 상), 아래는 밭(田 밭 전)이 있다. 밭에서 경작한 곡식은 마땅히 신에게 먼저 바쳐야 한다는 뜻이다. '마땅하다', '임무를 맡다' 등의 의미로 사용된다(당시, 당연, 해당).

常常(항상 상) 위에는 높은 제단을 의미하는 尙(오히려, 높다, 숭상하다 상), 아래는 긴 천을 의미하는 巾(수건 건)이 있다. 높고 긴 옷, 즉 치마(裳 치마 상)를 뜻한다. 날마다 제단 앞에서 기원을 하듯, 항상 입고 다니는 옷이라는 의미로 '늘', '항상', '평범'의 뜻이 된다(항상, 상식, 일상).

• 京(서울 경) 높은 누각

808자	한자	훈&음	한어병음	간체자
389	高	높을 고	gāo	
390	京	서울 경	jīng	
391	涼	서늘할 량양	liáng	凉
392	停	머무를 정	tíng	

高高(높을 고) 성문(口 입 구) 위에 높은 누각(亭 정자 정)이 있는 모습이다. 성에 들어가는 입구에 세운 높고 큰 관문으로 '높다'의 뜻이다(최고, 제고, 고위).

京京 京(서울 경) 위에 높은 누각이 있고 그 아래 높게 쌓아 올린 대가 있다. 대 가운데는 계단이 있다. 흙을 인공적으로 높이 쌓아 올린 대 위에 세운 궁전이다. 왕이 머무르는 궁전이 있는 '서울'을 뜻한다(경기, 경향).

높은 누각(京 서울 경)에서 제사를 지내고 있는 모습(전국시대 BC 403~BC 221)(북경 수도(首都)박물관)

涼 涼(서늘할 량양) 왼쪽은 물(水 물 수), 오른쪽은 왕이 머무는 높은 곳(京 서울 경)이다. 높은 곳에서 흘러내리는 물이라는 의미로, 산에서 흘러내리는 서늘한 물을 뜻한다.

停 停(머무를 정) 사람(人)과 높은 누각을 의미하는 亭(정자 정)으로 되어 있다. 亭(정자 정)은 위에 높은 건물(高 높을 고)과 그 아래 못을 의미하는 丁(정)으로 이루어져 있다. 못처럼 튀어나온 높은 건물을 뜻한다. 옛날에 일정한 거리마다 검문소를 두었는데, 흙을 쌓아 망루를 높이 세웠으므로 마치 못을 박은 것과 같아 보였다. 亭(정)은 검문소 겸 여행자가 숙소로 삼기도 했으므로 '머무르다'는 뜻으로도 쓰게 되었다. 이후 '머무르다'라는 뜻을 강조하기 위해 사람(人)이 추가된다(정지, 정년, 정전).

4) 생활용품

· 曲(굽을 곡) 휘어진 대나무

808자	한자	훈&음	한어병음	간체자
393	曲	굽을 곡	qǔ	
394	農	농사 농	nóng	农

曲 曲(굽을 곡) 마디가 나뉜 대나무가 휜 모습이다. 노래를 부르면 음이 마치 대나무처럼 위아래로 움직이므로 '노래'라는 의미로도 사용된다(곡선, 작곡, 왜곡).

農(농사 농) 위에는 두 손으로 물건(농작물)을 나르는 모습이고, 아래는 돌로 된 반달 모양 호미(돌칼)를 손으로 잡고 경작하는 모습이다(辰 새벽 신, 별 진). 일찍부터 들에 나가 두 손으로 열심히 농사짓는 모습을 묘사하고

곡식 이삭을 잘라 수확하던 반달 모양 돌칼
(국립경주박물관)

있다. 후대에 글자 위의 모습이 曲(굽을 곡)으로 바뀐다(농민, 농촌, 농사).

• 用(쓸 용) 나무 통

808자	한자	훈&음	한어병음	간체자
395	用	쓸 용	yòng	
396	勇	날쌜 용	yǒng	
397	通	통할 통	tōng	

用(쓸 용) 고대의 나무로 된 통(桶)을 묘사한다. 맨 위에 가로로 그어진 획은 이 통이 나뭇가지(支)를 잘라 만든 것을 의미하고, 가운데 가로로 된 두 줄은 나뭇가지를 이어 연결한 통을 위아래로 단단히 묶은 모습이다. 곡식을 담는 데 이용한 큰 그릇인

나무를 이어 통을 만드는 장인(구한말)(국립민속박물관)

말을 그리고 있는데, 이후 '사용하다'의 뜻이 된다(고용, 사용, 이용).

勇(날쌜 용) 왼쪽은 손잡이가 있는 통(桶 통통), 오른쪽은 쟁기 또는 사람의 팔 힘을 의미하는 力(힘 력)이다. 과거 나무로 된 무거운 통을 나르는 남자의 힘센 팔을 묘사하고 있다. 현재는 '용감하다'의 의미로 사용된다(용감, 용맹, 용기).

通(통할 통) 왼쪽은 왕래를 의미하는 길(彳)과 발(止)로 이루어진 辵(쉬엄쉬엄 갈 착), 오른쪽은

나무를 깎아 이어 만든 통(국립중앙박물관)

무거운 통을 든 모습이다. 사람들이 짐을 지고 서로 왕래하거나 거래하는 모습이다. '통과', '교통' 등의 의미로 사용된다(유통, 보통, 통신).

• 周(두루 주) 꼼꼼히 만든 나무 통

808자	한자	훈&음	한어병음	간체자
398	調	고를 조	diào	调

調(고를 조) 왼쪽은 공적인 말(言), 오른쪽은 나무를 이어 만든 커다란 통(筒=用=桶), 그리고 통의 내부가 무엇인가로 차 있음을 의미하는 占(차지할 점)으로 이루어진 周(두루 주)가 있다. 나무를 엮어 만든 통(筒 대롱 통) 안에 곡식이 차 있는 모습으로, 곡식을 담고 고르게 펴서 양을 재는 모습이다. 공적인 입장(言)에서 불균형을 바로잡는다는 의미에서 '조절하다', '고르다'의 의미로 사용된다(조사, 강조, 조절).

홉 · 되 · 말: 곡식이나 액체, 가루 종류의 물질의 분량을 측정하는 그릇으로, 국가에 조세를 내거나 상거래할 때 사용되었다.(국립중앙박물관)

• 同(한가지 동) 땅이나 건물을 다지는 달구

808자	한자	훈&음	한어병음	간체자
399	同	같을 동	tóng	

同(같을 동) 위에는 두 사람이 땅이나 물건을 단단히 다지는 통 모양 도구인 달구의 모습이고, 글자 안에 口(입 구)는 함께 입을 맞춰 구호를 외치는 모습을 상징한다. 달구란 커다란 통나무에 손잡이를 네 개 달고 두 사람이 양쪽에서 손으로 잡고 들었다 났다 하며 땅을 다지는 도구로, 고대 건물을 지을 때 터를 닦거나 구조물을 단단히 맞추는 데

한옥의 구조물이 견고하게 잘 맞도록 달구질하는 모습(문화재청)

사용했다. 여러 사람이 함께 구호를 외치며 흥겹게(興 일 흥) 다지는 일을 하는 모습을 그리고 있다(동일, 동시, 동포).

• 皿(그릇 명) 제사용 그릇

808자	한자	훈&음	한어병음	간체자
400	益	더할 익	yì	益
401	盡	다될 진	jìn	尽
402	血	피 혈	xiě	

益(더할 익) 위에는 넘쳐흐르는 물(水 물 수), 아래는 굽이 높은 제사용 그릇(皿 그릇 명)이다. 제사용 그릇에 물이 차 넘치는 모습을 묘사한다. 물이 찰 때까지 물을 붓는 모습이다. '증가', '늘어남'의 의미에서 '이익', '유익'의 뜻이 발생한다(공익, 수익, 국익).

굽다리접시: 굽이 높은 제사용 그릇 (신라시대)(국립민속박물관)

盡(다될 진) 맨 위에 손(又 또 우)이 있고, 그 손으로 술이 많이 달린 빗자루 모양의 청소도구(帚 쓸 소)를 잡고 있다. 맨 아래에는 굽이 높은 제사용 그릇이 있다(皿 그릇 명). 그릇을 다 쓴 뒤 청소하는 모습으로 '다하

받침대를 높이 만든 청동 제사 그릇 豆(두). 받침대가 높은 그릇을 쓰는 풍습은 중원과 다른 동이(한국인 포함)의 고유 풍습이다〈후한서(後漢書)〉. 높은 존재(하느님, 신)에게 바친다는 의미를 담고 있다.(요녕성박물관)

다', '진력(힘을 다함)', '소진(다 사라져 없어짐)'의 의미로 사용된다(매진, 소진, 극진).

血(피 혈) 제사용으로 사용되던 굽이 높은 그릇과 그 안에 담긴 피를 뜻한다. 옛날에 왕이나 귀족이 서로 약속을 할 때 동물을 잡아 제사를 지냈는데, 신에게 제물의 피를 바치거나 맹세의 상징으로 제사용 그릇에 제물의 피를 그릇에 담아 서로 마시던 풍습이 있었다(혈액, 헌혈, 수혈).

• **舟(배 주)** 배 모양 쟁반

808자	한자	훈&음	한어병음	간체자
403	服	옷 복	fú	
404	船	배 선	chuán	
405	前	앞 전	qián	

服(옷 복) 왼쪽은 음식을 나르거나 담을 때 쓰는 넓은 쟁반(舟 배 주, 盤 쟁반 반), 또는 그릇을 옮기기 편하게 만든 나무 구조물을 의미하고,

배 모양의 나무 쟁반: 음식을 담아 놓거나 운반하는 용기(조선시대)(국립민속박물관)

가운데는 쟁반을 들고 나르는 사람(人 사람 인), 오른쪽은 그 사람을 강제로 시키는 손(又 또 우)이 있다. 지시에 복종하여 그릇을 나르며(搬 옮길 반) 시종을 드는 종의 모습으로, '복종', '입다(당하다)'의 의미로 사용된다(항복, 정복, 의복, 복장).

船 船(배 선) 왼쪽은 배처럼 넓은 쟁반(舟 술통을 바치는 쟁반 주)이고, 오른쪽은 위에 갈라짐을 의미하는 八(여덟 팔) 아래 그릇(口 입 구)으로, 그릇에서

고대 중국의 배(BC 206~AD 220)(중국 역사박물관)

물을 따르는 모습이다(沿 따를 연). 물을 따라 내려가는 기다란 나무 쟁반처럼 생긴 배(舟 배 주)를 뜻한다(선박, 어선, 선원).

歬 前(앞 전) 원래 글자는 위에 발을 의미하는 止(발 지), 아래 왼쪽에는 술잔을 받치던 제사 그릇(舟 배 주), 아래 오른쪽은 허리를 숙인 사람 모습이었다(人 사람 인). 위의 발(止)은 앞서간 사람, 즉 조상(先 먼저 선)을 의미하고, 술잔을 받치던 제사용 그릇(舟 배 주)은 조상에게 술을 바치는 모습을, 허리를 숙인 사람은 조상에게 제사를 지내는 사람을 묘사한다. 앞서간 조상을 기리는 제사를 드리는 장면으로, '앞', '이전'이란 뜻이다(전면, 사전, 전진).

• **主(주인 주)** 등잔대 위의 불꽃

808자	한자	훈&음	한어병음	간체자
406	主	주인 주	zhǔ	
407	住	살 주	zhù	

主 主 主(주인 주) 위에는 무엇인가 담을 수 있는 그릇과 그 속에 점이 찍혀 있고, 그 아래 나무(木 나무 목)가 있다. 나무로 만든 받침대와 기

름이 담긴 그릇, 불을 붙이
는 심지(炷 심지 주)가 있는
모습이다. 집 안의 중심이
되는 곳에 높이 세워 놓은
(柱 기둥 주) 등잔불을 그리
고 있는데, 한곳에 움직이
지 않고 오래 머물러(住 살
주) 있으므로 '주인'의 의
미로 사용된다(주도, 주요,
주제).

일본의 전통 촛대(국립민속박물관)

조선시대 놋쇠 촛대
(국립고궁박물관)

住(살 주) 왼쪽에 사람
(人 사람 인), 오른쪽에 집
안의 중심부에 세워 둔 등잔대(主 주인 주)이다. 집 가운데에 오랜 기간 동
안 세워 둔 등잔대처럼 사람이 자신의 집에 오랫동안 거주한다는 뜻이다
(주민, 주택, 주소).

• **由(연유 유)** 기름을 담은 등잔

808자	한자	훈&음	한어병음	간체자
408	由	말미암을 유	yóu	
409	油	기름 유	yóu	

由(말미암을 유) 그릇 안에 점 모양의 기름이 있고, 기름을
빨아들이는 人 모양의 심지가 있다. 작은 그릇에 기름을 조금 붓고 심지를

세운 등잔을 뜻한다. 기름(油 기름 유)이 심지를 타고 올라오는 모습으로, '말미암다', '이유'의 의미로 사용된다(자유, 유래, 사유).

(기름 유) 왼쪽은 물(水 물 수), 오른쪽은 심지가 있는 등잔(由 말미암을 유)이다. 등잔에 있는 액체라는 의미로, '기름'을 뜻한다(석유, 식용유, 주유).

등잔: 기름을 담아 심지를 넣어 불을 켜는 기구(국립민속박물관)

5) 문화생활

- **玉(구슬 옥)** 구슬을 꿰어 만든 장신구

808자	한자	훈&음	한어병음	간체자
410	玉	옥 옥	yù	
411	全	온전할 전	quán	
412	現	나타날 현	xiàn	现
413	球	공 구	qiú	

玉(옥 옥) 여러 개의 옥구슬을 실에 꿴 모습으로 아래 양쪽의 점은 옥구슬이 빛나는 모습 또는 구슬을 꿴 실을 묶고 남은 부분을 상징한다(백옥).

옥을 연결해 만든 목걸이(조선)(국립중앙박물관)

全 全(온전할 전) 위에는 '들어가다'를 의미하는 입(入 들 입), 아래는 옥(玉 옥옥)이 있다. 뾰족한 봉분이 있는 무덤에 옥을 넣는 모습으로, 옛날 고인이 죽고 난 뒤 가장 흠이 없고 온전한 옥들을 부장품으로 넣는 풍습을 묘사하고 있다. 고인에게 바치는 가장 훌륭하고 완전한 옥이란 뜻에서 '완전', '전부'를 뜻한다(전체, 완전, 전국).

신라 왕의 무덤에 부장품으로 묻힌 옥 장식품(국립경주박물관)

現 現(나타날 현) 왼쪽은 귀한 옥(玉 옥 옥)이고, 오른쪽은 무릎 꿇고 바라보는 모습(見 볼 견)이다. 고대인들은 옥이 땅의 순수한 정령이라 믿으며 신처럼 받들었다. 신비롭게 빛나는 옥을 경이롭게 바라보는 모습으로, '드러내다', '나타내다', '지금', '현재'의 의미로 사용된다(현재, 현실, 표현).

球 球(공 구) 왼쪽은 옥구슬이 연결된 모습이고, 오른쪽 위는 무엇인가 잡고 있는 오른손(又 또 우), 그 아래 털이 있는 동물의 가죽이 있다. 옥을 동그랗고 빛이 나도록 가죽으로 문질러 다듬는 모습이다. 동그란 형체의 공과 같은 물건을 말한다(지구, 축구, 야구).

• 기타(장신구, 악기)

808자	한자	훈&음	한어병음	간체자
414	黃	노란색 황	huáng	黄
415	南	남녘 남	nán	

416	喜	기쁠 희	xǐ	
417	業	일 업	yè	业
418	樂	풍류 악	lè	乐
419	平	평평할 평	píng	平
420	呼	부를 호	hū	

黃 黃(누를 황) 허리에 얇고 넓은 옥 장식을 찬 귀족(大 큰 대)을 그리고 있다. 이 옥으로 된 장신구는 넓고(廣 넓을 광) 색깔이 노란색이었으므로 '노랗다'의 의미로 사용된다(황금, 황사, 황해).

옥으로 된 허리 장식 옥결. 원래는 태양을 상징하는 동그랗고 빛나는 노란색이었으나 후대로 오면서 장신구 성격이 늘어나게 된다.(낙랑 시기 평안남도 출토)(국립중앙박물관)

중국 청나라 황제(세종 1722년~1735년 재위). 옥빛을 상징하는 노란색은 중국 황제들만이 사용하는 귀한 색이었다.

南(남녘 남) 위에는 무엇인가 매달아 묶은 모습, 그 아래 종처럼 생긴 악기가 있다. 종과 같은 악기를 끈으로 묶어 매달아 놓은 모습이다. 악기 가운데에 나뭇가지 모습의 횡을 그려 넣어 악기를 치는 모습을 형상화하고 있다. 옛날 중국 남쪽에서 유행하던 악기로, '남쪽'의 뜻이다(남북, 강남, 남극).

喜(기쁠 희) 위에는 장식을 달고 땅 위에 세워 치는 북(壴 악기 이름 주, 鼓 북 고)이고, 아래에 사람의 입(口 입 구)이 있다. 북을 치며 흥겨워 노래하는 모습이다. '기쁘다', '환희'의 뜻이다(환희, 희비, 희열).

상나라 시기에 사용되었던 북(복원). 북을 의미하는 한자 壴㉿와 똑같다.(은허박물관)

業(업 업) 위는 풀잎이 오밀조밀 모여 있는 풀떨기 모양의 丵(풀 무성할 착)이고, 그 아래 나무(木 나무 목)가 있다. 고대 악기 중 기다란 대를 가로로 설치하고, 그 아래 크기가 다른 돌을 크기에 따라 위쪽에 구멍을 뚫어(凿 뚫을 착, 구멍 조) 오밀조밀하게 나란히 끈으로 연결하여 치던 악기(편경)를 그리고 있다. 악기를 크기에 따라 만드는 일과 균형을 잡는 일, 악기에 맞춰 작곡하고

종묘제례악: 조선 왕의 제례(종묘대제)에서 편경과 편종을 치는 모습(문화재청)

연주하는 일 등은 왕실에서 이루어지던 중요한 일 중 하나였으므로 '일', '업무', '업적'의 의미로 사용된다(기업, 취업, 사업).

樂(풍류 악) 위와 아래는 실(絲 실 사)과 나무(木)로 만든 거문고 같은 현악기이고, 가운데는 흰 술(白)을 마시며 떠들고 노래하는 모습(白)을 뜻한다. 악기를 연주하며 흥겹게 노래한다는 뜻이다(음악, 오락, 낙관).

춤추는 여인(AD 25~220)
(중국 국가박물관)

다양한 악기의 연주에 맞춰 춤추는 아이
(조선시대, 단원풍속도)(국립중앙박물관)

平(평평할 평) 동물의 뿔에 홈을 파서 만든 호각(호루라기)의 모습인 亐(于 어조사 우)와, 입을 벌려 호각을 부는 모습인 八(㕣 입 벌릴 팔)로 이루어진 글자이다. 호각은 길고 평탄한 음을 내므로 '평평하다'의 의미로 사용된다(평화, 평지).

옛날 호각(국립중앙박물관)

呼(부를 호) 왼쪽은 입을, 오른쪽은 사람들에게 신호를 보내는 호각(乎 어조사 호)을 그리고 있다. 호각으로 사람들의 주의를 모으는 것처럼 입으로 사람들을 부른다는 뜻이다(호출, 호흡).

- **可(옳을 가) 정교하게 깎은 피리**

808자	한자	훈&음	한어병음	간체자
421	可	옳을 가	kě	
422	何	어찌 하	hé	
423	河	물 하	hé	
424	歌	노래 가	gē	

可(옳을 가)는 정교하게 깎은 피리 모양 악기(丂 공교할 교)를 불며 (口) 노래를 부르는(歌 노래 가) 모습으로, 신 앞에 제사를 지낼 때 악기에 맞춰 노래를 부름으로써 신의 마음을 얻으려는 모습이다. 음악으로 신의 마음을 기쁘게 달래며 '허락'을 받는다는 의미에서 '옳다', '가능하다', '들어주다' 등의 의미로 사용되고 있다(허가, 가능).

왕의 제사 시 악기를 연주하는 모습(한국 종묘대제)(전주이씨대동종약원)

何(어찌 하)의 왼쪽은 사람(人), 오른쪽은 '허락'을 의미하는 可(옳을 가)가 있다. 글자의 원래 모습은 나무 양 끝에 매달린 짐이나 창(戈 창 과)을 짊어진 사람이었다. 짐을 지고 관문을 통과할 때 관문을 지키는 병사가 꼬치꼬치 따져 묻는 모습이다. 이유를 묻는 모습에서 '어찌', '어느'의 의미가 된다(육하원칙).

河(물 하) 왼쪽은 물이 흐르는 모습이고, 오른쪽 可(옳을 가)는 신(神) 또는 신 앞에 노래 부르며 제사 지내는 모습이다. 신처럼 받들어지던 최고의 강인 황하를 뜻한다. 이 글자는 원래 황하만을 지칭하는 고유명사였으나 현재는 강이나 하천을 의미하는 보통명사로 사용되고 있다(하천, 빙하, 은하수).

歌(노래 가) 왼쪽은 여러 사람이 피리를 연주하며 노래하는 모습이고, 오른쪽은 하품하듯 입을 벌린 모습(欠 하품 흠)이다. 여러 사람이 악기를 연주하며 입을 벌려 노래하고 있다(가수, 가사, 애국가).

• 石(돌 석) 노래하며 치는 돌

808자	한자	훈&음	한어병음	간체자
425	石	돌 석	shí	
426	研	갈 연	yán	研
427	破	깨뜨릴 파	pò	

石(돌 석) 왼쪽은 세모꼴의 돌, 그 아래는 입(口 입 구)이 있다. 소리 나는 세모꼴의 돌인 석경(石磬)을 뜻한다. 고대 악기인 석경은 여러 크기로 돌을 갈아 각자 다른 소

3,300여 년 전 제작된 돌로 된 편경 – 석경(石磬)(요녕성박물관)

리가 나게 하고(口) 나무에 나란히 매달아 채로 쳐서 연주한다. '돌'을 대표
한 글자로 사용된다(암석, 석유, 석탄).

研(갈 연) 왼쪽은 갈아 다듬은 돌(石 돌 석), 오른쪽은 방패(干 방패
간)가 두 개 있는 모습의 幵(평평할 견)이다. 돌을 방패처럼 평평하게 갈 듯
이, 힘들게 노력하고 연구하여 성과를 내는 모습을 뜻한다. '갈다', '연구하
다'의 뜻으로 사용된다(연마, 연구, 연수).

破(깨뜨릴 파) 왼쪽은 돌(石 돌 석), 오른쪽은 손으로(又) 동물의 가
죽을 벗기는 모습이나(皮 가죽 피). 돌을 날카롭게 깨뜨려 동물의 가죽을
벗기는 데 사용하고 있다. '깨뜨린 돌'에서 '깨뜨리다'의 의미가 파생된다
(파괴, 돌파, 파산).

6) 경제생활

• 貝(조개 패) 진귀한 바다조개

808자	한자	훈&음	한어병음	간체자
428	貝	조개 패	bèi	贝
429	貨	재화 화	huò	货
430	貧	가난할 빈	pín	贫
431	財	재물 재	cái	财
432	貯	쌓을 저	zhù	贮
433	賞	상줄 상	shǎng	赏
434	責	꾸짖을 책	zé	责

435	價	값 가	jià	价
436	質	바탕 질	zhì	质
437	賀	하례 하	hè	贺
438	賢	어질 현	xián	贤
439	實	열매 실	shí	实
440	貴	귀할 귀	guì	贵
441	遺	남길 유	yí	遗
442	買	살 매	mǎi	买
443	賣	팔 매	mài	卖
444	續	이을 속	xù	续
445	讀	읽을 독	dú	读

貝(조개 패)
한자를 발전시킨 상나라
(은나라 BC 16세기~ BC
11세기)는 단단한 바다조
개껍데기를 귀하게 여겨
화폐로 사용하였고, 이후

고대 화폐로 사용되던 바다조개①와 뼈②, 자기③, 청동④, 금⑤
등을 이용해 만든 조개 모양 화폐(요녕성박물관)

금속(청동, 금)이나 옥으로도 조개 모양 화폐를 만들어 사용한다. 이로 인

해 이 글자가 들어간 글자들은 '재물'과 관련이 많게 된다(어패류, 패총).

貨(재화 화) 변화를 의미하는 化(될 화)와 화폐를 의미하는 貝(조개
패)가 있다. 化는 일반인(人)이 예의를 아는 사람(匕)으로 바뀐다는 뜻으로,
사람이 바뀌듯 돈으로 물건과 바꾸는 모습이다(화폐, 화물, 백화점).

貧(가난할 빈) 위는 칼로 무엇인가 나누는 모습의 分(나눌 분), 그 아래 돈, 재물을 의미하는 貝(조개 패)가 있다. 재산이 나뉘어 줄어든 모습이다. '가난함'을 뜻한다(빈곤, 빈혈).

財(재물 재) 왼쪽은 돈을 의미하는 貝(조개 패), 오른쪽은 집을 짓는 목재 등 유용한 재료를 의미하는 才(재주 재)이다. 돈이나 유용한 재료(물건)를 뜻한다(재물, 재산).

貯(쌓을 저) 재물을 의미하는 貝(조개 패)와 사방을 나무판으로 견고하게 짠 상자나 궤를 의미하는 宁(쌓을 저)로 이루어져 있다. 재물을 담아 두는 상자에 돈이나 귀중품을 담은 모습이다(저장, 저축, 저금).

賞(상줄 상) 위에는 곡식(小)이 올려진 높은 제단 앞에서 무엇인가를 비는 모습인 尙(오히려, 높다 상)이 있고, 그 아래 재물을 의미하는 貝(조개 패)가 있다. 尙(상)은 '높이다'의 의미로, 훌륭한 사람에게 재물을 주며 높이는 모습을 비유한다(상장, 상금).

責(꾸짖을 책, 채) 위에는 사방에 날카로운 가시가 돋은 나무를 의미하는 朿(가시 자), 그 아래 재물을 의미하는 貝(조개 패)가 있다. 가시나무로 위협하며 돈(재물)을 요구하는 모습으로, 갚아야 할 빚(債 빚 채)을 채무자에게 재촉하는 모습이다(책임, 질책).

價(값 가) 왼쪽은 사람(人), 오른쪽은 물건을 담은 그물이나 덮개를 의미하는 襾(덮을 아), 그 아래 돈을 의미하는 貝(조개 패)가 있다. 좌판을 벌이고 물건을 파는 사람(賈 앉은장사 고)과 값을 흥정하는 모습을 비유한다(가격, 평가, 가치).

質(바탕 질) 위는 도끼를 의미하는 斤(도끼 근)이 둘 있고, 그 아래 돈을 의미하는 貝(조개 패)가 있다. 원래 의미는 소박한 사람을 위협하여 인질(人質)로 잡아 두고 돈을 요구하는 모습이다. 이후 '저당물', '소박함', '성질', '바탕' 등의 의미로 사용된다(물질, 질문, 품질).

賀(하례 하) 위는 힘을 더한다는 의미의 加(더할 가), 아래는 재물을 의미하는 貝(조개 패)가 있다. 축하의 의미로 선물(貝)을 보내는 모습이다 (축하, 하객(축하하러 온 손님)).

賢(어질 현) 위는 사물을 주의 깊게 살피는 눈을 의미하는 臣(신하 신)과 돕는 손을 의미하는 又(또 우)로 이루어져 있다. 그 아래 재물이나 귀한 그릇(청동기)을 의미하는 貝(조개 패)가 있다. 궁전의 다양한 일을 맡아 살피고 귀한 물건들을 다루는 현명한 신하를 뜻한다(현명, 성현, 현인).

實(열매 실) 위에는 집을 의미하는 宀(집 면), 그 아래 무엇인가 꿰뚫어 모아 놓은 모습의 毌(꿰뚫을 관), 그 아래 재물, 돈을 의미하는 貝(조개 패)가 있다. 집 안에 돈을 꿰어 놓은 돈 꾸러미가 차 있는 모습이

돈으로 사용되던 조개껍데기와 조개에 구멍을 뚫어 꿰던 끈(중국 은허박물관)

다. 부유한 집을 묘사하고 있다. 돈 꾸러미가 돈궤에 가득 차 있는 모습에서 '열매', '참되다'의 의미로 사용된다(과실(=과일), 실력, 사실).

貴(귀할 귀) 위에는 두 손으로 비옥하고 귀한 흙(土)을 잡은 모습(臾 비옥할 유), 그 아래 재물을 의미하는 貝(조개 패)가 있다. 고대 세계에서 흙(土)은 생명의 기원으로 중요한 숭배 대상이었고, 재물(貝) 역시 귀했으므로 '귀하다'의 의미로 사용된다(부귀, 귀중).

遺(끼칠 유) 왼쪽은 길을 따라 어디론가 떠나는 모습의 辶(=辵, 쉬엄쉬엄 갈 착), 오른쪽은 귀한 재물을 의미하는 貴(귀할 귀)이다. 귀한 물건이 어디론가 옮겨지거나 사라진 모습이다. '후세에 전하다', '잃다'의 의미로 사용된다(유전, 유언, 유물, 유적).

買(살 매) 위에는 그물을 의미하는 网(그물 망), 그 아래 재물을 의미하는 貝(조개 패)가 있다. 그물로 물고기를 잡듯 가치 있는 물건을 사서 그물(주머니)에 담는다는 뜻으로 '사다'의 뜻이다(매매, 구매).

賣(팔 매) 위에는 밖으로 나가는 모습의 出(날 출), 그 아래 가치 있는 재물(貝)을 그물(冖 그물 망)에 모아 놓은 모습인 買(살 매)이다. 가치 있는 물건들을 그물 같은 천에 넣어 들고 다니며 파는 모습을 묘사하고 있다. '팔다'의 의미이다(판매, 매각, 매출).

續(이을 속) 왼쪽은 무엇인가 이어가는 의미의 실(糸 가는 실 사), 오른쪽은 가치 있는 물건을 밖으로 내어 파는 모습(賣 팔 매)이다. 물건을 끊이지 않고 지속적으로 제작하고 판매하는 모습을 묘사하고 있다(계속, 지속, 연속).

讚 讀(읽을 독) 왼쪽은 공적인 말을 의미하는 言(말씀 언), 오른쪽은 가치 있는 물건을 내다 파는 모습의 賣(팔 매)이다. 물건을 밖으로 가져가 소리 지르며 팔 듯이, 글을 밖으로 소리 내어 읽는 모습이다(독서, 독자).

7) 사냥

• 單(홀로 단) 사냥용 돌

808자	한자	훈&음	한어병음	간체자
446	單	홀로 단	dān	单

單 單(홑 단) 위에는 두 개의 동그란 돌멩이를 의미하고, 그 아래 그물 모양의 도구와 손잡이가 있다. 동물을 잡을 때 돌을 둥글게 깎아 끈에 묶어 동물을 향해 던져 동물이 넘어지게 하는 사냥도구를 뜻한다. 전쟁을 의미하는 戰(싸울 전)과 포탄을 의미하는 彈(탄알 탄)에 이 글자가 들어가 있다. 화살은 여러 발 쏠 수 있지만, 돌멩이는 크고 무거워 여러 개 휴대하기 어려웠다. 화살처럼 여러 발 쏠 수 있는 것이 아니라 한 번 던지면 다시 주워 와야 하므로 '하나', '오직'의 의미가 발생한다(간단, 단독).

동물 사냥에 사용되던 둥근 돌. 사진 뒷부분에 끈으로 돌을 두 개 묶어 던지는 사람모습이 있는데, 이 모습이 單(단)자의 기원이다.(공주 구석기 박물관)

- **弋(주살 익) 끈이 달린 화살**

808자	한자	훈&음	한어병음	간체자
447	代	대신할 대	dài	
448	式	법 식	shì	
449	試	시험할 시	shì	试

代(대신할 대) 왼쪽은 사람(人), 오른쪽은 끈을 매달아 쏘는 화살인 弋(주살 익)이다. 활을 쏠 때 화살에 줄을 매달아 쏘면 일정 거리까지 화살이 날아간 뒤 다시 화살을 주우러 갈 필요 없이 줄을 당기면 화살을 되찾을 수 있고, 화살이 불필요하게 멀리 날아가는 것을 방지할 수 있다. 사람이 직접 화살을 주우러 갈 필요가 없으므로 '대신'이라는 의미가 생기고, '정해진 길이'에 묶인 화살을 계속 번갈아 쓸 수 있으므로 '한 세대', '일생'이라는 의미도 추가된다(시대, 대신, 대체).

활 쏘는 무사(618~907)
(중국 하문(厦门)박물관)

式(법 식) 위에는 끈을 매달아 쏘는 화살인 弋(주살 익), 아래는 물건을 만드는 데 사용되는 자인 工(장인 공)이다. 사냥할 때 사용하는 화살을 도구를 이용하여 정교하게 만드는 모습이다. 화살을 만들 때는 기존의 정해진 방식에 따라 정교하게 만들어야 하므로 '방식', '공식'의 의미가 된다.

試(시험할 시) 왼쪽은 공적인 말을 의미하는 言(말씀 언), 오른쪽은 '방식'을 의미하는 式(법 식)이다. 규칙이나 공식을 물어 보며 시험 보는 모습이다(시험, 시도, 입시).

8) 종교

• 示(볼 시) 신의 영혼이 있는 제단

808자	한자	훈&음	한어병음	간체자
450	示	보일 시	shì	
451	禁	금할 금	jìn	
452	視	볼 시	shì	视
453	祝	빌 축	zhù	祝
454	祖	조상 조	zǔ	祖
455	宗	으뜸, 조상 종	zōng	
456	祭	제사 제	jì	
457	察	살필 찰	chá	

示(보일 시) 위에는 높음, 유일함을 의미하는 一(하나 일), 그 아래 T자 모양의 제단 또는 신주, 그 양 옆에 신의 계시를 의미하는 八(叭 입 벌릴 팔)이 있다. 높은 영혼(신, 조상)에게 제사를 드릴 때 제단에 신이 나타남을 표현한다. '보이다', '지시하다'의 뜻이다(제시, 지시, 시범).

禁(금할 금) 위는 숲이 우거진 모습(林 수풀 림), 아래는 제사를 드리는 제단(示 보일 시)이 있다. 제사를 지내는 사당이나 무덤 주변에 나무를 심고 사람들의 출입을 금지시킨 모습이다. 사당이나 무덤은 사람들이 가기 꺼리는 곳으로 금지, 금기, 감금 등의 의미로 사용된다(금연, 금욕).

視(볼 시) 왼쪽은 제단을 의미하는 示(보일 시), 오른쪽은 눈(目 눈 목)을 크게 뜨고 무릎 꿇고 주의 깊게 윗사람을 바라보는 사람인 見(볼 견)이다. 제사를 지낼 때 제단 앞에 무릎 꿇고 주의 깊게 제단을 바라보면서 신의 계시나 징조를 살피고 있다. '보다', '보이다'의 의미로 사용된다(시각, 감시, 시청).

상나라 시기(BC 13세기~BC 11세기) 무릎 꿇고 앉아 있는 사람(모조 석상)(중국 은허박물관)

祝(빌 축) 왼쪽은 제단을 의미하는 示(보일 시), 오른쪽은 무릎 꿇고 앉아 입을 벌리고 말을 하는 모습의 兄(맏형)이다. 제단(示) 앞에서 가문의 맏형(兄)이 신에게 대표로 축복을 기원하고 있다(축원, 축하, 축복).

祖(조상 조) 왼쪽은 제단 또는 신주, 오른쪽은 제사를 지낼 때 제물을 종류별로 세 칸에 나눠 담는 나무 그릇(俎 도마 조)이다. 제단 앞에서 제물을 세 칸

소와 양의 장기인 장, 위, 폐와 돼지껍질을 삶아서 담는 도마 천조갑(薦俎匣: 제물을 담는 넓은 상자). 祖(시조 조)의 원형. - 한국. 종묘대제 시 사용하는 제기

으로 된 그릇(且, 천조갑)에 수북하게 담아 조상에게 바치는 모습으로, 제사에 바친 제물은 조상신이 와서 먹는다고 여겨 '조상'이라는 의미로 사용된다(조상, 선조, 조국).

宗(마루 종) 위는 집('宀' 집 면), 아래는 제단(示 보일 시)이다. 조상에 제사를 지내는 사당을 뜻한다. 같은 혈족이 모두 모여 절하고 조상을 숭배하는 장소로 '으뜸', '제사', '시조' 등의 의미로 발전한다(종교, 종묘, 종친).

祭(제사 제) 위의 왼쪽은 제사를 지내기 위해 각을 뜬 고기(肉 고기 육), 오른쪽은 고기를 잡은 손(又 또 우), 그 아래 제단(示 보일 시)이 있다. 각을 뜬 제물을 제단에 올려놓고 제사 지내는 모습이다(제사, 축제).

察(살필 찰) 위에는 집 '宀'(집 면), 그 아래 고기(肉)를 손(又)으로 바쳐 제사(示)를 지내는 모습의 祭(제사 제)가 있다. 집 안에서 제사를 지내는 모습으로, 중요한 의식인 제사에 필요한 제기를 꼼꼼히 살펴 닦고(擦 비빌 찰) 제물이 제대로 준비되어 있는지 살피는 모습이다(관찰, 경찰).

• 豆(제기 두) 받침대가 높은 그릇

808자	한자	훈&음	한어병음	간체자
458	豆	콩 두	dòu	
459	頭	머리 두	tóu	头
460	豐(豊)	풍년 풍	fēng	丰
461	禮	예도 례예	lǐ	礼

豆(콩 두) 위는 높음, 유일함을 의미하는 一(한 일), 그 아래는 제사

시 사용하는 받침이 높은 그릇이다. 제사
시 고기나 국 등을 담던 굽이 높은 그릇으
로, 그릇의 머리(頭 머리 두) 부분이 콩처
럼 둥글게 생겨 '콩'이라는 뜻으로 사용된
다(두부, 두유).

제사 때 진설할 음식을 담는 굽이
높은 그릇(조선시대)(국립민속박
물관)

頭 頭(머리 두) 왼쪽은 굽이 높고 머

리 부분이 둥근 제사용 그릇인 豆(콩 두),

오른쪽은 꿇어앉은 사람의 머리를 강조한 頁(머리 혈)이다. 둘 다 머리 부

분을 강조한 글자로, '머리', '꼭대기'를 뜻한다(두뇌, 두목, 몰두).

豊 豐 豊(풍년 풍) 위에 곡식 이삭이 담겨진 커다란 그릇과 그 아래

제사용 그릇인 豆(콩 두)가 있다. 풍성한 곡식 이삭(丰 예쁠, 풀 무성할 봉)이

그릇에 가득 담겨진 모습이다. 원래는 받침대가 있고 위에 화려한 옥구슬

(玉) 장식을 달았던 고대 북(壴, 鼓 북 고)을 의미했으나, 이후 글자체가 현

재처럼 변형된다(풍년, 풍부).

禮 禮(예도 례예) 왼
쪽은 제단(示 보일 시), 오
른쪽은 풍성한 제물이 담
긴 그릇(豊 풍성할 풍)이
다. 제단에 풍성한 제물
을 올리고 제사를 드리는
모습이다. 제사를 드리는
절차가 규범에 맞고 격식

조선 왕실에서 행해지던 제사(종묘대제)에서 절차에 따
라 제사를 지내는 모습(전주이씨대동종약원)

이 있어야 하므로 '예절', '예의'의 의미가 된다(차례, 혼례, 예기).

• 酉(술항아리 유) 제사용 술 그릇

808자	한자	훈&음	한어병음	간체자
462	酒	술 주	jiǔ	
463	福	복 복	fú	福
464	富	넉넉할 부	fù	
465	圓	둥글 원	yuán	圆
466	眞	참 진	zhēn	真
467	則	법칙 칙, 곧 즉	zé	则

酒酒(술 주) 왼쪽은 물을 의미하는 水(물 수), 오른쪽은 술을 담은 그릇인 酉(술 담는 그릇 유)이다. 술잔에 담긴 술을 뜻한다. 고대에 술은 신과의 소통을 위해 제사 때 사용되었다(음주, 소주).

福福(복 복) 왼쪽은 제단(示 보일 시), 오른쪽은 고대 귀족들이 청동기에 아름다운 무늬를 넣어 만든 목이 긴 제사용 술그릇(酉)이다. 제사 지낼 때 신에게 술을 바치는 모습이다. 제사를 드리고 난 술이나 음식은 신(조상)이 찾아와 먹었다고 여겨졌으므로 특별히 길한 의미를 갖는

상나라 시기 코끼리 이빨(상아)로 만든 잔. 상나라 시기 중국 내륙에는 코끼리와 악어 등 따뜻한 지역에 사는 동물들이 살았다.(중국 은허박물관)

다. 이 제사 지내고 난 술을 마시는 것을 음복(飮福)이라 하는데, 음복이란 '복(福)을 마시다(飮)'라는 뜻으로, 조상에게 바친 술을 자신이 마심으로써 조상의 축복이 자신에게 임하는 것을 상징한다(축복, 행복).

음복(복주를 마심)하는 왕의 모습(한국 종묘대제)(전주이씨대동종약원)

富(가멸 부) 위에는 집을 의미하는 宀(집 면), 그 안에 술을 담는 제사 그릇을 의미하는 酉(술 담는 그릇 유)가 있다. 비싼 제사용 그릇을 갖춘 부유한 집을 뜻한다(부유, 부귀).

상나라 시기 제작된 술과 관련된 제기들(중국 은허박물관)

圓(둥글 원) 주변은 '경계'를 의미하는 囗(입 구), 그 안에 주둥이가 동그란 제사용 그릇인 員(수효 원)이 있다. 제사용 그릇의 동그란 주둥이처럼 동그란 것들을 뜻한다(원반, 원탁).

상나라 시기에 제작된 입이 둥근 제사용 청동 그릇과 끝이 동그란 국자(중국 은허박물관)

眞(참 진) 위에는 점치는 도구인 卜(점 복), 그 아래 화려한 모습의 귀한 제사용 청동기인 鼎(솥 정)이 있다. 신에게 제사를 드리고 점을 친 결과는 언제나 거짓이 없이 '진실하다'라는 뜻이다(진리, 진심).

則(법칙 칙곧 즉, 본받을 측) 왼쪽은 제사용 청동 솥인 鼎(솥 정), 오른쪽은 칼(刀 칼 도)이다. 후대에 모범이 되는 내용이나, 지켜야 할 법을 제사용 청동 솥에 새기는 모습이다. 고대 청동기 유물에는 이러한 기록들이 적혀 있다. 법칙, 규칙 등으로 사용된다(원칙, 벌칙, 반칙).

3,000여 년 전 중국 상나라 당시 청동기에 새겨진 글자(중국 하남 성 안양현 은허박물관)

• 不(아닐 불) 다리가 휘어진 술잔

808자	한자	훈&음	한어병음	간체자
468	不	아니 불부	bú	
469	否	아닐 부	fǒu	

不(아닌가 부불) 위는 입이 넓은 그릇, 아래는 그릇 아래를 받치는 세 개의 발이다. 원래 모습은 그릇을 바치는 세 개의 발이 휘어진 모습이었다. 신에게 올리는 제사 때 사용되던 세 발 달린 청동 술잔(杯 잔 배)은 고대에 매우 귀중하고 신

술을 담던 제사용 술잔 杯(잔 배). 조선시대 종묘문묘제례에 사용되 었다.(국립중앙박물관)

성한 물건으로서, 발이 휘어진 모습으로 불길함을 뜻한다. 세 발 달린 청동기를 만들 때는 먼저 진흙으로 원형(틀)을 본뜨게 된다. 진흙으로 원형(틀)을 만들고 말리는 과정에서 발이 휘어져 못쓰게 되는 경우가 생기면 고대인은 이를 '신의 거부', 또는 '부정'을 의미한다고 여겼다. 현재 '아니다', '악하다'의 의미로 사용된다(부족, 불만, 부정).

否(아닐 부) 세 발 달린 제사용 청동기 주물을 만들 때 원형이 되는 진흙 그릇(不 아닐 불)이 구멍(口)이 나거나 금이 간 모습이다. 신이 받아들이지 않는다는 뜻이다(부정, 거부, 부인).

발이 세 개 달린 대형 청동 제기(BC 1046~BC 771)(북경 국가박물관)

• 刀(칼 도) 날카로운 칼

808자	한자	훈&음	한어병음	간체자
470	刀	칼 도	dāo	
471	分	나눌 분	fèn	
472	判	판가름할 판	pàn	判
473	別	나눌 별	bié	别
474	刑	형벌 형	xíng	
475	忍	참을 인	rěn	
476	認	알 인	rèn	认

刀(칼 도) 위는 칼의 손잡이 부분, 왼쪽은 날카로운 칼날(刀 칼날

인), 오른쪽은 칼의 몸을 뜻한다. 날카로운 칼을 그리고 있다(면도, 과도).

分(나눌 분) 위에는 갈라짐을 의미하는 八(여덟 팔), 아래는 칼(刀 칼 도)을 뜻한다. 칼로 자르는 모습이다(분리, 부분, 분야).

判(판가름할 판) 위에는 갈라짐을 의미하는 八(여덟 팔), 그 아래 소(牛 소 우), 오른쪽에 칼(刀 칼 도)이 있다. 제사를 위해 소를 잡아 부위별로 여러 조

상나라 시기 의식용 칼(중국 은허박물관)

각으로 나누는 모습이다. '구별하다', '나누다'의 뜻이다(판단, 심판, 비판).

別(나눌 별) 왼쪽은 살이 붙어 있는 뼈 骨(뼈 골)에서 살(肉 고기 육)을 발라내고 남은 부분이고(冎 뼈 발라낼 과), 오른쪽은 칼(刀 칼 도)이다. 뼈에 붙은 살을 뼈에서 구분하여 발라내는 모습이다(구별, 특별, 별도).

刑(형벌 형) 왼쪽은 기다랗고 넓은 나무 널빤지(干 방패 간)를 죄인의 목에 걸어 누울 수 없게 만든 형구인 칼이고, 오른쪽은 칼(刀 칼 도)이다. 죄인에게 형벌을 가하던 도구들을 뜻한다(형사, 형벌, 사형).

忍(참을 인) 위에는 날카로운 칼날을 의미하는 刃(칼날 인), 그 아래 마음(心 마음 심)이 있다. 날카로운 칼이 마음을 찌르듯 고통스러운 마음을 느끼는 모습이다. '고통스런 마음을 견디다'의 뜻이다(인내, 잔인, 용인).

認(알 인) 왼쪽은 공정한 말을 의미하는 言(말씀 언), 오른쪽은 날카로운 칼(刀 칼 도), 그 아래 진심을 의미하는 心(마음 심)이다. 관청에서 날카롭게

심문하는(言) 관원 앞에서 고통스럽게 사실을 인정하고 말을 하는 모습이다(승인, 인정, 확인).

• 勿(말 물) 피 묻은 칼

808자	한자	훈&음	한어병음	간체자
477	物	물건 물	wù	
478	傷	상처 상	shāng	伤

物(만물 물) 왼쪽은 소(牛 소 우), 오른쪽은 칼(刀)에 피가 묻어 흐르는 모습(勿 말아라 물)이다. 제사 때 제물(祭物)로 쓰는 동물(動物)인 소를 잡는 모습이다. 제사를 위해 사용하는 동물은 소, 양, 새, 호랑이 등 다양했는데, 그중 소는 제사에서

여러 종류의 동물들이 새겨진 청동기(BC 6세기~BC 476)(상해박물관)

중요하고 자주 사용하던 제물로 다른 여러 제물을 대표한다. 제사에 쓰는 여러 제물이란 뜻에서 '사물', '물건' 등의 의미로 사용된다(물질, 동물).

傷(상처 상) 왼쪽은 사람(人), 오른쪽 위는 지붕과 문이 있는 간이 창고 龠(곳집, 덩황하다, 갑자기 창)이다. 그 아래 피가 묻은 칼(勿 말아라 물)이 있다. 간이 창고(龠)는 필요할 때 급히 완성하므로 '갑자기', '급히'라는 뜻이 있다. 다친 사람을 급히 옮겨 응급처치 하는 모습이다(상처, 부상, 상해).

• 且(거듭할 차) 제사용 그릇

808자	한자	훈&음	한어병음	간체자
479	助	도울 조	zhù	

助(도울 조) 왼쪽은 조상에게 제사 지내는 세 칸으로 나뉜 그릇(且 또 차)으로 조상을 의미하고(祖 조상 조), 오른쪽은 힘 센 팔을 의미한다(力 힘 력역). 조상의 혼이 힘을 주고 돕는다는 뜻이다(**협조, 구조, 조언**).

• 卜(점 복) 방향을 지시하는 금

808자	한자	훈&음	한어병음	간체자
480	上	위 상	shàng	
481	下	아래 하	xià	
482	兆	조짐 조	zhào	

上(위 상) 위는 무엇인가 땅에서 높이 솟아 있는 모습이고 아래는 '땅'을 뜻한다. 원래 모습은 땅과 대비되는 하늘을 의미하는 二(두 이)이었으나 이후 세로로 된 횡이 추가된다(**상승, 세상**).

下(아래 하) 위에는 '하늘', 그 밑에 무엇인가 아래로 향해 내려뻗은 모습이다. 원래 모습은 二(두 이)를 거꾸로 하여 하늘과 대비되는 땅의 모습이었으나, 이후 세로로 된 횡이 추가된다(**하락, 지하**).

兆(조짐 조)는 원래 모습은 '갈라짐'을 의미하는 八(여덟 팔)이 위 아래로 두 개 있는 모습이었다. 고대에 거북이 배딱지 또는 소의 어깨뼈에 열을 가해 금이 가는 모습을 보고 길흉을 판단했는데, 이로 인해 '갈라짐'은 '조짐', '징조', '길조' 등의 뜻이 된다.

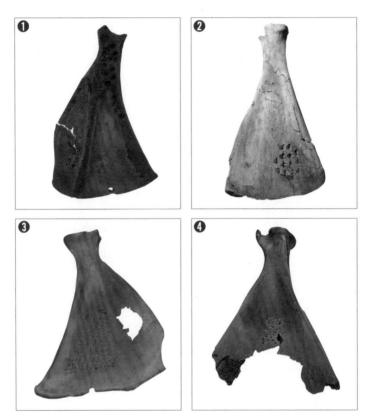

점치는 뼈(복골): 소나 양 등의 넓은 어깨뼈에 흠집을 내고 점을 치던 풍습은 처음에 발해만 북부에서 발전해 중원으로 내려간 뒤 다시 한반도, 일본으로 전파된다. 이를 통해 동이 민족의 이동을 짐작할 수 있다.

① 고조선 지역으로 추정되는 BC 23세기 시작된 하가점하층 문명지역(요서 지역 건평)에서 발견된 점복용 뼈(요령성박물관)

② 상나라(은나라) 시기(BC 16세기~BC 11세기) 중원에서 사용된 점복용 뼈. 상나라 사람들이 동북 고조선 지역에서 황하를 타고 남하한 사실을 증명한다.(은허박물관)

③ 삼한시대에 한반도 남서부(전남 해남 군곡리)에서 사용된 점복용 뼈. 상나라의 이주와 관련이 있는 것으로 보인다.(국립중앙박물관)

④ 삼한시대에 한반도 동남부(부산 기장)에서 사용된 점복용 뼈.(국립경주박물관)

초기 한자가 적힌 거북이의 배딱지. 한자를 발전시킨 상나라(商, BC 1600~BC 1046) 사람들은 흰색을 숭배했기 때문에 동물 흰 뼈나 거북이의 흰 배딱지를 점치는 도구로 사용했고, 점을 친 뒤에 그 내용을 그곳에 기록하기도 하였다.(중국 은허박물관)

• **無(없을 무)** 죽은 사람을 위한 춤

808자	한자	훈&음	한어병음	간체자
483	無	없을 무	wú	无

無(없을 무) 가운데는 큰 사람을 의미하는 大(큰 대), 양쪽에 소리(口 입 구)가 나는 나무(木 나무 목) 악기가 있다. 양 팔을 벌리고 두 손에 나무 악기와 악기에 딸린 장신구를 휘두르는 모습이다. 죽은 사람의 영혼을 위해 춤(舞 춤출 무)을 추며 제사하는 모습이다. '죽은 사람을 위한 춤'의 의미에서 '없다'의 의미로 발전한다 (무료, 무효, 무책임).

1888년 영국 부영사 칼스(W. R. Carles)가 쓴 조선견문기《한국에서의 삶((Life in Korea)》p.302에 보이는 춤추는 조선 여인들

• **者(놈 자)** 제사를 위해 불을 피우다

808자	한자	훈&음	한어병음	간체자
484	者	놈 자	zhě	者
485	暑	더울 서	shǔ	暑
486	著	분명할 저	zhe	著
487	着	붙을 착저	zhe	着
488	諸	모든 제	zhū	诸

者(놈 자) 위는 나무(木)가 불(火)에 타는 모습이고, 아래는 원래 불꽃 모습(火)이었는데, 이후 '흰 빛'을 의미하는 白(흰 백)으로 바뀌었다. 상작불을 피우고 제물을 익히며 제사를 지내는 일반 사람들 모습을 그리고 있다. '사람', '무리' 등으로 사용된다(근로자, 배우자, 기자).

暑(더울 서) 위에 해(日), 가운데 불타는 나무, 아래에 '흰 불꽃(火)'이 변한 白(흰 백)이 있다. 해가 내리쬘 때 제사를 위해 불을 피우고 제문(祭文)을 읽는 모습으로, '덥다'의 뜻이다(피서).

著(분명할 저) 위는 대나무(竹 죽), 아래는 나무에 불을 피우고 제사 지내는 사람(者 놈 자)이 있다. 고대 제사를 지낼 때 삶은 제물(煮 삶을 자)에 대나무 젓가락(箸 젓가락 저)을 꽂아 두는 풍습이 있었다. 이는 신(조상)이 나타나서 드시기 편하게 꽂아 두는 것으로, 때로는 칼을 꽂아 두기도 했다. 신(조상)이 나타나 직접 음식을 먹는다는 신앙이 담겨 있다. 신이 '나타나다', '분명하다'라는 의미에서 '현저하다', '저술(분명히 진술하다)', '저작' 등으로 사용된다(현저, 저술, 저명).

着(붙을 착저)은 위의 著(분명할 저)와 같은 글자였는데 이후 글자체가 지금처럼 변형되었으며, 제물에 신이 깃들어 있다는 신앙에서 '달라붙다'의 의미로 사용된다(도착, 집착, 착수).

諸(모든 제) 공적인 말을 하는 모습(言)과 불을 피워 제물을 삶고 (煮 삶을 자) 제문을 읽는 모습이다. 제사를 지내기 위해 불을 피우고 제물을 삶은 뒤, 제사 지내는 사람들 모두가 한마디씩 제문(축문)을 읽거나 말하는 모습으로, '모두', '여러' 등의 뜻이다(제후, 제도).

9) 학문

• 一(한 일) 점치는 나뭇가지 하나

808자	한자	훈&음	한어병음	간체자
489	一	하나 일	yī	
490	二	둘 이	èr	
491	三	셋 삼	sān	
492	百	일백 백	bǎi	

一(한 일) 二(두 이) 三(석 삼) 고대 점을 치거나 계산을 하던 나뭇가지(산가지)가 하나, 둘, 셋 쌓인 모습이다.

점을 치거나 계산을 하는 데 사용한 산가지와 산통(국립중앙박물관)

百(일백 백) 위에 최고를 상징하는 一(한 일), 그 아래 머리가 희끗한 어른이나 장자(伯 맏 백)를 의미하는 白(흰 백)이 있다. 숫자 중 높은 숫자로, '일백(100)', '모든' 등을 뜻한다(백성, 백화점).

- **五(다섯 오)** 우주의 다섯 가지 요소

808자	한자	훈&음	한어병음	간체자
493	五	다섯 오	wǔ	
494	語	말씀 어	yǔ	语
495	悟	깨달을 오	wù	

五(다섯 오) 위와 아래에 하늘과 땅을 의미하는 횡이 두 개 있고 (二 두 이), 그 사이에 교차를 의미하는 X 모양이 있다. 하늘과 땅 사이에 존재하는 우주의 다섯 가지 기본 구성 요소인 5행이 서로 교차하는 모습을 뜻한다. 5행은 서로 순환하거나 상극하는 다섯 가지 요소인, 나무(木), 불(火), 흙(土), 쇠(金), 물(水)을 뜻한다.

語(말씀 어) 왼쪽에 공적인 말을 의미하는 言(말씀 언) 오른쪽에 여러 가지 요소가 서로 교차함을 의미하는 五(다섯 오), 그리고 말을 의미하는 口(입 구)가 있다. 공적이고 심오한 말을 서로 교대로 대화하는 모습을 묘사한다(언어, 국어, 단어).

悟(깨달을 오) 왼쪽은 심장을 의미하는 心(마음 심), 오른쪽은 우주의 운행원리인 5행의 심오한 철학을 말하는 모습(吾 나, 글 읽는 소리 오)이다. 마음속으로 진리를 깨닫는다는 뜻이다(각오, 대오(크게 깨달음)).

• 八(여덟 팔) 여러 개로 갈라진 갈퀴살

808자	한자	훈&음	한어병음	간체자
496	八	여덟 팔	bā	
497	公	공평할 공	gōng	

八(여덟 팔) 둘 사이가 갈라진 모습이다. 이 글자 아래에 칼(刀 칼 도)이 있으면 칼로 나눈다는 의미의 分(나눌 분)이 된다. 八과 같은 의미로 사용되는 한자들에 '갈퀴', '긁어모으다'라는 뜻이 있는 것을 볼 때 갈퀴살의 개

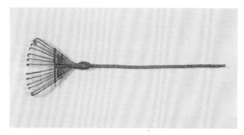

갈퀴: 나뭇잎이나 검불 따위를 긁어모으는 데 사용되는 도구(국립민속박물관)

수 8개를 의미하는 것으로 해석된다. 또는 8개로 구분되는 점치는 기호인 팔괘(八卦)를 의미할 수도 있다. 태극기 문양으로도 사용된 팔괘는 인간계의 모든 현상을 8개의 상으로 '나누어' 표시한 것이다.

公(공변될 공) 양 옆에 갈라짐을 의미하는 八(여덟 팔), 그 아래 아직 태어나지 않은 태아(胎 아이밸 태)가 머리를 아래로 향하고 있는 모습인 厶(사사로울 사)가 있다. 남들 몰래 남녀가 사통(私通)하여 임신한 사생아(私生兒)를 묘사하며, 개인적인 욕심을 뜻한다. 개인적 욕망(厶)을 잘라내고 떼어 낸(八)다는 의미로 공적이고 객관적인 것을 말한다(공공, 공무원, 공평).

• 十(열 십) 매듭지은 줄

808자	한자	훈&음	한어병음	간체자
498	十	열 십	shí	
499	計	셀 계	jì	计
500	世	인간, 세대 세	shì	

十(열 십) 세로획은 동아줄, 가로획은 한 번 매듭지은 모습이다. 원래는 여러 매듭을 지을 수 있는 동아줄을 의미하는 l 모양이 10을 의미했으나, 이후 한 번 매듭지은 모습의 가로획이 추가된다. 고대에는 매듭을 지어 숫자나 날짜를 기록했다.

計(꾀 계) 왼쪽은 공적인 말을 의미하는 言(말씀 언), 옆에 매듭으로 숫자를 기록하기 위한 동아줄인 十(열 십)이다. 공적인 일을 추진하면서 계산하고 계획한다는 뜻이다(총계, 계략).

世(대 세)는 나아감을 의미하는 발자국 모양의 止(발 지)와, 10을 의미하는 十(열 십)이 동시에 세 개 합쳐진 모습이다. 30년이 지나갔음을 뜻한다. 태어나 어른이 되어 부모 일을 계승할 때까지의 기간인 30년, 즉 한 세대를 상징한다(세대, 세상)

• 기타 숫자 집, 별, 갈고리

808자	한자	훈&음	한어병음	간체자
501	六	여섯 륙육	liù	
502	七	일곱 칠	qī	
503	九	아홉 구	jiǔ	

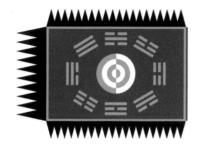

왼쪽: 태극기의 모태인 조선 왕의 깃발 도안인 태극팔괘도(위키피디아)

오른족: 1882년 고종의 지시로 제작된 태극기. 가운데 원은 만물을 생성시키는 음과 양을 의미하고, 주변의 4괘는 자연계를 상징하는 8괘 중 선택한 것으로 하늘, 땅, 물, 불을 뜻한다. 이 괘가 두 개 겹쳐져 여섯 개의 횡이 나열된 것을 6효라 하며 점을 치는 기호로 사용된다.(위키피디아)

六(여섯 륙육)은 지붕이 있는 집을 뜻한다. 집은 사람과 기물을 포용한 작은 우주(宇宙) 같아서, 우주의 원리를 점치는 책인 고대 점복서인《주역》에 자주 등장한다.《주역》에서 육효(六爻)란 여섯 가지 획수로 된 점치는 기호를 말하는데, 태극기의 괘를 두 개씩 합친 모습이다. '6'은 주역에서 하나의 갖추어진 '집'과 같으므로 집 모습이 여섯을 의미하게 된다.

七(일곱 칠) 자루가 달린 국자 모양(斗 말 두)의 일곱 개 별인 북두칠성을 뜻한다. 고대인들은 북두칠성의 일곱 별이 인격화한 신으로서, 농사와 인간의 생사화복을 주관한다고 믿었다.

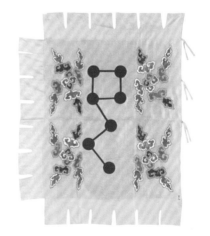

북두칠성기: 조선시대 대장이 지휘하던 깃발. 왕의 수레 앞에 받들기도 했던 권위 있는 깃발이다.(국립고궁박물관)

九(아홉 구) 위는 손 모양
(又)이고, 아래는 구부러진 갈고리를 뜻
한다. 손으로 갈고리를 잡고 무엇인가
강제로 잡아당기는 모습이다. 고대인은
홀수가 짝이 맞지 않아 변화하고 활동
적인 숫자라 생각했고(양수), 짝수는 짝
을 이루고 있으므로 안정된 숫자라 여
겼다(음수). 변화하는 홀수(양수) 중에

상나라 시기에 사용된 여러 개의 쇠고
리가 달린 무기 '비구(飛鉤 날아다니
는 쇠갈고리)'(중국 은허박물관)

서도 가장 큰 변화를 나타내는 9는, 평평한 一(일)을 크게 변화시켜(구부
려) 동그랗게 만든 고리인 九(구)로 표현했다. 이런 철학적 의미 이외에 갈
고리가 여러 개 달리고 끈을 묶어 던져서 적군의 수레나 배 등을 잡아채거
나 적의 성에 오를 때 사용하던 청동 무기인 비구(飛鉤 멀리 날리는 쇠갈고
리)로도 해석할 수도 있다.

- **古(옛 고)** 동아줄처럼 이어지는 말

808자	한자	훈&음	한어병음	간체자
504	古	옛 고	gǔ	
505	居	살 거	jū	
506	故	옛 고	gù	
507	苦	쓸 고	kǔ	
508	固	굳을 고	gù	
509	個	낱 개	gè	个

古(옛 고) 위에는 연속되는 숫자를 표시하기 위해 매듭지어 놓은

동아줄 모습(十 열 십), 아래에 입(口 입 구)이 있다. 여러 세대에 걸쳐(十) 전해진 말이나 지식(口)을 뜻한다(고대, 고전).

居居(있을 거) 위에는 편하게 옆으로 누워 있는 사람 모습인 尸(주검 시), 그 아래 여러 세대를 의미하는 古(옛 고)가 있다. 여러 대에 걸쳐 사람 이 편히 쉬는 곳이란 의미로, 주거지를 뜻한다(거주, 주거).

故故(옛 고) 왼쪽은 오랜 세대 이어지는 말을 의미하는 古(옛 고), 오 른쪽은 도구를 들고 있는 손(攵=攴 칠 복)이다. 예로부터 내려오는 성현의 말씀(古)을 실천하도록 강요하는(攵) 모습이다. '고대로부터 내려온 고인 의 훈계'이므로 '옛날', '돌아가신 분'이라는 뜻이 있고, 사람들을 움직이게 하므로 '원인'의 의미가 추가된다(고인, 고향, 연고, 고의).

苦苦(쓸 고) 위에는 풀(艹 풀 초)이 있고, 아래에 오랫동안 이어짐을 의미하는 古(옛 고)가 있다. 씀바귀 같은 쓴 풀을 먹고 나서 쓴 맛이 입 안 에 오랫동안 지속되는 것을 뜻한다(고통, 고민, 고난).

固固(굳을 고) 바깥 부분에 사방이 막힌 모습인 囗, 안에 오래 지속됨 을 의미하는 古(옛 고)가 있다. 사방에 성을 견고하게 쌓고 오랫동안 지킨 다는 뜻이다. '굳다', '단단하다'의 뜻이다(고집, 견고, 고유).

個(낱 개)는 원래 속이 비었지만 겉은 단단하고 오래가는(固 굳을 고) 대 나무(竹)를 세는 단위 箇(낱 개)였다. 이후 箇(개) 위의 대나무(竹) 대신 사 람(人)으로 대체되면서 사람이나 일반 물건을 하나씩 세는 단위로 바뀌게 되고, '낱개'의 의미로 사용된다(개인, 개성).

10) 전쟁

• **車(수레 차)** 전쟁용 수레

808자	한자	훈&음	한어병음	간체자
510	車	수레 차거	chē	车
511	連	잇닿을 련연	lián	连
512	輕	가벼울 경	qīng	轻
513	軍	군사 군	jūn	军
514	運	옮길 운	yùn	运

車車(수레 차거)는 말이 끄는 전쟁용 수레(전차)를 그리고 있다. 원래는 바퀴가 두 개 있는 수레 모습이었는데, 글자가 복잡하여 가운데에 바퀴 하나를 그리고 수레를 상징하게 된다(자동차, 자전거).

신라시대 수레(전차)(국립경주박물관)

連連(잇닿을 련연) 왼쪽은 진행을 의미하는 辶(쉬엄쉬엄 갈 착), 오른쪽은 수레가 있다. 전쟁용 수레 여러 대가 길을 따라 줄을 지어 지나가는

마차를 몰며 행군하는 모습(BC 8세기~BC 3세기)(중국 북경 수도박물관)

모습이다. '잇닿다', '이어지다'의 뜻이다(연결, 연락, 연휴).

輕(가벼울 경) 왼쪽은 전쟁용 수레, 오른쪽은 세로로 곧게 뻗은 날실이 여러 가닥 달려 있는 베틀 또는 실을 뽑는 물레를 의미하는 巠(물줄기 경)이 있다. 물레는 바퀴로 되어 날렵하게 돌아가며 솜이나 털로 실을 자아 실타래를 만드는 도구이다. 빠르게 돌아가는 물레바퀴나 수레의 바퀴가 경쾌하고 빠르게 돌아가는 모습을 묘사하고 있다. '가볍다'는 뜻이다(경박, 경솔, 경차).

물레: 솜이나 털 등을 자아서 실을 만드는 전통기계(국립민속박물관)

軍(군사 군) 가운데는 장군이 타고 있는 전쟁용 수레(전차)이고, 전차를 둘러싸고 있는 것(勹 쌀 포)은 병사들이 전차를 사방에서 호위하며 전진하는 모습을 간단히 그린 것이다(군사, 군대).

運(돌 운) 왼쪽은 진행을 의미하는 辵(쉬엄쉬엄 갈 착), 오른쪽은 전차(車)를 중심으로 주변에 호위하고(勹 쌀 포) 행진하는 병사들이다. 말이

말이 끌었던 상나라 시기(BC 16세기~BC 11세기) 마차. 말과 마부가 왕의 장례에 순장으로 함께 묻혔다.(중국 은허박물관)

끄는 전차를 중심으로 병사들이 큰 길을 따라 진군하는 모습이다(운반, 운동, 운전, 행운).

- **兩(두 량)** 두 마리 말이 끄는 수레

808자	한자	훈&음	한어병음	간체자
515	兩	둘 량양	liǎng	两

兩(두 량양) 위는 말을 끄는 고삐이고, 그 아래는 수레와 말을 연결하는 끈이다. 그 안에 말에 씌우는 멍에(入)가 두 개 있다. 두 마리의 말이 끄는 전차를 뜻한다(양면, 양극).

멍에: 소나 말에게 씌워 달구지나 쟁기를 끌 수 있게 하는 도구(국립민속박물관)

• 中(가운데 중) 가운데 깃발

808자	한자	훈&음	한어병음	간체자
516	中	가운데 중	zhōng	
517	忠	충성 충	zhōng	

中(가운데 중) 세로로 세워진 것은 화려한 장식을 한 깃발이고, 가운데는 북에서 나는 북소리(口 입 구)를 뜻한다. 군대의 전진과 후진, 공격을 알리던 북은 군대를 움직이는 중심이었다. 군대의 깃발이 꽂힌 중심 되는 지역(口 입 구)으로 해석할 수도 있다. '가운데'를 뜻한다(중간, 중심, 집중).

전국시대(BC 403~BC 221) 戰士(전사)의 모습. 中(중)자의 모습을 한 깃발을 땅에 세워 두고 깃발 가운데에 있는 북을 치고 있다.(북경 수도박물관)

忠(충성 충) 위에는 중심을 의미하는 中(가운데 중), 아래는 심장, 마음을 의미하는 心(마음 심)이다. 중심 되는 사람, 즉 왕을 향한 진실한 마음을 뜻한다(충성, 충실, 충고).

- **㫃(깃발 언) 군대를 인솔하는 깃발**

808자	한자	훈&음	한어병음	간체자
518	旅	여행 려여	lǚ	
519	施	베풀 시	shī	
520	遊	놀 유	yóu	游
521	族	겨레 족	zú	

旅(여행 려여) 왼쪽과 위에 행군 시 군인들이 들던 깃발(㫃 깃발 나부낄 언)이 있고, 그 아래 사람들이 따르고 있다(從 좇을 종). 병사들이 깃발을 좇아 행군하는 모습으로, 옛날에 군인 500명을 旅(여)라 했다. 현재는 주로 먼 길을 떠나는 여행의 의미로 사용된다(여행, 여단, 여정).

깃발을 들고 행진하는 병사들(조선시대)(국립중앙박물관)

施(베풀 시) 왼쪽과 오른쪽 위에 깃발(㫃 깃발 나부낄 언)이 있고, 오른쪽 아래 심장을 의미하는 心(마음 심)이 있다. 깃발이 널리 펄럭이듯이 마음을 넓게 편다는 뜻에서 '널리 혜택을 주다'의 뜻으로 사용된다(시행, 실시, 시설).

遊(놀 유) 왼쪽은 흐르는 물(水 물 수)을 의미하고, 가운데는 깃발이 나부끼는 모습(㫃 깃발 나부낄 언)으로 '이동'을 상징하며, 오른쪽 아래에 아이(子 아들 자)가 있다. 전쟁을 위해서 먼 곳으로 이동한다는 뜻의 旅

(군사 려)와 달리 아이들이 마을 근처에 있는 가까운 물가로 이동하여 노는 모습이다. 이후 글자 왼쪽의 물(水 물 수)이 이동을 의미하는 辶(쉬엄쉬엄 갈 착)로 바뀌어 '놀러 나가다'라는 의미를 강조한다(유희, 유람, 유학).

族(겨레 족) 왼쪽은 깃발을 의미하는 㫃(깃발 나부낄 언) 그 아래 화살을 의미하는 矢(화살 시)가 있다. 전쟁 시에 한 깃발 아래 모인 사람들이 함께 화살을 쏘는 모습이다. 같은 편을 뜻한다(민족, 부족, 귀족).

전국시대 다양한 무기를 들고 전쟁을 하는 모습(북경 수도박물관)

• 斤(도끼 근) 도끼

808자	한자	훈&음	한어병음	간체자
522	近	가까울 근	jìn	近
523	兵	군사 병	bīng	
524	新	새 신	xīn	

近(가까울 근) 왼쪽은 진행을 의미하는 辶(=辵 쉬엄쉬엄 갈 착), 오

른쪽은 세워진 나무를 도끼로 내리치는 모습이다(斤 도끼 근). 나무에 바짝 다가가 도끼로 나무를 찍는 모습으로 '가깝다'의 뜻이다(최근, 접근, 친근).

兵(군사 병) 위에는 꺾인 나무, 그 아래 두 손으로 도끼를 들고 있는 모습이다. 도끼처럼 상대방에게 상해를 입힐 수 있는 무기, 또는 무기를 든 병사를 뜻한다(병사, 파병, 병기).

상나라 시기 무기들, 창자루에 가로로 꽂는 창 과(戈), 창자루 끝에 꽂는 창 모(矛), 칼(刀)(중국 은허박물관)

新(새 신) 왼쪽은 날카로운 창을 의미하는 辛(매울 신), 그 아래 나무를 의미하는 木(나무 목), 오른쪽에 나무를 도끼로 자르는 모습의 斤(도끼 근)이 있다. 나무로 된 기다란 창자루를 갈아 끼우기 위해 나무를 새로 다듬는 모습이다. '새롭다'의 뜻이다(신문, 혁신, 신설).

상나라 시기 제작된 도끼 모양의 도구
(중국 은허박물관)

• **弗(아닐 불)** 나무줄기 여러 개를 묶은 모습

808자	한자	훈&음	한어병음	간체자
525	佛	부처 불	fó	
526	弟	아우 제	dì	
527	第	차례 제	dì	
528	姊	누이 자	zǐ	중국 상용자 姐[jiě]

佛(부처 불) 왼쪽은 사람(人 사람 인)이고, 오른쪽은 두꺼운 끈인 己(자기 기)으로 기다란 나무들을 함께 묶어 놓은 모습이다(弗 아닐 불). 창자루를 만들기 위해 휘어지고 비뚤어진 나무를 여러 개 단단히 묶어 바르게 펴는 모습인데, 현재는 부처(불타 佛陀), 또는 프랑스(불란서 佛蘭西)를 줄여 불(佛)이라 표현한다(불교, 불경).

弟(아우 제) 가운데 창(戈 창 과)이 있고 창자루에 두꺼운 끈(己)이 묶여 있다. 나무로 된 창자루가 잘 부러지지 않도록 두꺼운 끈으로 칭칭 감아 놓은 모습이다. 끈으로 창자루를 감을 때 위에서부터 순서대로 점차 내려오므로 순서상 뒤에 태어난 '동생', 또는 스승을 이은 '제자'라는 의미로 사용되고 있다(형제, 제자, 매제).

第(차례 제) 위에 대나무(竹 대 죽)가 있고 아래에 창자루를 끈으로 감은 모습의 弟(아우 제)가 있다. 창자루에 끈을 가지런히 순서대로 감듯이, 대나무를 얇게 잘라 하나씩 순서대로 묶어 책을 만드는 모습이다. '순서'의 의미로 사용된다(제일, 급제, 낙제).

姊(손윗누이 자)는 원래 여자(女)가 곡식이 익은 벼(禾 벼 화)처럼 다 자란 모습을 그린 글자였으나, 이후 벼(禾) 대신 '순서'를 의미하는 끈을 감는 모습(弟)으로 바뀌었다. '순서상 위에 있는 여자', 즉 누나, 언니를 뜻한다(자매, 자형).

808자	한자	훈&음	한어병음	간체자
529	務	일 무	wù	务
530	柔	부드러울 유	róu	

務(일 무) 왼쪽은 기다란 창자루가 부러지지 않도록 질긴 풀인 띠 (茅 띠 모)를 감은 창의 모습이고(矛 창 모), 오른쪽 위는 날카로운 도구를 들고 있는 손(攵 칠 복), 그 아래는 힘을 쓰는 모습(力 힘 력)이다. 창자루가 부러지지 않게 단단히 끈으로 감고 창날을 창자루에서 빠지지 않게 힘껏 끼우는 모습이다. 전쟁에 대비해 창을 힘들여 정성껏 만드는 장면으로 '힘 쓰다', '공적인 일' 등의 의미로 사용된다(업무, 임무, 공무원).

柔(부드러울 유) 위에는 창자루에 끈을 감은 기다란 창(矛 창 모), 아래에 나무(木)가 있다. 창자루로 사용되는 나무는 탄력이 있고 잘 부러 지지 않는 나무로 만들어야 충격을 견딜 수 있다. 창자루의 재료가 되는 잘 휘는 나무라는 뜻에서 '부드럽다'의 의미로 사용된다(유연, 온유, 유약).

· 戈(창 과) 창날이 수직으로 달린 창

808자	한자	훈&음	한어병음	간체자
531	國	나라 국	guó	国
532	伐	칠 벌	fá	
533	戰	싸울 전	zhàn	战

國(나라 국) 밖에는 경계를 의미하는 口, 그 안에 창날이 수직으로

달린 창(戈 창 과), 그리고 성(城)의 입구(口)를 의미하는 작은 口이 있다(或 혹시 혹). 병사가 성벽으로 둘러싸인 성의 입구에서 창을 들고 지키는 모습이다. 병사가 왕을 지키는 성을 의미하는데, 이후 '나라'의 의미가 된다(국가, 국민).

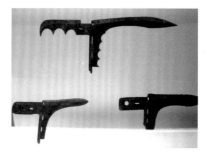
창자루에 창날을 가로로 끼운 창 戈(과) (전국시대, BC 403~BC 221)(상해박물관)

伐(칠 벌) 왼쪽은 사람(人) 오른쪽은 창날이 수직으로 된 창(戈 창과)이 있다. 창 날로 사람을 베는 모습이다(정벌, 벌목, 토벌).

戰(싸울 전) 왼쪽은 돌을 던지는 무기인 單(홑 단), 오른쪽은 창날이 창자루와 수직으로 된 창인 戈(창 과)이다. 무거운 돌(彈 탄알 탄)을 멀리 쏘는 무기인 탄궁(彈弓)과 창으로 어지럽게 전쟁을 하는 모습이다(전쟁, 도전, 전략).

BC 475~BC 4세기 중엽 전쟁 모습(상해박물관)

- **我**(나 아) 병사를 모집하는 깃발

808자	한자	훈&음	한어병음	간체자
534	我	나 아	wǒ	
535	義	옳을 의	yì	义
536	議	의논할 의	yì	议

我(나 아) 왼쪽은
세 가닥의 기다란 천을 매단 깃발
(勿 말다 물)이고, 오른쪽은 자루가
긴 창(戈 창 과)이다. 창에 매달려
휘날리는 세 가닥으로 된 깃발을
그리고 있다. 고대에 적과 전쟁을
하기 위해 사람들을 모을 때 勿
(말다 물)이라는 깃발을 사용했다.
창에 매달려 휘날리는 깃발을 보
고 모인 사람들은 적의 잘못된 점

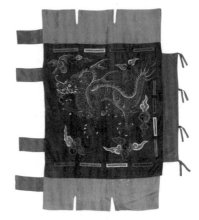

조선시대 창에 묶어 달았던 군기 청룡기(국
립고궁박물관)

을 비판하고 뜻을 하나로 모아 전쟁에 참가하게 된다. 뜻이 같은 사람들을
징집하는 깃발이라는 의미에서 '우리', '나'라는 의미가 된다(자아, 아군(우
리 군), 아집).

義(옳을 의) 위에는 양을
의미하는 羊(양 양), 아래는 같은
깃발 아래 모인 군대(我 나 아)이
다. 군인을 모집하고 출정하기 전,
양을 바쳐 신에게 제사를 지낸 결

돌 양: 무덤이나 건물 앞에 세워 사악함을
물리치는 역할을 했다(국립민속박물관)

과가 상서롭고 길함을 의미한다(祥 상서로울 상). 전쟁을 하려는 목적이 신의 뜻, 즉 대의(大義)에 맞고 공정함을 상징한다(정의, 의무, 의리).

議議(의논할 의) 왼쪽은 냉정한 창(辛)처럼 공정한 말(口)을 의미하는 言(말씀 언), 오른쪽은 군대를 소집하고 신에게 제사를 드리며 전쟁의 정의로움을 확인하는 의미의 義(옳을 의)이다. 전쟁의 필요성과 명분 등에 대해 각자 공정하고 합당한 의견을 제시하고 논의하는 모습이다(협의, 논의, 회의).

• **戊**(다섯째천간 무) 날이 큰 도끼

808자	한자	훈&음	한어병음	간체자
537	成	이룰 성	chéng	
538	城	성 성	chéng	
539	盛	담을 성	shèng	
540	誠	정성 성	chéng	诚

成成(이룰 성) 왼쪽에 성(城)을 의미하는 口(입 구), 오른쪽에 왕권의 상징인 큰 날이 달린 무기(戉 도끼 월)가 있다. 왕이 신의 뜻에 따라 한 나라를 정복하고 바르게 다스림을 뜻한다(성취, 성공, 성적).

왕의 권위를 상징하던 큰 도끼 모양 무기(戉 도끼 월)(BC 18세기 ~BC 16세기)(상해박물관)

城城(성 성) 왼쪽은 흙(土 흙 토), 오른쪽은 왕이 다스리는 성의 모습(成 이룰 성)이다. 흙으로 된 성벽이 있는 성을 뜻한다(성곽, 농성, 성문).

盛(담을 성) 위에는 당당한 성취, 점령을 의미하는 成(이룰 성), 그 아래 제사용 그릇인 皿(그릇 명)이다. 제물로 그릇 전체를 가득 채워(成) 쌓아 놓은 모습이다(무성, 왕성, 풍성).

誠(정성 성) 왼쪽은 공적인 말을 의미하는 言(말씀 언), 오른쪽은 성취를 의미하는 成(이룰 성)이다. 자신이 한 말을 성실하게 이루어나감(成)을 뜻한다(성실, 정성, 충성).

- **戌**(개띠해 술) 권위를 상징하는 큰 도끼

808자	한자	훈&음	한어병음	간체자
541	感	느낄 감	gǎn	
542	減	덜 감	jiǎn	减
543	威	위엄 위	wēi	

感(느낄 감) 위에는 국가나 성(城 성 성)을 의미하는 口(입 구)와 왕권의 상징인 큰 도끼 戊(도끼 월)로 이루어진 成(이룰 성), 그 아래 마음을 의미하는 心(마음 심)이 있다. 왕이 다스리는 나라의 모든 국민(咸 다 함)이 왕의 성취와 의로 다스림에 대한, 마음으로부터 감사나 감동을 느끼는 것을 뜻한다(감사, 감정, 민감, 감동).

減(덜 감) 왼쪽은 물(水 물 수), 오른쪽은 왕이 다스리는 국가(國 나라 국)나 지역(域 지경 역) 전체를 의미하는 咸(다 함)이다. 홍수에 의해 왕이 다스리는 국가의 영토가 침수되어 줄어들게 됨을 뜻한다. 중국은 평지가 광활하여 한 번 홍수가 나면 광활한 평원이 침수되고 농경지나 거주지가 크게 피해를 보곤 하였다(감소, 감면, 증감).

威威(위엄 위) 권위를 상징하는 큰 날이 달린 창(戌 도끼 월)과 그 안에 여자(女 여자 여)가 있다. 집안의 여자 중 가장 권위가 높은 여자인 시어머니를 뜻한다(위엄, 권위, 위세, 위협).

• 弓(활 궁) 휘어진 활

808자	한자	훈&음	한어병음	간체자
544	弓	활 궁	gōng	
545	弱	약할 약	ruò	弱
546	引	끌 인	yǐn	

弓弓(활 궁) 활시위가 풀린 활이 휘어진 모습이다 (양궁, 궁술).

弱弱(약할 약) 활을 의미하는 弓(활 궁)과 활 양쪽 끝에 묶는 끈인 활시위(활줄)가 여러 겹 겹쳐진 모습의 彡(터럭 삼)이 있다. 여러 겹으로 실을 꼬아 만든 활줄이 끊어져 여러 갈래로 풀어진 모습이다. 강한 활을 지탱하기 위해서는 강한 활줄이 필요하므로 활줄은 실(명주실)을 여러 겹 꼬아 만들었다. 이 활줄이 약해 끊어지면 실이 마치 머리카락처럼 여러 갈래로 흩어지게

활(조선)(국립민속박물관)

된다. 활을 버티지 못하고 끊어진 약한 활줄이라는 의미에서 '약함'을 뜻한다(나약, 약자, 노약자).

활 쏘는 모습(조선시대, 단원풍속도)(국립중앙박물관)

引(끌 인) 왼쪽은 활(弓 활궁), 오른쪽은 화살을 뜻한다. 활에 화살을 걸고 잡아당기는 모습이다. '끌어당기다'의 뜻이다(유인, 인상, 할인).

• 矢(화살 시) 화살

808자	한자	훈&음	한어병음	간체자
547	短	짧을 단	duǎn	
548	知	알 지	zhī	
549	備	갖출 비	bèi	备

短(짧을 단) 왼쪽은 화살(矢 화살 시), 오른쪽은 굽이 높은 그릇 모양(豆 제기 이름 두)이다. 과거 활과 화살은 일정한 길이의 기준이었는데, '긴 것'은 '활'로, '짧은 것'은 '화살'로 기준을 삼았다. 화살 옆에 높은 다리가 달린 그릇(豆)은 과녁 모양이 변형된 것으로, 과녁을 향해 쏘는 화살을 의미하고 있다. 화살처럼 활보다 상대적으로 '짧은 길이'를 뜻한다(단축, 단기, 단점).

知(알 지) 왼쪽은 화살(矢 화살 시), 오른쪽은 입(口 입 구)이다. 말을 할 때 화살처럼 정확하게 표현하는 모습이다. 자신이 아는 내용에 대해 화살을 과녁에 정확히 맞히듯 정확히 표현한다는 의미에서 '잘 알다'로 사용된다(지식, 지혜, 지능).

備(갖출 비) 왼쪽은 사람(人 사람 인), 오른쪽은 화살촉이 아래로 향하여(至 이를 지) 담겨 있는 통(桶 통 통, 筒 대롱 통)이다. 사람이 전통(箭筒: 화살 담는 통)에 화살을 담아 메고 있다. 언제든지 전쟁할 수 있도록 화살을 화살통에 꽂아 둔 모습으로, '갖추다', '준비하다'의 뜻이다(준비, 대비, 장비).

화살통과 화살(조선시대)(문화재청)

• **至(이를 지)** 땅에 박힌 화살

808자	한자	훈&음	한어병음	간체자
550	至	이를 지	zhì	
551	室	집 실	shì	
552	屋	집 옥	wū	
553	到	이를 도	dào	
554	致	보낼 치	zhì	

至(이를 지) 위는 거꾸로 된 화살(矢 화살 시), 아래는 화살이 박힌 곳이다(一). 화살이 멀리 날아가 땅에 박힌 모습이다. '이르다', '다하다'의 뜻이다(지극, 지독).

상나라 시기 청동으로 제작된 화살촉들
(중국 은허박물관)

室(집 실) 위에는 집을 의미하는 宀(집 면), 그 안에 화살이 거꾸로 박힌 모습의 至(이를 지)가 있다. 至(이를 지)는 멀리 끝에 다다름을 의미하므로 집 안 깊이 들어가 있는 작은 방을 표현한다(침실, 실내, 교실).

屋(집 옥) 왼쪽은 편안하게 누워 있는 모습의 尸(주검 시), 그 아래 거꾸로 박힌 화살인 至(이를 지)가 있다. 밖에 나갔던 사람이 집에 도착하여(至) 편히 쉬는 모습으로, 쉴 수 있는 곳인 집을 뜻한다(가옥, 옥상, 한옥).

到 왼쪽은 화살이 날아가 땅에 박힌 모습(至 이를 지), 오른쪽은 땅에 박힌 화살을 줍기 위해 다가가는 사람 모습(人 사람 인)이다. 화살이 있는 곳에 도착하여 화살을 뽑는 모습을 묘사하고 있는데, 이후 오른쪽 사람(人)을 칼(刀)로 잘못 기록하여 사용된다(도착, 도달).

致(보낼 치) 왼쪽은 멀리 쏘아 땅에 박힌 화살(至 이를 지), 오른쪽은 거꾸로 된 발자국을 의미하는 夊(뒤져올 치)이다. 멀리 쏜 화살들을 거두어 화살을 쏜 사람(주인)에게 바치는 모습이다. 夊(뒤져올 치)는 이후 攵(칠 복)로 오기되어 사용된다. '도달하다', '보내다'의 뜻이다(치명, 이치, 치하, 일치).

• 夬(터놓을 쾌) 가운데가 파인 깍지

808자	한자	훈&음	한어병음	간체자
555	決	터질 결	jué	决
556	快	유쾌할 쾌	kuài	

決(터질 결) 왼쪽은 물(水), 오른쪽은 위에 칼(刀)이 있고, 그 아래

날카로운 도구를 든 손(攴 칠 복)
이 있다. 옥이나 돌의 가운데를
파내어 두꺼운 반지 모양 물건
인 깍지를 만드는 모습이다(夬

깍지(대한제국)(국립민속박물관)

터놓을 쾌깍지 결). 깍지는 활시위를 당길 때 엄지손가락에 끼는 도구로, 활
시위를 당길 때 깍지에 걸면 편리하게 당길 수 있다. 깍지처럼 구멍이 뚫
린 곳으로 물이 거세게 쏟아져 나오는 모습으로 막혀 있던 곳을 뚫어 물이
흐르게 하는 것을 묘사한다(해결, 판결, 결정).

快(유쾌할 쾌) 왼쪽은 마음(心 마음 심), 오른쪽은 막힌 곳을 칼로
뚫는 모습이다(夬 터놓을 쾌깍지 결). 오랫동안 옥이나 돌을 힘들게 갈아 가
운데 구멍을 뚫었을 때 느끼는 통쾌한 마음을 뜻한다(유쾌, 상쾌, 쾌거).

• 亡(망할 망) 부러진 칼

808자	한자	훈&음	한어병음	간체자
557	亡	망할 망	wáng	
558	忘	잊을 망	wàng	
559	忙	바쁠 망	máng	
560	喪	죽을 상	sàng	丧

亡(망할 망) 왼쪽은
칼(刀 칼 도), 오른쪽 끝에 칼날
이 잘라진 모습을 의미하는 세
로로 된 획(丨)이 있다. 칼이 부

상나라 시기 칼(중국 은허박물관)

러져 못쓰게 된 모습이다. '망하다', '도망하다', '잃다'의 의미로 사용된다 (사망, 도망, 멸망).

忘(잊을 망) 위에는 칼날이 부러져 망가진 모습의 亾(=亡 망할 망), 아래는 마음(心 마음 심)이다. 마음이 망가졌다는 뜻으로, '잊어버림'을 뜻한다(망각, 건망증).

忙(바쁠 망)은 위의 글자와 동일하게 마음(心 마음 심)과 亡(망할 망)으로 이루어져 있다. 귀중한 칼이 부러져 당황하고 황급한 모습을 뜻한다(망중한, 분망).

喪(죽을 상) 위에는 달려가는 사람 모습(走 달릴 주)과 입 두 개(口 입구), 아래는 칼이 부러져 망가진 모습의 亾(망)이다. 사람이 떠나(走) 없어져(亡) 소리 내어 우는 모습(口)을 비유한다. '죽다'의 뜻이다(상실, 상가, 문상).

11) 정치

- **王(임금 왕)** 하늘과 사람과 땅을 연결하다

808자	한자	훈&음	한어병음	간체자
561	王	임금 왕	wáng	
562	皇	임금 황	huáng	

王(임금 왕)은 원래 왕이 권위의 상징으로 들던 큰 도끼로, 위에는

손잡이, 아래는 날이 넓은 도끼 모습이었다. 이후 글자 모양이 점차 지금처럼 변하여 맨 위의 획(一)은 하늘, 그 아래는 사람(大), 그 아래는 땅(一)이라 해석하기도 한다. 하늘과 사람과 땅을 연결하는 사람, 곧 왕을 뜻한다.

皇(임금 황)을 보면 위에는 머리가 흰 집안의 가장 어른(伯 맏이, 우두머리 백)을 의미하는 白(흰 백)이 있고, 그 아래는 왕(王)이 있다. 흰 빛을 발하는(煌 빛날 황) 왕관을 쓴 왕 중의 왕을 표현하고 있다(황제, 진시황).

제사용 청동 제기. 안쪽에 伯作彝(백작이)라고 기록되어 있다. 뜻은 '백(伯 우두머리)이 이 청동 제기를 만들다'라는 뜻이다.(BC 11C~BC 10C 중엽)(북경 수도박물관)

• **士(선비 사)** 장수가 들던 큰 도끼

808자	한자	훈&음	한어병음	간체자
563	士	선비 사	shì	
564	志	의지 지	zhì	
565	吉	운 좋을 길	jí	
566	結	맺을 결	jié	结

士(선비 사) 큰 도끼와 도끼 손잡이 부분에 '높음'을 상징하는 一(하나 일)이 가로로 그려져 있다. 큰 도끼는 일반 병사들이 소지하지 못하는 권위를 상징하는 위엄 있는 무기로(壯 장할 장), 높은 지위를 뜻한다. 이 무기를 지닌 소수

3,000여 년 전 제작된 권위의 상징인 옥으로 된 도끼(옥부(玉斧))(중국 은허박물관)

의 권위 있는 사람들(士)은 자신들보다 한 단계 더 크고 화려한 도끼 모양 무기를 든 王(임금 왕) 아래에서 왕을 섬겼다(박사, 변호사, 무사).

志(뜻 지) 위는 어디로인가 걸어가는 발바닥 모습의 止(발 지), 그 아래 마음(心 마음 심)이 있다. 마음이 향하는 곳, 즉 의지를 뜻한다. 이후 止가 士(선비 사)로 바뀌어 사용된다(의지, 지원, 투지).

吉(길할 길) 권위를 상징하는 도끼를 가진 사람인 士(선비 사)와, 그가 무엇인가 말하는 모습의 口(입 구)로 되어 있다. 도끼는 권위뿐 아니라 제물을 자르는 제사를 의미하기도 하는데, 제사가 상서롭고 길하게 잘 마무리됨을 말하는 모습이다(길흉, 길조, 불길).

結(맺을 결) 왼쪽은 실(糸 가는 실 사), 오른쪽은 제사를 지내고 난 뒤 신의 뜻을 말하는 왕이나 귀족을 의미하는 吉(길할 길)이다. 실을 맺고 난 마지막 부분이나(終 끝날 종) 제사를 마친 뒤 결과(吉)를 의미하여 '맺음', '끝맺음'을 뜻한다(결국, 결혼, 결론).

• **必**(반드시 필) 공권력을 의미하는 창

808자	한자	훈&음	한어병음	간체자
567	必	반드시 필	bì	

必(반드시 필) 양쪽에 갈라짐을 의미하는 八(여덟 팔)이 있고, 그 사이에 기다란 창을 손으로 잡고 있는 모습의 戈(창 과)가 있다. 창으로 둘을 나누는 모습이다. 창은 공권력을 의미하는데, 공정한 판단 아래

(戈) 상대방과 경계를 나누고(八) 침범하지 않음을 뜻한다. 현재 '반드시 필요하다'라는 뜻으로 사용된다(필요, 필수, 필승).

• 言(말씀 언) 날카로운 창날 같은 공적인 말

808자	한자	훈&음	한어병음	간체자
568	言	말씀 언	yán	
569	信	믿을 신	xìn	
570	訓	가르칠 훈	xùn	训
571	談	말씀 담	tán	谈
572	許	허락할 허	xǔ	许
573	誤	잘못 오	wù	误
574	請	청할 청	qǐng	请
575	識	알 식	shí	识
576	講	이야기할 강	jiǎng	讲
577	讓	사양할 양	ràng	让

言(말씀 언) 곧은 나무줄기(木)로 된 창자루 위에 창날(立 설 립)이 번득이는 모습과, 아래에 입(口 입 구)이 있다. 창은 엄정하고 공정한 공무를 상징한다. 입에서 나오는 말이 직설적이고 엄정하며 공정함을 뜻한다 (언론, 언어, 발언).

날카로운 창날이 달린 창(조선 시대)(국립민속박물관)

信(믿을 신) 사람(人)과 공적인 장소에서 솔직하고 직설적인 말을 의미하는 言(말씀 언)이 합하여져서 사람이 거짓 없이 하는 말을 뜻한다.

현재는 '믿다'의 의미로 사용되고 있다(신뢰, 신용, 통신).

訓(가르칠 훈) 공적이고 바른 말(言)이 냇물(川 내 천)처럼 계속 이어지는 모습으로, 옳은 행실을 하도록 길게 훈계하는 모습이다(훈련, 교훈, 훈계).

談(말씀 담) 공정하고 날카로운 말(言)이 불처럼 일어남(炎 불탈 염)을 말하며, 여러 사람이 열띤 토론을 하는 모습을 비유하고 있다(속담, 농담, 상담).

許(허락할 허) 왼쪽은 공적인 말(言), 오른쪽은 곡식의 껍질을 벗기거나 가루로 만들 때 사용하는 절구의 공이(杵 공이 저)를 의미하는데, 절구질할 때면 계속 공이를 들었다 내리쳤다 하므로, 이 모습이 마치 고개를 끄덕이는 듯하여, '허락하다'의 의미가 된다(허락, 허가, 허용).

절구질하는 모습(국립민속박물관)

誤(그릇할 오) 왼쪽에 공적인 말(言), 오른쪽에 머리를 옆으로 기울인 사람이(大) 있고, 그 사람이 말하는 모습(口)이 있다. 어떠한 사실에 대해 고개를 옆으로 돌리면서 '아닌데'라고 솔직히 말하는(言) 모습을 묘사하고 있다(오류, 오해, 오심).

請(청할 청) 오른쪽은 붉은색 염료를 채취하는 구덩이(丹 붉을 단) 속에서 풀처럼 새파란(生 날 생) 광물이 나온 모습인 靑(푸를 청)이다. 파란색 광물인 靑(푸를 청)은 그 모습이 매우 아름답고 선명한데, 윗사람에게 공적인 부탁(言)을 할 때 뚜렷하고(靑) 공손하게(倩 예쁠 천) 말해야 한다는 뜻이다. '요청하다'의 의미로 사용된다(요청, 신청, 초청).

識(알 식) 왼쪽의 言(말씀 언)은 진실한 말을, 가운데 音(소리 음)은 속으로 숨기려는 말(暗 어두울 암)을 뜻한다. 오른쪽 창(戈 창 과)은 객관적이고 공정한 관리를 상징하는데, 분쟁이 있을 때 관청에서 바른 말(言)과 속이는 말(音)을 판단하는 모습이다. '알다', '판별하다'라는 의미로 사용된다(인식, 의식, 지식).

과(戈): 창날이 가로로 달린 창

講(익힐 강) 왼쪽은 공적인 말(言), 오른쪽은 대나무로 만든 바구니가 서로 맞대어 있는 모습인데, 마치 대나무를 얼기설기 짜 바구니를 만들 듯이 공적인 말(言)을 맞추고 비교해 완성하는 모습이다. '해설하다', '강의하다'의 의미로 사용되고 있다(강의, 강연, 강당).

대나무로 짠 바구니(국립민속박물관)

讓(사양할 양) 오른쪽을 보면 맨 위와 맨 아래가 합해져 옷을 의미하는 衣(옷 의)라는 글자이고, 그 사이에 네모 모양 두 개는 씨앗을 뜻한다. 씨앗 아래에는 새싹을 의미하는 屯(진칠 둔)과 두 손을 의미하는 双

파종하는 모습: 쟁기와 곡괭이로 밭을 갈고 씨앗을 뿌리는 모습이다.(국립민속박물관)

(쌍 쌍)이 있다. 해석하면, 천으로 된 주머니에 씨를 넣고 두 손으로 주머니에서 씨를 꺼내 잘 갈아진 흙(壤 흙 양)에 뿌리며 파종하는 모습이다. 주머니에서 씨앗을 꺼내 흙에 던지는 모습에서 '건네주다', '양보하다'의 의미가 되며, 왼쪽의 공적인 말(言)과 합하여 공식적으로 자신의 것을 타인에게 넘긴다는 뜻이 된다(양보, 양도, 분양).

• **音(소리 음)** 웅얼거리는 말

808자	한자	훈&음	한어병음	간체자
578	音	소리 음	yīn	
579	意	뜻 의	yì	
580	憶	기억할 억	yì	忆
581	億	억 억	yì	亿

音(소리 음) 공적인 관리를 의미하는 번득이는 창(辛 매울 신)과, 입 안에 무엇을 담고 있는 모습(曰 가로 왈)으로 되어 있다. 관청에서는 뚜렷하게 말해야 하는데(言 말씀 언), 겁에 질려 혼자 입 속으로 웅얼웅얼 알아듣지 못하는 말(暗 어두울 암)을 하는 모습이다. 혼자 글을 읽거나 흥얼거릴 때 목 깊은 곳에서 울리는 불분명한 소리를 의미하며, '소리', '음악'의 의미로 사용된다(음악, 소음, 녹음).

意(뜻 의) 속으로 웅얼웅얼 말하는 모습의 音(소리 음)과, 그 말을 마음에 새긴다는 의미의 心(마음 심)으로 되어 있다. 겉으로 소리 내어 말하지 않고 마음속으로 말하며 생각한다는 의미로, '뜻', '생각하다'로 사용되고 있다(의미, 의견, 합의).

憶(생각할 억)은 후대에 '마음에 새기다'를 더 강조하기 위해 意(뜻 의) 옆에 忄(=心 마음 심)을 추가하게 되고, '기억', '추억'의 의미로 사용된다(기억, 추억, 억측).

億億(억 억) 왼쪽은 사람, 오른쪽은 맨 위에 관청을 의미하는 날카로운 창(辛), 그 아래 물건의 중간을 꿰뚫음을 의미하는 串(꼬챙이 찬), 그 아래 마음을 의미하는 心(심)이 있다. 꼬챙이와 마음은 근심(患 근심 환)을 뜻한다. 종합하면 사람이(人) 관청에서 심문을 받을 때(辛) 수많은 근심스런 생각을 하는(患) 모습이다. 수많은 생각을 의미하며 글자 모습이 간소화되어 현재 '일억'의 의미로 사용된다(수억, 억만).

• 辛(매울 신) 날카로운 창

808자	한자	훈&음	한어병음	간체자
582	辛	매울 신	xīn	
583	章	글 장	zhāng	
584	童	아이 동	tóng	
585	鐘	종 종	zhōng	钟

辛辛辛(매울 신) 위에는 날이 넓적하고 번쩍번쩍 빛나는 날카로운 창, 아래는 나무로 된 창자루(木 나무 목)이다. 관청에서 권위의 상징이자 죄인을 엄하게 다스리던 기다란 창으로, '맵다', '고생', '슬픔'의 의미로 사용된다(신랄, 신고(辛苦)-괴롭고 고생스러움).

章章章(글 장) 위는 날카로운 창(辛 매울 신), 그 아래 넓은 판에 여기저기 금을 그어 넣은 모습(田 밭 전)이다. 날카로운 칼로 넓은 판에 무엇인가를 기록하는 모습으로, '글'또는 '글의 단위'를 뜻한다(도장, 헌장, 문장).

童(아이 동) 원래 글자는 위에 칼(辛 매울 신), 그 아래 눈(目 눈 목), 그 아래 나무 사이로 떠오르는 해를 의미하는 東(동녘 동)과 땅을 의미하는 흙(土 흙 토)으로 되어 있었다. 칼로 머리를 밀어 버린 어린아이의 머리가 마치 동쪽(東) 지평선(土)에서 떠오르는 태양처럼 반짝반짝 빛나는 모습이다. 머리를 칼로 깎은 아이를 뜻한다(아동, 동화, 동심).

鐘(종 종) 왼쪽은 금속(金 쇠 금), 오른쪽은 머리를 밀어 버린 어린아이의 빛나는 머리(童 아이 동)이다. 머리를 깎은 아이의 머리처럼 쇠로 윗부분을 동그랗게 만들어 치던 악기인 종을 뜻한다(타종, 경종, 종각).

상나라 시기 제사용으로 쓰인 청동 방울(銅鈴)(중국 은허박물관)

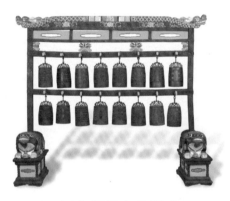

조선시대 편종(국립고궁박물관)

• 啇(밑동 적) 신의 뜻을 말하다

808자	한자	훈&음	한어병음	간체자
586	敵	원수 적	dí	敌
587	適	맞을 적	shì	适

敵敵(원수 적) 왼쪽은 하늘의 신을 의미하는 帝(임금 제)와 그 아래 입 (口)이 있다. 오른쪽에는 도구를 들고 내리치는 손을 의미하는 攵(칠 복)이 있다. 帝(임금 제)는 공권력을 상징하는 나무(木)로 된 창(辛)과 먼 곳까지 의 경계를 의미하는 冂(먼데 경)으로 이루어져 '온 세상을 공의로 다스리는 최고의 신'인 하느님을 뜻한다. 하느님(帝)에게 제사를 지내는 가장 큰 제 사인 '禘(제사 체)'를 치르면서 제사장이 신(하느님)의 계시를 말하는(口) 모습이다. 그 계시에서 신이 신의 뜻을 어기는 자들에 대해 공격하라고(攵 칠 복) 지시한 대상이 곧 '적'을 뜻한다. 왼쪽의 啻(오직 시)는 이후 商(밑동 적)으로 모양이 바뀌어 사용되고 있다(적군, 적대감, 무적).

適適(갈 적) 왼쪽은 실행을 의미하는 辵(쉬엄쉬엄 갈 착), 오른쪽은 하 느님(帝)의 대리인인 제사장 또는 왕이 하는 예언인 啻(오직 시)이다. 왕의 예언이 적중되어 실행(辵)되어 가는 것을 뜻한다(적절, 적응, 적용, 적당).

• 幸(다행 행) 옳은 판결을 하다

808자	한자	훈&음	한어병음	간체자
588	幸	다행 행	xìng	
589	報	갚을 보	bào	报
590	執	잡을 집	zhí	执

幸幸幸(다행 행) 위에는 높은 사람을 의미하는 大(큰 대), 또는 고 개를 젖히고 거만하게 서 있는 사람(夭 어릴 요), 그 아래 커다란 뿔이 있는 양(羊 양 양)이 있다. 양은 신에게 바치던 제물로 옳음(義 옳을 의)이나 길함 을 의미하고, 夭(요)는 거만한 자세로 서서 크게 웃거나(笑 웃을 소) 소리

지르는 사람을 뜻한다. 높은 사람(大)이 사건을 신의 뜻에 따라 정의롭게
판결하고(羊) 큰 목소리로 선포하는 모습이다(다행, 행복).

報(갚을 보) 왼쪽은 높은 사람(大)이 정의에 맞게 선고하는
모습(幸 다행 행), 오른쪽은 높은 사람 앞에 꿇고 앉아 있는 사람(卩 병부
절), 그 아래에 꿇어앉은 사람을 잡고 있는 손(又)이 있다. 잘못한 사람을
잡아 죄 값을 정의에 맞게 선포하는 모습으로, '(죄 값을) 갚다', '(솔직하게)
알리다'의 의미로 사용된다(보상, 정보, 보고).

執(잡을 집) 왼쪽은 정의롭게 선고하는 고관(幸 다행 행)이
고, 오른쪽은 무릎 꿇고 앉은 사람이 두 손을 내밀고 있는데 그 두 손이 묶
여 있는 모습이다(丮 잡을 극). 죄인을 잡아 손을 묶고 정의에 따라 선고하
는 모습이다. 丮는 이후 丸(알 환)으로 잘못 기록되어 사용된다. '잡다', '처
리하다'의 뜻이다(집행, 집착, 고집).

12) 식생활

• **米(쌀 미)** 볏알이 붙은 벼이삭

808자	한자	훈&음	한어병음	간체자
591	米	쌀 미	mǐ	
592	精	정교할 정	jīng	精
593	料	되질할 료요	liào	

米(쌀 미)는 탈곡하기 전에 볍씨들이 이삭 줄기에 붙어 있

는 모습이다(현미, 백미, 정미소).

精(정할, 찧을 정) 왼쪽은 쌀, 오른쪽은 푸른 색(靑 푸를 청)을 뜻한다. 볍씨를 절구에 넣고 껍데기가 벗겨지도록 정성껏 찧는 모습이다(精米 정미). 볍씨의 껍데기가 벗어지고 나면 푸르스름하고 매우 깨끗하므로 '정성', '가장 좋다', '순수한'이라는 의미로 사용된다(정신, 정성, 정밀).

料(되질할 료요) 왼쪽에는 쌀(米 쌀 미), 오른쪽은 긴 손잡이가 있는 그릇(斗 말 두)이 있다. 기다란 손잡이가 달린 그릇(되)으로 쌀을 푸면서 양을 재는 모습으로 '헤아리다', '급료', '재료'의 의미로 사용된다(자료, 재료, 비료).

• **來(올 래)** 하늘에서 내린 곡식

808자	한자	훈&음	한어병음	간체자
594	來	올 래내	lái	来
595	麥	보리 맥	mài	麦

來(올 래내) 다 익은 보리(麥 보리 맥)의 껄끄러운 이삭을 뜻한다. 고대인들은 보리를 하늘로부터 내려온 신의 선물로 여겼으므로 '오다'의 의미로 사용한다(미래, 장래, 내년).

麥(보리 맥)은 보리를 의미하는 래(來)와 '내려가다', '멀리서 오다'를 의미하는 거꾸로 된 발자국 夊(뒤져서 올 치)로 이루어진 글자이다. 먼 하늘에서 내려온 신성한 곡물이라는 뜻이다(맥주).

- **白(흰 백)** 흰 곡식이 담긴 그릇

808자	한자	훈&음	한어병음	간체자
596	白	흰 백	bái	
597	的	과녁 적	de	
598	鄕	시골 향	xiāng	乡

白(흰 백) 위에는 음식을 먹는 모습을 상징하는 혀, 그 아래 흰 곡식과 곡식이 담긴 그릇이 있다. 식사를 위해 그릇에 흰 곡식을 담아 둔 모습으로 '희다'의 뜻이다. 제사를 지낼 때 흰 곡식처럼 머리가 하얗게 센(白) 집안의 가장 어른(伯 맏 백)이 집안사람들을 대표해 신 앞에 뚜렷하고 솔직히 고백(告白)했으므로 '솔직히 말하다'의 의미가 발생한다(고백, 백발, 명백).

的(과녁 적) 왼쪽은 흰 곡식을 의미하는 白(흰 백), 오른쪽은 활(弓 활 궁)에 화살을 끼운 모습이다. 흰색 과녁을 향해 화살을 쏘는 모습이다. 이후 글자의 오른쪽은 활(弓) 대신 활처럼 휜 국자인 勺(구기 작)으로 바뀌게 되며 '목표', '과녁'을 뜻한다(목적, 구체적, 적극적).

鄕(시골 향) 왼쪽과 오른쪽은 무릎 꿇고 제사를 지내는 지방 관리들을 의미하고(邑 고을 읍), 가운데는 흰 곡식(白)과 숟가락(匕 숟가락 비)으로 이루어진 良(좋을 양랑)이 있다. 무릎을 꿇은 낮은 관리들이 흰 밥을 바쳐 제사 지내는 모습으로, 낮은 관리가 다스리는 작은 고을에서 드리는 제사를 뜻한다. 규모가 작은 시골이나 고향의 의미로 사용된다(고향, 타향, 향수).

• **食**(밥 식) 숟가락으로 식사하다

808자	한자	훈&음	한어병음	간체자
599	食	밥 식	shí	
600	飯	밥 반	fàn	饭
601	餘	남을 여	yú	余
602	養	기를 양	yǎng	养

食(밥 식) 위에는 음식물을 모아 덮은 뚜껑(亼 모으다 집), 그 아래는 흰 곡식(白 흰 백), 그 아래에 숟가락을 의미하는 匕(숟가락 비)가 있다. 흰 밥이(白) 담긴 그릇(亼)에서 숟가락(匕)으로 밥을 뜨는 모습이다. '음식'을 뜻한다(식품, 식사, 주식).

飯(밥 반) 왼쪽은 음식을 먹는 모습의 食(밥 식), 오른쪽은 손바닥을 뒤집는 모습의 反(되돌릴 반)이다. 손바닥 정도의 음식을 덜어 내는 모습이다. 한 끼의 식사를 뜻한다(반찬, 백반).

餘(남을 여) 왼쪽은 밥을 숟가락으로 뜨는 모습의 食(밥 식), 오른쪽은 여러 가지 물건을 모아 덮는 뚜껑인 亼(모으다 집)과 나무 木(나무 목)로 된 余(나 여)가 있다. 余(나 여)는 나무로 기둥을 세우고 간이로 지붕(뚜껑)을 덮은 창고를 의미하는데, 쓰고 남은 여러 가지 자재나 도구 등을 보관했다. 창고에 저장된 자재처럼 먹고 남은 음식을 뜻한다. '남다'의 뜻으로 사용된다(여유, 여가, 여생).

養(기를 양)은 위에 양이 있고(羊 양 양), 그 아래에 음식을 먹는 모습의 食(밥 식)이 있다. 양에게 먹이를 주는 모습으로, '기르다', '먹이다'라는 의미로 사용된다(양성, 양식장, 부양).

- 스(모을 집) 모아 덮은 뚜껑

808자	한자	훈&음	한어병음	간체자
603	合	합할 합	hé	
604	拾	주울 습	shí	
605	舍	집 사	shě	
606	會	모일 회	huì	会

合(합할 합) 위에 그릇을 덮는 뚜껑인 스(모을 집), 아래는 입이나 그릇 등, 속이 비어 있는 口(입 구)이 있다. 음식이나 사물을 모아 그릇에 모아 합한 뒤 뚜껑으로 덮은 모습이다. '합하다', '모으다'의 의미로 사용된다(합의, 통합, 종합).

합(盒): 음식물을 담는 뚜껑이 있는 그릇(조선시대)(국립민속박물관)

拾(주울 습) 왼쪽은 손(手 손 수), 오른쪽은 뚜껑을 덮은 그릇인 合(합할 합)이다. 손으로 물건들을 모아 그릇에 담는 모습으로 '줍다'의 뜻이다(습득, 수습).

舍(집 사) 위에 지붕이 있고 아래에 간단한 나무로 된 기둥, 그 아래 입구가 있다. 풀로 간단하게 지은 초가집으로, 과거 객지에서 온 사람들의 숙식을 위해 마을에서 공공으로 지은 임시 숙소를 뜻한다(축사, 기숙사, 청사).

會(모일 회) 위에는 뚜껑(스), 맨 아래는 그릇(口)을 의미하는 合(합할 합) , 그 사이에 음식물이 쌓여 있는 것을 의미하는 𠙻이 있다. 고

기나 생선을 얇게 잘라 조각들을 그릇에
모아 담고 뚜껑으로 덮어 두거나(膾 잘게
저민 날고기 회), 여러 음식물을 함께 모아
끓이는 모습(燴 모아 끓일 회)이다. '모이
다', '모으다'의 의미로 사용된다(사회, 국
회, 기회).

뚜껑이 있는 단단한 도자기 그릇
(중국 은허박물관)

• 曾(거듭 증) 날고기를 쌓아 놓다

808자	한자	훈&음	한어병음	간체자
607	增	더할 증	zēng	增

增(불을 증) 왼쪽은 흙(土 흙 토), 오른쪽 위는 잘라 냄을 의미하는
八(여덟 팔), 그 아래 고기나 생선을 잘게 잘라 쌓아 둔 회(膾 잘게 저민 날
고기 회)와 이를 담은 그릇(口 입 구)이 있다. 마치 날고기를 조금씩 잘라
그릇에 차곡차곡 담아 두듯 흙을 조금씩 모아 쌓는다는 뜻이다(증가, 급증,
증원).

• 今(이제 금) 음식을 덮은 뚜껑

808자	한자	훈&음	한어병음	간체자
608	今	이제 금	jīn	
609	念	생각할 념염	niàn	

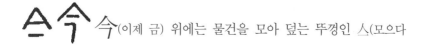

今(이제 금) 위에는 물건을 모아 덮는 뚜껑인 亼(모으다

집), 그 아래 음식물을 의미하는 ㄱ이 있다. 보온을 요하거나 벌레의 접근을 막기 위해 음식을 한곳으로 모은 뒤 뚜껑으로 음식을 덮은 모습이다. 뚜껑으로 음식을 모아 덮은(含 머금을 함) 이유는 식거나 상하기 전 '곧' 먹기 위해서이므로 '바로', '지금'의 의미가 된다(금방, 금일, 금년).

念(생각할 념염) 위에는 음식물을 덮어 놓은 뚜껑(今 이제 금), 그 아래 마음이나 마음을 의미하는 심장(心 마음 심)이다. 뚜껑으로 음식을 덮듯 자신의 마음을 겉으로 드러내지 않고 속으로 생각하는 것을 뜻한다. '생각하다', '외우다'의 뜻으로 사용된다(이념, 개념, 기념).

13) 동물의 이용

• 歺(뼈 알) 뼈에서 살을 발라내다

808자	한자	훈&음	한어병음	간체자
610	列	줄 렬열	liè	
611	烈	세찰 렬열	liè	
612	例	법식 례예	lì	
613	死	죽을 사	sǐ	

列(줄 렬열) 왼쪽 위는 고르게 잘린 제물의 고기(肉)와 그 아래 살을 발라낸 뼈가 있는 모습의 歹(살 바른 뼈 알), 오른쪽에 칼(刀 칼 도)이 있다. 제사 등의 의식에 사용하기 위해 기다란 뼈에 붙어 있

제물로 바쳐진 동물 모양의 청동 제기(祭器) (BC 1300~BC 1046) (중국 북경 국가박물관)

는 살을 정해진 법식(例 법식 예)대로 잘라 하나씩 차례로 정성껏 늘어놓은 모습이다. '벌이다', '분리하다', '차례'의 뜻이다(진열, 열차, 행렬).

烈(세찰 렬열) 위는 뼈(歹)에서 칼(刀)로 살을 잘라 늘어놓은 모습(列 줄 렬열), 그 아래 불(火 불 화)이 있다. 뼈에서 살을 잘 발라내기 위해 불을 강하게 오랫동안 피우고 익히는 모습이다. 강하게 피어오르는 불을 뜻한다(치열, 격렬, 맹렬).

例(법식 례예) 왼쪽은 사람(人 사람 인), 가운데는 예식(의식)을 위해 칼로 뼈에서 살을 잘라 내 가지런히 놓은 모습(列 줄 렬열)이다. 제사 등 의식을 위해 정성껏 동물의 살을 발라 제단에 놓듯 사람들이 정해진 순서대로 가지런히 정렬해 서 있는 모습이다. 이미 정해진 순서이므로 '예', '보기'의 뜻으로 사용된다(차례, 예외, 관례).

死(죽을 사) 왼쪽은 살이 없는 뼈를 의미하는 歹(=歹 부서진 뼈 알). 오른쪽은 이를 바라보는 사람(人 사람 인)이다. 이미 뼈가 된 고인(故人) 앞에서 슬퍼하는 모습이다. 과거에 사람이 죽으면 멀리 외딴 곳에 두었다가 살이 썩고 뼈만 남게 되면 뼈를 다시 거두어 장례를 치르는 풍습이 있었다. 후대에 사람(人)은 절하는 모습을 세워 표현한 匕(비)로 바뀌어 고인의 뼈 앞에서 절하는 모습을 표현하고 있다(사망, 생사, 사후).

• 冎(살 발라낼 과) 살을 발라낸 뼈

808자	한자	훈&음	한어병음	간체자
614	骨	뼈 골	gǔ	骨
615	體	몸 체	tǐ	体

骨(뼈 골) 위에는 뼈에서 살을 발라내고 남은 모습을 묘사한 冎(뼈 발라낼 과), 그 아래 살을 의미하는 肉(고기 육)이 있다. 살(肉)을 제거하고 난 뼈를 뜻한다(골격, 노골적, 해골).

體(몸 체) 왼쪽은 살을 발라낸 뼈인 骨(뼈 골), 오른쪽은 위에 풍성한 제물과 그 아래 제물을 담고 있는 굽이 높은 제사용 그릇(豆 제기 두)이 있는 豊(풍성할 풍)이다. 제기에 다양한 제물이 가득 담겨 있듯, 뼈가 살이나 다양한 장기를 품고 있음을 뜻한다. 뼈와 살, 장기 등을 합한 '몸'을 뜻한다(신체, 체계, 단체).

다양한 제물을 담았던 그릇들. 우리나라는 고대로부터 신에게 제물을 높이 받들어 바친다는 의미로 굽이 높은 그릇들을 사용해 왔다.(국립경주박물관)

• 肉(고기 육) 잘라 낸 고기조각

808자	한자	훈&음	한어병음	간체자
616	肉	고기 육	ròu	
617	多	많을 다	duō	
618	有	있을 유	yǒu	

619	消	사라질 소	xiāo	消
620	育	기를 육	yù	
621	胸	가슴 흉	xiōng	胸

 肉 칼(刀 칼 도)로 잘라 낸 고기 조각을 뜻한다(육체, 육포, 육식).

多(많을 다) 신에게 바칠 고기
를 잘라 여러 겹 쌓아 놓은 모습이다.
'많다'의 뜻이다(다양, 다행, 다수).

왕실의 제사에 바쳐진 제물들. 규격에 맞게 잘려
진 제물이 여러 겹 쌓여 있다.(한국 종묘대제)
(전주이씨대동종약원)

有(있을 유) 위에는 오른손(又
또 우), 그 아래 고기(肉 고기 육)가 있
다. 손에 고기를 들고 다른 사람에게
전달하는 모습이다. 제사를 지내고 남은 고기를 다른 사람들에게 나눠 주
는 모습이다. '가지고 있다', '넉넉하다'의 뜻이다(소유, 공유, 여유).

消(사라질 소) 왼쪽은 흐르는 물(水 물 수), 오른쪽은 작음을 의미하
는 小(작을 소)와 그 아래 베어 낸 고기(肉 고기 육)가 결합된 肖(닮을 초)인
데, 고기를 뼈에서 작게 잘라 내는 모습이다. 커다란 제물에서 조금씩 고기
가 잘려 나가듯(稍 점점 초), 물이 점차 말라 없어지는 모습을 그리고 있으
며, '조금씩 사라지다'의 뜻으로 사용된다(소모, 소비, 소화).

育(기를 육) 위에는 아이(子 아들 자)가 머리를 거꾸로 하여 아래로
향한 모습이고, 그 아래는 고기를 의미하는 肉(고기 육)이다. 원래 글자는
임산부가 아이를 낳을 때 아이가 머리부터 나오는 모습이었는데, 아이를

낳는다는 의미에서 점차 갓 태어난 아이를 살이 붙고 자라도록 기른다는 뜻으로 변한다(교육, 육성, 체육).

胸(가슴 흉) 왼쪽은 고기(肉), 오른쪽은 사람이 팔을 뻗어 품고 있는 형상(勹 쌀 포)과, 그 아래 속이 비어 있고 위를 얼기설기 나무 등으로 몰래 덮어 놓은 함정을 의미하는 凶(흉할 흉)이 있다. 사물을 품는(抱 안을 포) 가슴이 함정처럼 비어 있다는 뜻이다. 옛 사람들은 숨을 가슴으로 들이쉬므로 가슴이 비어 있는 것으로 생각했다. 후대에 신체의 가슴 부위를 강조하기 위해 肉(=月, 고기 육)이 추가된다(흉부, 흉상).

14) 초목의 이용

• **井(우물 정)** 나무를 쌓아 놓다

808자	한자	훈&음	한어병음	간체자
622	井	우물 정	jǐng	
623	再	두 번 재	zài	

井(우물 정) 가로 세로로 주변을 나무로 가지런히 벽을 쌓아 빠지는 것을 막은 우물이다. 가운데 점은 우물 가운데 두레박 또는 물을 의미했는데 후대에 없어진다(정연, 유정).

상나라 시기 한 사람이 우물가에 꿇어 앉아 제사용 술잔을 들고 있는 모습(북경 수도박물관)

再(두 재) 나무를 가로세로로 얼기설기 엮어 짠 모습이다(冓 짤 구, 構 얽을 구). 가구를 만들거나 집을 지을 때 중요한 재료인 나무가 부패하거나 뒤틀어지지 않게 하기 위해 규칙적으로 나무를 얼기설기 쌓아올린 모습이다. 같은 크기의 나무를 반복해서 쌓아 만들므로 '다시'의 의미로 사용된다(재활용, 재개, 재활).

• 片(조각 편) 반으로 잘린 나무

808자	한자	훈&음	한어병음	간체자
624	片	조각 편	piàn	
625	壯	씩씩할 장	zhuàng	壮
626	將	장수, 장차 장	jiāng	将

片(조각 편)은 나무 木(木 나무 목)를 반으로 가른 오른쪽 모습으로, 평평하고 넓은 나무 조각을 말하는데, 점차 얇고 넓은 조각을 의미하게 된다(편지, 우편, 편도).

壯(씩씩할 장) 왼쪽은 나무(木)에서 줄기를 평평하게 반으로 자른 나무토막 모습(爿 왼쪽 나무 조각 장)이고, 오른쪽은 고위 관료가 가지고 있던 권위 있는 도끼(士 선비 사)이다. 도끼로 통나무를 반으로 자르는 힘센 장사의 모습이다(장사, 웅장, 장관).

將(장차 장) 왼쪽은 나무를 도끼로 자른 모습(爿 왼쪽 나무 조각 장), 오른쪽 위는 고기(肉 고기 육), 그 아래는 고기를 손가락으로 잡고 있는 모습(寸 마디 촌)이다. 爿(장)은 도끼로 통나무를 자르는 힘센 장사(壯 씩씩할 장), 또는 굳센 장수를 뜻한다. 전쟁에서 큰 공을 세운 장수에게 상을 내리며(獎 권면할 장) 신임의 표시로 막 제사 지낸 고기(肉)를 나누어 주는(寸) 모습이다. '장수', '장차'의 뜻이다(장군, 장수, 장래).

• 冊(책 책) 대나무를 연결한 책

808자	한자	훈&음	한어병음	간체자
627	冊	책 책	cè	册
628	論	논할 론논	lùn	论

冊(책 책) 세로로 세워진 여러 얇은 대나무를 실로 엮은 모습이다. 종이가 발명되기 전 사람들은 대나무를 얇고 길게 다듬어 글을 기록하고 기록한 대나무

죽책(竹冊): 대나무를 얇게 잘라 글을 기록하고 끈으로 묶은 책(조선시대)(국립민속박물관)

글을 끈으로 묶어 책을 만들었다(책상, 공책, 책장).

論(말할 론논) 왼쪽은 날카롭게 직언하는 모습(言 말씀 언), 오른쪽 위는 무엇인가를 모아 덮는 뚜껑이나 지붕을 의미하는 亼(모을 집), 그 아래 여러 기록이 적힌 숙간을 묶어 놓은 책(冊 책 책)이 있다. 죽간에 기록된 많은 기록을 모아 놓고 그에 대한 옳고 그름을 합리적으로 토론하는 모습이다(논란, 여론, 논의).

4. 자연

1) 하늘

• 日(날 일) 빛이 이글거리는 해

808자	한자	훈&음	한어병음	간체자
629	日	해 일	rì	
630	早	이를 조	zǎo	
631	暮	저물 모	mù	
632	景	경치 경	jǐng	
633	春	봄 춘	chūn	
634	暴	사나울 폭	bào	
635	暗	어두울 암	àn	
636	是	옳을 시	shì	
637	題	제목 제	tí	题
638	易	바꿀 역 쉬울 이	yì	
639	陽	볕 양	yáng	阳
640	場	마당 장	chǎng	场
641	揚	휘날릴 양	yáng	扬

日 (해 일) 태양을 묘사하며, 가운데 빛을 상징하는 획이 그어져 있다. '해' 또는 '하루'를 뜻한다(일출, 일정, 일기).

早(새벽 조) 위는 해(日 해 일), 그 아래는 '솟아오름'을 뜻하는 泉(샘 천)이었는데 이후 풀(艸 풀 초)로 바뀌었다. 초원(草 풀 초) 위로 해가 솟아 오르는 모습으로, '아침'을 뜻한다(조식, 조숙, 조속).

暮(저물 모) 가운데 해(日 해 일)를 중심으로 네 개의 풀(艸 풀 초)이 주변에 있는데(莫 없을 막, 저물 모), 해가 풀 아래로 사라지는 저녁을 뜻한다. 해가 저녁에 사라지는 것을 강조하기 위해 아래에 해(日 해 일)가 추가된다(세모, 조삼모사).

景(볕 경) 위에는 태양(日 해 일), 그 아래 높은 누각을 의미하는 京(서울 경)이 있다. 해가 잘 비치는 높은 누각에서 멀리 바라보는 모습으로, '경치', '햇빛' 등으로 사용된다(배경, 경치, 풍경).

春(봄 춘) 맨 위는 풀(艸 풀 초), 그 아래 땅 위에 싹이 올라오는 모습(屯), 맨 아래에 해(日 해 일)가 있다. 해가 따뜻하게 비추고 땅에서 풀의 싹이 올라오는 모습(芚 싹 나올 둔)을 그리고 있다. 새싹이 나기 시작하는 봄을 뜻한다(입춘, 춘추복).

暴(사나울 폭, 햇볕 쪼일 폭) 맨 위는 해(日 해 일), 가운데는 두 손으로 무엇인가를 잡는 모습(共 함께 공), 맨 아래 낟알이 붙어 있는 곡식이 있다(米 쌀 미). 저장을 위해 해가 날 때 곡식을 펴 널어 말리는 모습이다. 그늘 없이 뜨거운 태양빛에 쬐이므로 '맹렬함', '사나움' 등의 의미로 사용된다(폭염, 폭로, 폭력).

暗(어두울 암) 왼쪽은 해(日 해 일), 오른쪽은 뚜렷하고 솔직하게 말하는 言(말씀 언)과 달리, 혼자 글을 읽거나 흥얼거릴 때 목 깊은 곳에서

울리는 불분명한 소리를 의미하는 音(소리 음)이다. 마치 소리가 입 안에서 잦아들 듯 해가 점차 넘어가 어두워지는 모습이다(암시, 암울, 명암).

旻 是(옳을 시) 위는 지평선 위로 태양이 떠오르는 모습인 旦(아침 단), 그 아래 걷는 모습을 의미하는 止(발 지)가 있다. 태양은 고대인이 숭배하던 신과 같은 존재로, '옳음', '바름', '밝음'을 뜻한다. 해가 지평선 위로 똑바로 올라오듯 올바른 것(正 바를 정)을 따라 행한다는 뜻이다(시비, 역시, 시인).

題 題(제목 제) 왼쪽은 해가 똑바로 떠오르듯 정확하고 바름을 의미하는 是(옳을 시), 오른쪽은 사람(人)의 머리(首 머리 수)를 강조한 頁(머리 혈)이다. 옳은 것을 바라보는 모습으로, 머리를 들고 처음 봤을 때 한눈에 누가 봐도 옳다고(是) 할 만한 '주제', '머리말', '평가' 등을 뜻한다(제목, 문제, 숙제).

易 易(바꿀 역쉬울 이) 위는 태양을 의미하는 日(해 일), 아래는 반사되는 빛을 의미한다(彡 터럭 삼). 원래 글자는 손잡이가 달린 태양처럼 둥근 청동 거울과 청동 거울에 반사되는 빛을 그리고 있다. 고대에 태양(太陽)처럼 동그랗게 만들었던 청동 거울은 제작 직후 마치 황금처럼 아름답게 반짝였으므로 왕이나 제사장들은 태양처럼 반짝이는 아름다운 청동 거울을 착용함으로써 자신이 고대인이 신으로 받들던 태양의 대리인임을 과시했다. 이 글자는 청동 거울의 재료이자 은백색으로 반짝이는 광물인 주석(錫 주석 석)을 의미했는데, 청동의 주재료인 구리에 주석(錫)을 넣으면 경도는 높아지고 녹는점이 낮아지며 주조하기가 쉬워지므로, 이후 '바꾸다', '쉽다'의 의미로 사용된다(무역, 용이, 간이).

고대 제사장(왕)이 제사를 지낼 때 사용하던 청동 거울 뒷면. 태양 빛을 상징하는 무늬가 기하학적으로 그려져 있다.
(좌) 상나라(은나라, BC 16세기~BC 11세기)에서 제작된 청동 거울(중국 은허박물관).
(우) 고조선(평안남도)에서 제작된 청동 거울(국립중앙박물관)

한국에서 무당이 의례에 사용했던 청동 거울. 안쪽 중앙에 고리가 있고 해와 달, 북두칠성이 새겨져 있다. 고대에 무당은 제사를 담당하던 높은 지위의 사람이었다.(국립민속박물관)

陽(볕 양) 왼쪽은 언덕을 의미하는 阝(=阜 언덕 부), 오른쪽은 태양(日)과 제단을 의미하는 丅(=示 보일 시), 그리고 태양의 빛을 의미하는 彡(터럭 삼)이 합해진 昜(볕 양)으로, 고대에 신으로 섬기던 태양이 제단 위에서 밝게 빛나는 모습이다. 제단이 있던 언덕(阝)을 환하게 비추는 햇빛(昜)을 의미하는데, 햇빛이 잘 드는 언덕이나 산의 남쪽은 양(陽 볕 양), 햇빛이 언덕이나 산에 가리어 잘 비치지 않는 북쪽은 음(陰 응달 음)이라

불렀다(양지, 양력, 음양).

場 場(마당 장) 왼쪽은 흙, 땅을 의미하는 土(흙 토), 오른쪽은 제단을
비추는 태양인 昜(볕 양)이다. 태양신에게 제사를 지내기 위해 넓게 터(土)
를 닦아 놓은 곳으로 '장소', '무대'를 뜻한다(시장, 공장, 입장).

揚 揚(휘날릴 양) 왼쪽은 손(手 손 수), 오른쪽
은 제단 위에 태양이 밝게 비추는 모습이다(昜 볕
양). 글자의 원래 모습은 태양이 비치는 제단 위
에서 빛나는 옥(玉)을 받들어 올리는 장면이다.
玉(옥 옥)은 고대인이 신으로 여기던 태양처럼 반
짝이므로 고대인들이 신성시 여기고 받들던 물건
이었다(찬양, 게양, 지양).

신라시대 왕이 제사 시에 썼던 화
려한 왕관에 고대인이 숭배했던 빛
나는 옥이 달려 있다.(경주박물관)

• **昔(옛 석)** 말린 고기

808자	한자	훈&음	한어병음	간체자
642	昔	옛 석	xī	
643	惜	아낄 석	xī	
644	借	빌릴 차	jiè	

昔 昔(예 석) 원래 글자는 昔(옛 석)이다. 위에는 고기를 여러 겹 얇게
잘라 말려서 구불구불해진 모습이고, 그 아래 해가 있다(日 해 일). 고기를
오래 저장할 수 있도록 육포를 만드는 과정으로, 고기를 얇게 잘라 해가
넘어갈 때까지 햇볕에 오랫동안 말려 고기가 구불구불해진 모습이다. 육

포는 오랫동안 저장해 두었다 먹었으므로 '옛날', '어제'의 의미로 사용된다(석일).

惜惜(아낄 석) 왼쪽은 마음(心 마음 심), 오른쪽은 햇빛에 말려 오랫동안 보관한 육포(昔 옛 석)를 뜻한다. 고대에 귀한 음식이었던 육포를 아끼고 아까워하는 마음을 묘사한다(애석, 석별).

借借(빌 차) 왼쪽은 사람(人 사람 인), 오른쪽은 귀한 음식인 육포를 의미하는 昔(옛 석)이다. 다른 사람에게 귀한 음식이나 물건을 빌려 주거나 또는 빌리는 모습으로, '빌리다', '빌려주다'의 의미로 사용된다(차관, 차용).

• **月(달 월)** 반달

808자	한자	훈&음	한어병음	간체자
645	月	달 월	yuè	
646	朝	아침 조	cháo	
647	明	밝을 명	míng	
648	望	바랄 망	wàng	望
649	夕	저녁 석	xī	
650	名	이름 명	míng	
651	外	밖 외	wài	
652	夜	밤 야	yè	

月(달 월) 처음 모습은 초승달과 그 안에 빛을 의미하는 점을 그리고 있는데, 이후 고기(肉)를 자르는 칼날(刀)처럼 한 면이 둥근 모습을 묘사하게 된다(세월, 월급).

朝(아침 조) 왼쪽은 아래 위의 풀(屮 풀 초) 사이로 해(日 해 일)가 떠오르는 모습, 그 옆에 달(月 달 월)이 있다. 해가 떠오르고 달이 기우는 이른 아침을 뜻한다(조회, 조식).

明(밝을 명) 원래 한자는 朙(밝을 명)으로, 고대 움집에서 천정에 나 있던 굴뚝 겸 창문인 囧(빛날 경)과 달(月 달 월)로 이루어져 있었다. 달빛이 하늘로 난 창문으로 환하게 비추는 모습인데, 이후 '밝다'의 의미를 강조하기 위해 囧를 日(해 일)로 바꾸게 된다(조명, 분명, 설명).

望(바랄 망) 위에는 망가짐을 의미하는 망(亡 망할 망)과 달(月 달 월), 그 아래 땅(土 흙토) 위에 허리를 숙이고 서 있는 사람(人)을 의미하는 壬(임)이 있다. 원래 모습은 눈을 크게 뜨고(臣 신하 신) 멀리 있는 보름달(月 달 월)을 오랫동안 바라보는 신하(壬)를 의미했었다(朢 보름 망). 눈이 아프도록(盲 소경 맹) 뚫어지게 멀리 바라보는 모습으로, '바라다', '바라보다'의 의미로 사용된다(희망, 절망, 전망).

夕(저녁 석) 반달 모습으로 달이 비추는 '저녁', '밤'을 뜻한다(석양, 추석, 석식).

名(이름 명) 위에는 달이 뜬 저녁을 의미하는 夕(저녁 석), 아래는 말하는 모습의 口(입 구)이다. 어두운 밤에 누군가를 만났을 때 자신이 누구인지 이름을 말하는 모습이다(명함, 명예).

外(밖 외) 왼쪽은 달이 뜬 저녁(夕 저녁 석)이고, 오른쪽은 점치는 도구 모습이다(卜 점 복). 실내가 아닌 달이 보이는 밖에서 밤에 점을 치는 장면으로, '바깥'을 뜻한다(외국, 제외, 외환).

夾夜(밤 야) 가운데는 팔과 다리를 펴고 있는 사람(大 큰 대), 왼쪽 옆
구리에 점이 있고 오른쪽 옆구리에 달을 의미하는 夕(저녁 석)이 있다. 사
람의 양쪽 옆구리를 의미하는 글자인 亦(또 역)에서 오른쪽 옆구리가 점
대신 달(夕)이 있다. 창문으로 들어오는 달빛이 옆구리(腋 겨드랑이 액)를
비추는 밤을 뜻한다(심야, 야간, 주야).

• 氣(기운 기) 밥 지을 때 나는 수증기

808자	한자	훈&음	한어병음	간체자
653	氣	기운 기	qì	气

氣氣(기운 기) 위에는 층층이 피어오르는 구름이나 수증기, 그 아래
쌀(米 쌀 미)이 있다. 쌀로 밥을 할 때 나오는 구름처럼 피어오르는 수증기
기운을 묘사한다(기체, 공기, 전기).

• 雨(비 우) 하늘에서 떨어지는 빗방울

808자	한자	훈&음	한어병음	간체자
654	雨	비 우	yǔ	
655	雪	눈 설	xuě	雪
656	雲	구름 운	yún	云
657	露	드러낼, 이슬 로노	lù	

雨雨(비 우) 맨 위는 하늘을 의미하는 一(하나 일), 그 아래는 하늘

에서 계속 내려오는 빗물을 뜻한다(우산, 강우량).

雪(눈 설) 위에는 하늘에서 내려오는 비(雨 비 우), 그 아래 사람의 손(又 또 우)이다. 비처럼 하늘에서 내려와 손으로 뭉쳐서 잡을 수 있는 눈을 뜻한다(폭설, 설탕).

雲(구름 운) 위에는 하늘에서 내려오는 비(雨 비 우), 그 아래는 하늘 또는 위쪽을 상징하는 二(=上 위 상), 그 아래 휘감아 도는 기운을 의미하는 갈고리 모양이 있다. 비를 내리는 구름이 하늘에서 뭉게뭉게 피어오르는 모습이다(성운, 적운).

露(이슬 로노) 위에는 하늘에서 내려오는 비(雨 비 우), 그 아래 멀리 떠나가거나(正 바를 정) 자기 집으로 돌아오는 모습(各 각각 각)을 의미하는 路(길 로노)가 있다. 먼 하늘에서 내려와 땅에 내려앉는 이슬을 뜻한다. 어두운 밤 모르는 사이에 내려와 아침에 풀에 맺혀 드러나므로 '드러나다'의 의미로도 사용된다(노숙자, 노지, 노출).

• **申(거듭 신)** 만물을 펼치는 신

808자	한자	훈&음	한어병음	간체자
658	申	거듭 신	shēn	
659	神	귀신 신	shén	神
660	電	번개 전	diàn	电

申(거듭 신) 가운데 무엇인가 접힌 것을 양쪽에서 두 손으로 잡아당겨 펴는 모습이다. '펴다(伸 펼 신)', '알리다'의 의미로 사용된다(신고, 신청).

神(귀신 신) 왼쪽은 제단을 의미하는 示(보일 시), 오른쪽은 두 손으로 무엇인가를 펴는 모습이다(申 거듭 신). 만물을 펼치고 장악하는 신을 뜻한다(신화, 정신, 신비).

電(번개 전) 위에는 하늘에서 내리는 비(雨 비 우), 그 아래 펼치는 모습을 의미하는 申(거듭 신)이다. 비 오는 날 하늘에서 번개가 여러 갈래로 펼쳐지는 모습이다(전화, 전기).

우주의 질서를 지키는 신성한 사람과 동물 모습의 신(神)(420~589)
(중국 국가박물관)

2) 땅

• 土(흙 토) 생물이 자라는 땅

808자	한자	훈&음	한어병음	간체자
661	土	흙 토	tǔ	
662	堅	굳을 견	jiān	坚
663	均	고를 균	jūn	

土(흙 토) 맨 아래 가로 획은 땅을 의미하고, 그 위에 열(10)을 의미하는 十(열 십)이 있는데 十(십)은 '많다'라는 뜻이다. 흙(땅)에서 다양한 생물들이 태어나(生 날 생) 자라는 모습을 그리고 있다(토지, 영토, 토요일).

堅(굳을 견) 위에는 꼼꼼히 살피는 눈(臣 신하 신), 그리고 사물을 관리하는 손(又 또 우)이 합해진 臤(어질 현)이 있고, 아래에 흙(土 흙 토)이 있다. 일이나 사물을 꼼꼼히 관리하는 신하처럼, 건물의 재료로 쓰는 흙이 꼼꼼하고 단단히 다져진 모습이다. '굳다', '튼튼하다'의 뜻이다(견고, 견지, 중견).

均(고를 균) 왼쪽은 흙(土 흙 토), 오른쪽은 허리를 굽히고 팔을 뻗어 무엇인가를 안는 모습인 勺(쌀 포)와, 그 속에 평평함을 의미하는 획이 두 개 그어져 있다. 사람이 허리를 굽혀 두 팔로 흙을 평평하게 고르는 모습을 그리고 있다(균형, 평균, 균등).

• 山(뫼 산) 산

808자	한자	훈&음	한어병음	간체자
664	山	뫼 산	shān	
665	仙	신선 선	xiān	
666	崇	높을 숭	chóng	
667	密	빽빽할 밀	mì	

山(뫼 산) 산봉우리 모양이다.

仙(신선 선) 왼쪽은 사람 (人 사람 인), 오른쪽은 산(山 뫼 산)이다. 속세를 떠나 산에서 사는 사람을 뜻한다(신선, 선인).

중국 안휘성(安徽省)에 있는 황산(黃山)

崇崇(높을 숭) 위에는 산(山 뫼 산), 그 아래 제단(示 보일 시)이 있는 집(宀 집 면)인 사당(宗 마루 종)이 있다. 높은 산에 사당을 세우고 신에게 제사를 지내는 모습으로, '높다', '존중하다'의 뜻이다(숭배, 숭상, 숭고).

密密(빽빽할 밀) 맨 위는 집(宀 집 면), 그 아래 전쟁용 무기인 창(戈 창 과)이 여러 개 꽂혀 있는 모습(必 반드시 필), 맨 아래 산(山 뫼 산)이 있다. 산의 나무들처럼 창들이 반듯하게 세워진 모습이다. 창은 소중한 물건으로 건물 안쪽 깊이 보관했는데, 아무나 드나들 수 없는 곳에 여러 개의 창들이 빽빽하게 진열되어 있는 모습에서 '빽빽함', '비밀' 등의 의미 사용된다(치밀, 정밀, 비밀).

• ß (언덕 부) 언덕

808자	한자	훈&음	한어병음	간체자
668	師	스승 사	shī	师
669	追	쫓을 추	zhuī	追
670	防	막을 방	fáng	
671	陰	응달 음	yīn	阴
672	除	덜 제	chú	
673	陸	뭍 륙육	lù	陆
674	部	거느릴 부	bù	
675	都	도읍 도	dōu	都

師師(스승 사) 왼쪽은 작은 산 또는 언덕을 의미하는 ß (언덕 부), 오른쪽은 천(巾 수건 건)으로 허리를 한 바퀴 감은 모습의 帀 (패두를 잡)이다.

阝(언덕 부)는 두 개의 봉우리가 튀어나온 언덕 모습을 편의상 세워 놓은 것으로, 언덕에 서 있는 지도자를 중심으로 병사들이 빙 둘러서 있는 모습이다. 높은 곳에 서서 자신을 둘러싼 많은 사람들을 지휘하는 지도자를 뜻한다(교사, 의사).

상나라 시기 장수들이 썼던 청동 투구(은허 왕릉유지)

追(쫓을 추) 왼쪽은 길(彳)과 발(止)이 합해져 왕래를 의미하는 辵(쉬엄쉬엄 갈 착), 오른쪽은 작은 산, 언덕을 의미하는 阝(언덕 부)이다. 높고 낮은 언덕을 지나는 모습으로, 누군가를 열심히 쫓아가는 모습이다(추적, 추구, 추가).

防(둑 방) 왼쪽은 언덕을 의미하는 阝(언덕 부) 오른쪽은 동서남북 사방(四方)을 의미하는 방(方)이 있다. 사방에 언덕 같은 둑을 쌓아 적으로부터 방어하는 모습이다(방어, 예방, 방지).

陰(응달 음) 왼쪽은 언덕을 의미하는 阝(언덕 부), 위에는 무엇인가를 모아 덮는 뚜껑을 의미하는 亼(삼합, 모으다 집), 그 아래 음식물을 의미하는 7이 합하여 음식물을 모아 덮어 놓은 모습의 今(이제 금)이 있고, 그 아래 하늘에서 구불구불 피어오르는 구름(云)이 있다. 여러 음식물을 한 곳에 모아 뚜껑을 덮듯, 구름이 하늘 가득 덮은 모습으로, 해가 잘 들지 않는 언덕의 뒤편이나 구름이 쌓여 흐린 하늘을 뜻한다(음지, 음흉, 음력).

除(섬돌 제) 왼쪽은 언덕을 의미하는 阝(언덕 부), 오른쪽은 위에 여러 가지를 모아 덮는 뚜껑을 의미하는 亼(모으다 집)과 그 아래 나무(木 나무 목)가 있는데, 나무로 기둥을 세우고 간이로 지붕(뚜껑)을 덮은 창고를 의미한다(余 나 여). 이 창고는 쓰고 남은 여러 가지 자재나 도구 등을 보관했던 곳으로, 사람이 잘 다니지 않는 언덕 위에 쓰고 남은 것들을 모아 둔 창고를 뜻한다. '없애다', '버리다'의 뜻이다(배제, 삭제, 제거).

陸(뭍 륙육) 왼쪽은 언덕을 의미하는 阝(언덕 부), 오른쪽 위에는 풀(屮)로 지붕을 올린 높은 건물(坴 륙육)이고, 그 아래 흙(土 흙 토)이 있다. 높고 평평한 언덕 위에 집을 지은 모습으로, 홍수의 피해를 입지 않는 높은 땅인 '육지'를 뜻한다(대륙, 육군, 착륙).

部(거느릴 부) 왼쪽은 날카롭게 날이 선 칼(辛 매울 신)과 입(口 입 구)으로 이루어진 咅(침 부)로, 공정하고 냉철한 말을 하는 관리를 뜻한다. 오른쪽은 성을 의미하는 口(구)와 그 아래 꿇어앉아 왕이나 귀족으로부터 권한을 부여받는 낮은 관리 모습의 巴(파)로 이루어진 邑(=阝 고을 읍)이 있다. 상부 기관으로부터 권력을 부여받은(咅) 낮은 관리가 다스리는 작은 고을로(邑, 阝), 커다란 행정 구역의 '일부'를 뜻한다(일부, 부분, 부품).

都(도읍 도) 왼쪽은 나무(木)에 불이 타는 모습으로, 제물을 불로 익히고 제사 지내는 사람들인 者(놈 자)이고, 오른쪽은 관리가 있는 작은 고을을 의미하는 邑(=阝 고을 읍)이다. 사람들이 모여 제사를 지내는 한 지역의 중심지를 뜻한다(도시, 수도, 도심).

• 厂(언덕 엄) 낭떠러지

808자	한자	훈&음	한어병음	간체자
676	反	돌이킬 반	fǎn	
677	厚	두터울 후	hòu	
678	危	위태할 위	wēi	

反(되돌릴 반) 왼쪽은 비탈진 낭떠러지를 의미하는 厂(기슭 엄), 오른쪽은 오른손(又 또 우)이다. 거꾸로 뒤집어질 듯한 낭떠러지처럼 손바닥을 반대로 뒤집는 모습이다. '반대'의 뜻이다(반대, 반발, 배반).

厚(두터울 후) 왼쪽은 낭떠러지 厂(기슭 엄), 그 안에 여러 층으로 된 높은 궁전(宮 집 궁)이 거꾸로 된 모습이 있다. 낭떠러지처럼 깊이 땅을 파고 땅 위가 아닌 땅속에 궁전을 세운 모습이다. 살아 있을 때 높이 세운 왕의 궁궐처럼 거꾸로 땅속 깊이 판 왕의 무덤을 뜻한다. 귀한 부장품을 넉넉하게 넣어 장례를 치르고(厚葬 후장: 비용을 많이 들인 장례), 흙으로 두텁게 덮어 도굴을 막았으므로 '후하다', '두텁다'의 의미로 사용된다(후대, 중후, 후덕).

危(위태할 위) 위에는 사람이 구부린 모습의 人(사람 인), 그 아래 낭떠러지를 의미하는 厂(기슭 엄), 그 아래 손에 무엇을 잡고 웅크린 모습의 巴(파)가 있다. 윗사람이 아랫사람에게 손을 뻗어 신표(옥)를 전달하는 모습인 色(빛 색)에서 발전한 글자로, 벼랑 위에 있는 사람이 벼랑 아래 위태롭게 웅크리고 있는 사람에게 손을 뻗어 잡고 있는(把 잡을 파) 모습이다 (위기, 위험, 위태).

• 氏(성씨 씨) 흙을 쥔 사람

808자	한자	훈&음	한어병음	간체자
679	氏	성씨 씨	shì	
680	低	낮을 저	dī	

氏(성씨 씨) 왼쪽은 허리를 숙인 일반인 모습(人)인데, 사람의 손에 흙(土)이 들려 있다. 土(흙 토)은 땅(一) 위의 많은 생물(十)을 의미하는 글자이다. 과거 땅(흙)은 만물을 소생시키는 어머니로 여겨져, 같은 땅(흙)에서 태어난 사람은 형제로 여겼다. 같은 흙에서 나온 여러(十 열 십) 사람들, 같은 씨족을 뜻한다(씨족, 성씨).

低(밑 저) 왼쪽은 사람(人), 오른쪽은 허리를 굽힌 사람이 흙(土)을 잡고 있는 모습인 氏(근본 저)이다. 인간이 태어난 땅(흙), 바닥(底 밑 저)을 의미하는데, '낮다'라는 뜻으로 사용된다(최저, 저가, 저렴).

• 谷(골짜기 곡) 골짜기

808자	한자	훈&음	한어병음	간체자
681	俗	풍속 속	sú	
682	浴	목욕할 욕	yù	
683	容	얼굴 용	róng	

俗(풍속 속) 왼쪽은 사람(人), 오른쪽은 골짜기 사이로 물이 모여 드는 웅덩이(口)가 있는 모습인 谷(골 곡)이다. 도회지가 아닌 골짜기에 살고 있는 평범한 사람들을 뜻한다(민속, 풍속, 속담).

 浴(목욕할 욕) 왼쪽은 물(水), 오른쪽은 골짜기 사이로 물이 모인 곳이다(谷 골 곡). 골짜기 사이의 물이 모인 곳은 목욕을 하기에 적당한 장소로, '목욕하다'의 의미로 사용된다(욕실, 해수욕장).

큰 그릇에 들어가 목욕을 하는 모습. 목욕할 욕(浴)자 이전 상나라 시기에 만들어진 글자이다.(중국 은허박물관)

상나라 시기 욕조와 같은 모양의 돌로 된 욕조. 고대 왕의 제사 시 몸을 정결하게 씻는 신성한 욕조로, 충남 부여의 백제 왕궁터에서 발굴되었다. 고대 한반도 북부에 있던 고대 국가 부여와 백제의 수도 부여, 고대 중원의 상나라는 서로 관련이 깊다.(부여박물관)

容(얼굴 용) 위는 집을 의미하는 宀(집 면), 그 안에 골짜기의 물이 모여드는 웅덩이를 의미하는 谷(골 곡)이 있다. 집 안에서 물이나 음식을 담는 데 사용하는 그릇(容器 용기)를 뜻한다. '담다', '받아들이다'의 뜻으로 사용되며, 그릇의 종류가 다양했으므로 '양

상나라 시기에 제작된 넓은 그릇(중국 은허박물관)

식', '용모'의 뜻으로도 사용된다(관용, 용서, 용모).

3) 물

• **水**(물 수) 흐르는 물

808자	한자	훈&음	한어병음	간체자
684	水	물 수	shuǐ	
685	流	흐를 류유	liú	
686	回	돌 회	huí	
687	永	길 영	yǒng	
688	滿	찰 만	mǎn	满
689	淺	얕을 천	qiǎn	浅
690	深	깊을 심	shēn	
691	冰	얼음 빙	bīng	
692	浮	뜰 부	fú	
693	溫	따뜻할 온	wēn	温
694	注	물 댈 주	zhù	
695	泰	클 태	tài	
696	漢	한수 한	hàn	汉
697	混	섞을 혼	hún	
698	潔	깨끗할 결	jié	洁
699	泉	샘 천	quán	
700	原	근원 원	yuán	
701	川	내 천	chuān	
702	江	강 강	jiāng	
703	湖	호수 호	hú	
704	洋	비다 양	yáng	

川 水(물 수) 물이 흐르는 모습이다. 流(흐를 류유) 왼쪽은 물

(水), 오른쪽 위는 아이(子)가 거꾸로 있는 모습이고, 그 아래 물이 흐르는 모습이다. 아이가 처음 태어날 때 많은 양수가 함께 흘러나오는 장면을 묘사한 것으로 '흐르다'의 뜻이다(교류, 유통, 유출).

回(돌 회) 길이나 물길이 곧지 않고 구불구불 돌아 나 있는 모습으로, '돌아오다'의 뜻이다(회복, 만회, 철회).

永(길 영) 왼쪽은 길이나 진행을 의미하는 彳(조금 걸을 척), 가운데 사람(人), 오른쪽에 흐르는 물을 간단히 표현한 모습이다. 사람이 강물을 따라 흘러내려 감을 뜻한다. 수영하다(泳)의 의미였으나, 이후 끝없이 이어지는 긴 강물의 모습에서 '길다'의 의미가 된다(영원, 영구, 영주).

滿(찰 만) 왼쪽은 물(水), 오른쪽은 10(十)이 두 개 있는 卄(스물 입), 그 아래 두 마리 말이 끄는 수레에 멍에가 나란히 두 개 있는 모습의 兩(= 㒳두 량양)이 있는데, 이 둘을 합한 㒼(평평할 만)은 두 개의 멍에(人)가 같은 높이에서 나란히 있듯이 많은(卄) 사물들이 평평하게 나란히 있는 모습을 뜻한다. 글자 앞에 물(水)이 추가되어 많은 물이 찰랑찰랑하게 퍼진 모습으로 '가득 차다'의 의미가 된다(만족, 불만, 미만).

淺(얕을 천) 왼쪽은 물(水), 오른쪽은 창(戈 창 과)이 두 개 겹쳐 있는 모습인 戔(쌓일 전)이다. 물속에 날카로운 돌들이 마치 창처럼 솟아 있는 모습으로, 돌이 많은 얕은 물을 상징한다(천박, 비천, 천시).

深(깊을 심) 왼쪽은 물(水), 오른쪽은 집을 의미하는 宀(집 면)과 안쪽을 의미하는 内(안 내)가 합쳐져, 내부가 깊이 파인 동굴 집인 穴(구멍 혈)을 의미하고 있다. 그 아래 오른손(又 또 우)과 오른손이 잡고 있는 불(火 불 화)이 있는데, 손으로 횃불을 들고 동굴을 탐색(探 찾을 탐)하는 모습을 그리고 있다(罙 무릅쓸 미). 깊고 어두운 동굴처럼 깊이를 알 수 없는 깊은 물속을 묘사한다(심야, 심화, 심각).

 冰(얼음 빙) 왼쪽은 고드름처럼 뾰족한 고드름이나 서릿발이고(冫 = 仌 얼음 빙), 오른쪽은 물이 있다. 물이 고드름처럼 얼어붙은 모습이다(빙수, 빙상, 결빙).

 浮(뜰 부) 왼쪽은 물(水), 오른쪽은 손으로 아이를 잡고 있는 모습의 孚(미쁠 부)이다. 물속에서 아이를 안전하게 잡고 아이가 물에 빠지지 않고 놀 수 있도록 돕는 모습으로 '뜨다'의 뜻이다(부양, 부각, 부력).

 溫(따뜻할 온) 왼쪽은 물(水), 오른쪽은 청동으로 만든 제사용 솥(鼎 솥 정)이다. 청동기 안에 담긴 술이나 음식이 식지 않고 오랫동안 따뜻하게 유지되는 모습이다(보온, 온도, 온난).

제사용 청동기(요녕성박물관)

 注(물 댈 주) 왼쪽은 물(水), 오른쪽 위에는 무엇인가 담을 수 있는 그릇과 그 속에 점이 찍혀 있고, 그 아래 나무(木 나무 목)가 있다. 나무로 만든 등잔대 꼭대기에 있는 그릇에 기름을 붓고(注 물 댈 주) 심지(炷 심지 주)에 불이 붙은 모습이다. 등잔에 조심스럽게 기름을 붓고(水) 불을 피운 모습을 그리고 있다. '주의', '집중'의 의미로 사용된다(주목, 주의, 주시).

泰(큰 태) 위에는 큰 사람을 의미하는 大(큰 대), 그 아래 두 손(双 쌍 쌍), 그 아래 물(水)이 있다. 제사를 지내기 전에 제사의 주관자인 지위가 높은 사람을 물로 닦아 정결하게 하는 제례의식을 묘사하고 있다. 제사의 주인공인 왕 또는 제사장의 크고 의연한 모습을 뜻한다(태연, 태평).

漢(한수 한) 왼쪽은 물(水), 오른쪽은 동물의 가죽을 머리부터 다리까지 벗겨 넓게 편 모습의 윗부분(革 가죽 혁)과 진흙을 의미하는 아랫부분(土, 堇 진흙 근)이 합해진 글자이다. 동물에서 벗겨 낸 가죽은 그대로 두면 썩거나 딱딱해지고 못쓰게 되므로 황토가 섞인 물에 담근 뒤 이를 불에 건조하는 등의 힘든 과정이 필요하다. 이렇게 글자의 왼쪽은 가죽을 가공하는 힘든 공정을 의미하는데(難 어려울 난), 양자강 상류 지역인 한강(漢江)은 고대 정치범을 수용하던 오지로, 험난하고 다가가기 어려웠으므로 '강 상류의 다가가기 어려운 곳'이라는 의미로 이 글자가 만들어지게 된다.

유방(BC 266/247?~BC 195)이 중국을 통일하고 한(漢)나라를 세우기 전, 라이벌인 항우(BC 232~BC 202)에 밀려 오지인 한강 유역(漢中)으로 좌천되면서 한왕(漢王)이라는 작위를 받게 된다. 이후 그는 점차 세력을 길러 항우를 물리치고 중국을 통일한 뒤 국호를 '한(漢 BC 206~AD 220)'으로 정하는데, 이때로부터 '한(漢)'이라는 명칭은 중국을 대표하는 호칭이 된다. 현재 중국어의 공식 명칭은 '한어(漢語)'이고 이 한어를 쓰는 90% 이상의 주류 민족을 한족(漢族)이라 하며, 중국 글자를 '한자(漢子)'라고 한다.

混(섞을 혼) 왼쪽은 물(水), 오른쪽 위는 해(日)가 있고, 그 아래 사람들이 어깨를 나란히 하고 서 있다(比 견줄 비). 글자 오른쪽의 昆(형 곤)은 해 아래에 사람들이나 곤충이 잡다하게 모여 섞여 있는 모습을 묘사하는데, 사람이 모여들 듯 여러 줄기의 강물이 합쳐져 섞이는 모습을 그리고 있다(혼란, 혼합, 혼돈).

潔(깨끗할 결) 왼쪽은 물(水), 오른쪽 씨실과 날실이 교차해서 만들어진 천(丰 풀이 무성한 모양 봉)과, 천을 자르는 칼(刀), 그 아래 실(糸 가는 실 사)이 있다(絜 헤아릴 혈). 천의 끝 부분에 불규칙하게 튀어나온 실들을 깔끔하게 잘라 다듬듯이 더러운 사물을 물로 깨끗하게 씻어 단정하게 만드는 것을 뜻한다(청결, 고결, 간결).

泉(샘 천) 위에는 물이 솟아나오는 샘물, 그 아래 물줄기가 있다(온천, 원천, 광천수).

原(근원 원) 깎아지른 듯 높은 산기슭, 절벽을 의미하는 厂(기슭 엄), 그 아래 샘에서 물이 흐르는 모습이다. 물이 처음 흘러내리기 시작하는 높은 언덕으로, '근본'을 뜻한다(원인, 원칙, 원리).

川(내 천) 물이 굽이쳐 흐르는 시내를 뜻한다(하천, 개천).

江(강 강) 왼쪽은 물(水), 오른쪽은 건물을 짓거나 물건을 만들 때 사용하는 공구인 工(장인 공)이다. 工(장인 공)은 크기가 컸으므로 과거에는 巨(클 거)와 같은 의미로 사용되기도 했다. 커다란 강을 의미하며, 중국에서 가장 큰 강인 양자강의 고유 호칭이다. 이후 이 글자는 큰 하천을 의미하는 보통명사가 되어 일반적인 강을 의미하게 된다(강남, 한강, 강산).

湖(호수 호) 왼쪽은 물(水), 오른쪽은 오랫동안 전해져 오는 말을 의미하는 古(옛 고), 그 옆에 세월을 의미하는 달(月 달 월)이 있다. 오랜 세

월 동안 변하지 않고 고여 있는 물인 호수를 뜻한다(호수, 호남, 담수호).

洋洋(바다 양) 왼쪽은 물(水), 오른쪽은 제물로 사용되던 양(羊 양 양)이다. 양을 제물로 바치던 넓고 큰 강이나 호수를 의미하는데, 이후 바다를 의미하게 된다(해양, 서양, 양주).

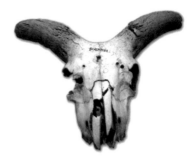

상나라 시기(BC 1600~BC 1046) 제사에 바쳐지던 양의 머리(중국 은허박물관)

4) 불

• **火(불 화)** 타오르는 불꽃

808자	한자	훈&음	한어병음	간체자
705	火	불 화	huǒ	
706	赤	붉을 적	chì	
707	燈	등잔 등	dēng	灯
708	然	그러할 연	rán	
709	煙	연기 연	yān	烟
710	熱	더울 열	rè	热
711	榮	꽃 영	róng	荣

火火(불 화) 타오르는 불꽃을 묘사한다.

炎赤(붉을 적) 위에는 당당하게 서 있는 귀족(大 큰 대), 그 아래 불꽃(火 불 화)이 있다. 불의 색처럼 붉은 옷을 입은 귀족을 묘사하고 있는데,

고대에 높은 지위에 있는 사람들은 불꽃의 색인 붉은색 옷을 입었다. '붉다'의 의미로 사용된다(적신호, 적혈구, 적색).

곤룡포(국립고궁박물관): 조선시대 왕과 황태자가 입던 붉은 색 평상복이다.

賞 燈(등잔 등) 위에 접근을 의미하는 두 발(止+止=癶), 그 아래 제사용 청동기(豆), 그 아래 불(火)이 있다. 제사를 지내기 위해 청동기가 있는 높은 곳에 올라(登 오를 등) 청동 그릇에 불을 피워 제물을 익히고 제사를 드리는 모습이다. 이후 높은 곳에 불을 피우는 등불의 의미로 변하여 사용된다(등유, 가로등, 등잔).

燃 然(그러할 연) 왼쪽은 고기(肉 고기 육), 그 옆은 개(犬 개 견), 그 아래 불(火 불 화)이 있다. 개를 불로 그을려 태우는(燃 사를 연) 모습이다. 돼지나 소 등 다른 동물들은 도축한 뒤 부위별로 나누어 삶거나 굽지만, 과거에 개는 통째로 불에 직접 그을려 고기를 익혔다. 다른 동물과 달리 개는 불로 그을려 잡는 것이 옳다는 뜻으로, '(당연히) 그러하다', '틀림없다'는 의미로 사용된다(당연, 자연, 우연).

煙 煙(연기 연) 왼쪽은 불(火), 오른쪽 위는 새가 둥지 위에 앉은 모습(西 시녁 시), 그 아래 흙(土)이 있다. 집 안에 흙을 파고 화로를 만들어 불을 지피는 모습이다. 과거 움집에서는 집 안 가운데를 움푹하게 파

방 안에서 숯을 담아 불을 피우던 화로 (조선시대)(국립민속박물관)

고 화로를 만들어 보온을 하거나 음식을 만들었는데, 나무(숯)를 얼기설기 넣어 불을 지피는 모습이 마치 새의 둥지처럼 보인다. 화로에 불을 지피면 집 안 가득 연기가 차므로 '연기'의 뜻으로 사용된다(연기, 흡연, 매연).

熱(더울 열) 왼쪽 위에는 풀(屮)로 지붕을 올린 건물을 의미하는 六(륙육)과 아래 흙(土 흙 토)이 있다. 오른쪽에는 허리를 숙이고 두 손을 내밀고 있는 모습의 丮(잡을 극), 그리고 맨 아래 불(火=灬)이 있다. 지붕을 풀로 엮은 움집에서 불을 지피고 두 손을 쬐는 모습이다. '덥다', '따뜻하다'의 뜻이다(열기, 가열, 열정).

榮(꽃 영) 위에는 불(火)이 여러 개 켜진 모습이고, 그 아래 불을 받치는 받침대와 그 아래 받침대를 받치는 나무로 된 높은 대가 있다. 높은 대 위에 여러 등불을 한꺼번에 밝힌 모습이다. 글자가 처음 만들어질 때는 나뭇가지마다 핀 화려한 꽃을 의미했는데, 이 모습이 마치 높은 대 위에 여러 개 밝힌 초와 같아 '영화롭다', '화려하게 빛나다'의 의미로 사용된다 (번영, 영광).

5) 식물

• **生**(날 생) 흙에서 자라는 풀

808자	한자	훈&음	한어병음	간체자
712	生	날 생	shēng	
713	産	낳을 산	chǎn	产
714	姓	성씨 성	xìng	
715	性	성품 성	xìng	
716	星	별 성	xīng	

生(날 생) 위에는 풀(中), 그 아래 흙(土)이 있다. 흙에서 풀이 나고 자라는 모습이다. '생기다', '낳다'의 뜻으로 사용된다(발생, 생활, 학생).

産(낳을 산) 위에는 서 있는 남자(立 설 립), 그 아래 언덕이나 높은 곳을 의미하는 厂(기슭 엄), 그 아래 땅에서 나서 자라는 식물(生)이 있다. 풀을 높이 쌓아 올리는 남자의 모습이다. 풀은 가축의 사료, 지붕의 재료 등 여러 용도로 사용되었는데, 풀을 잘라 모으고(생산) 쌓는 것은 '재산'이 늘어난다는 뜻이다. '재산', '생산(낳다)'의 의미로 사용되고 있다(산업, 부동산, 축산).

姓(성 성) 왼쪽은 여자(女), 오른쪽은 흙에서 식물이 태어남을 의미하는 生(날 생)이다. 여자와 흙은 사람과 식물의 기원으로서, 같은 어머니, 같은 땅에서 태어난 사람들을 뜻한다(백성, 성명, 성씨).

性(성품 성) 왼쪽은 마음(心), 오른쪽은 흙에서 식물이 태어나는 모습이다(生). 땅에서 처음 태어난 식물은 비록 싹은 비슷하지만, 타고난 본성에 따라 다양한 종류로 자라난다. 이처럼 사람의 마음도 타고난 '본성', '천성'이 있음을 뜻한다(성격, 가능성, 개성).

星(별 성) 위에는 해(日)처럼 빛나는 여러 개의 별(晶 밝을 정)이 있고, 그 아래 태어남을 의미하는 生(날 생)이 있다. 고대 세계에서 별은 만물의 정령(영혼)이 머무는 곳이라 여기고 별을 신처럼 숭배했다. 이 글자에 그러한 생각이 반영되어 만물이 별에서 기원했음(生)을 그리고 있다(위성, 행성, 혜성).

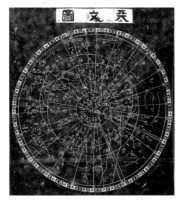

돌에 새겨진 천문도(1247). 동아시아 왕들은 백성들에게 천문을 통해 시기와 날짜, 명절 등을 알리는 일이 중요한 임무였다(중국 소주(蘇州) 박물관)

• 才(재주 재) 새싹

808자	한자	훈&음	한어병음	간체자
717	才	재주 재	cái	
718	材	재목 재	cái	
719	在	있을 재	zài	
720	存	있을 존	cún	

才(재주 재) 풀(屮)이나 나무(木)의 새싹이 땅에 뿌리를 내리고 올라오는 모습이다. 여러 식물의 새싹을 의미하며 타고난 바탕, 근본, 조금 등의 의미로 사용된다(재능, 인재, 재질).

材(재목 재) 왼쪽은 나무(木), 오른쪽은 타고난 바탕을 의미하는 새싹(才 재주 재)이다. 여러 종류의 나무가 갖는 고유의 바탕(재질)을 뜻한다 (소재, 재료, 목재).

在(있을 재) 왼쪽은 처음 땅에서 뿌리를 내리는 새싹(才 재주 재),

오른쪽은 흙(土 흙 토)이다. 식물이 땅에 뿌리내리고 한자리에 머물면서 자라남을 의미하며, '있다'의 뜻으로 사용된다(존재, 현재, 잠재).

抖存(있을 존) 왼쪽은 처음 땅에서 뿌리를 내리는 새싹(才 재주 재), 오른쪽은 갓 태어난 아이(子)이다. 새싹이나 어린 아이는 연약해서 많은 관심을 두고 보살펴야 함을 뜻한다. 원래 '관리하다', '보살피다'의 의미에서 '보존하다', '존재하다'의 의미로 파생된다(존재, 보존, 의존).

• 木(나무 목) 나무

808자	한자	훈&음	한어병음	간체자
721	木	나무 목	mù	
722	林	수풀 림임	lín	
723	休	쉴 휴	xiū	
724	末	끝 말	mò	
725	本	근본 본	běn	
726	困	괴로울 곤	kùn	
727	村	마을 촌	cūn	
728	未	아닐 미	wèi	
729	味	맛 미	wèi	
730	朱	붉을 주	zhū	
731	松	소나무 송	sōng	
732	植	심을 식	zhí	植
733	速	빠를 속	sù	速
734	樹	나무 수	shù	树
735	栽	심을 재	zāi	
736	橋	다리 교	qiáo	桥
737	果	열매 과	guǒ	
738	課	매길 과	kè	课

木(나무 목) 나무의 위로 뻗은 가지와 아래로 뻗은 뿌리를 묘사한다 (목재, 초목, 목공).

林(수풀 림임) 나무가 여러 그루 서 있는 숲을 뜻한다(산림, 밀림, 원시림).

休(쉴 휴) 왼쪽은 사람(人), 오른쪽은 나무(木)이다. 사람이 나무 밑에서 쉬는 모습이다(휴식, 휴가, 휴일).

末(끝 말) 위에 가로 횡(一)은 높음을 상징하고, 아래에 나무(木)가 있다. 나무의 가장 높은 끝부분을 뜻한다(종말, 결말, 주말).

本(밑 본) 위는 나무(木)이고, 아래에 가로 횡은 낮음(下)을 뜻한다. 나무의 뿌리를 가리키며 '근본'의 의미로 사용된다(기본, 자본, 본인).

困(괴로울 곤) 밖에는 경계, 변두리를 의미하는 口, 그 안에 나무(木)가 있다. 나무를 모아 끈으로 묶어 쌓아 둔 모습이다. 나무를 잘라 다듬어 옮기기 쉽게 쌓아 묶는 일은 매우 힘들고 피곤한 일이므로 '피곤하다'라는 의미로 사용되고, 그런 힘든 일을 하는 사람의 '가난함'을 상징하기도 한다(곤란, 피곤, 빈곤).

村(마을 촌) 왼쪽은 나무(木), 오른쪽은 손가락 마디를 구부린 모습인 寸(마디 촌)이다. 손가락 마디가 일정한 간격으로 있는 것처럼 나뭇가지가 나무줄기에서 일정한 간격으로 하나 둘 뻗어나간 모습이다. 큰길에서 일정한 거리마다 형성된 '마을'을 뜻한다(농촌, 촌락, 어촌).

未(아닐 미) 위에는 심지가 꽂힌 그릇이고, 그 아래 나무(木)가 있다. 나무로 만든 등잔대 위에 올려진 등잔에 아직 불이 붙지 않은 모습이다. 등잔에 불을 붙이기에는 아직 이른 어둑할 때(昧 어두울 매)를 뜻한다. '아직'의 뜻으로 사용된다(미래, 미만, 미흡).

味(맛 미) 왼쪽은 입(口), 오른쪽은 '아직'을 의미하는 불을 붙이지 않은 등잔불(未)이다. 음식이 아직(未) 완성되기 전에 맛을 보는 모습이다(미각, 흥미, 의미).

朱(붉을 주) 나무(木)의 한가운데에 가로로 획이 그어져 있다. 나무의 줄기를 의미한다(株 그루 주). 원래는 나무의 줄기 가운데에 붉은 흙을 의미하는 점이 찍혀 있는 모습이었다(硃 붉은 광물 주). 줄기가 붉은 나무라는 뜻으로 현재 '붉다'라는 의미로 사용된다(인주, 주홍, 자주).

松(소나무 송) 왼쪽은 나무(木), 오른쪽은 사(私)적이지 않고 공개적으로 말하는 모습의 公(공변될 공)이다. 公(공)은 공정한 사무를 하는 높은 관리를 상징하는데, 소나무가 나무 중에서도 중요하고 높은 위치에 있는 나무라는 뜻이다. 우리나라에서는 소나무가 나무 중 으뜸이라는 믿음으로 궁궐을 지을 때 소나무만을 사용했다. 소나무와 비슷한 모습의 잣나무는 나무(木) 중에 우두머리(白)라는 의미를 담아 柏(백)이라 한다. 소나무와 잣나무는 음식, 가구, 건축 재료 등으로 사용되어 온 중요한 나무였다(송진, 송화).

植(심을 식) 왼쪽은 나무(木), 오른쪽은 눈을 똑바로 뜨고 90도로 꺾인 곡자가 똑바른지 확인하는 모습이다(直 곧을 직). 반듯하게 수직으로 꺾인 자인 곡자처럼 나무를 수직으로 바르게 심고 있는 모습이다(식목일, 식물, 이식).

速(빠를 속) 왼쪽은 길(彳)을 걷는(止) 의미의 辵(쉬엄쉬엄 갈 착), 오른쪽은 가운데 짐을 두고 싼 보자기를 위와 아래로 묶은 모습인 束(묶을 속)이다. 길을 떠나기 전 허리띠나 짐을 단단히 묶어 신속하게 이동할 수 있도록 한 모습이다. '빠르다'의 뜻으로 사용된다(신속, 속도, 고속).

樹(나무 수) 왼쪽은 나무(木), 가운데 위는 흙에서 자라는 식물(生), 그 아래는 굽이 높은 그릇(豆), 오른쪽은 손가락 마디(寸)이다. 자연스럽게 자라난 나무와 달리 그릇에서 정성껏 기른 나무 묘목을 손으로 옮겨 바르게 심는(尌 세울 주) 모습이다. '나무', '심다'의 의미로 사용된다(식목일, 수목, 가로수).

栽(심을 재) 위에는 식물이 자라는 모습(生)이고, 그 아래 발이 셋 달린 그릇(不), 오른쪽에 창날이 가로로 된 창(戈 창 과)이 있다. 창의 자루로 쓰일 귀한 나무의 묘목을 제사용 그릇에 정성껏 길러 재배하는 모습이다. '재배하다'의 뜻이다(재배, 분재).

상(은)나라 시기 제작된 청동 창(중국 은허박물관)

橋(다리 교) 왼쪽은 나무(木), 오른쪽 위는 지위가 높은 사람(大)이 고개를 치켜든 모습(夭), 그 아래는 높은 건물(성문)을 의미하는 高(높을

고)이다. 나무로 높이 세워 만든 다리 위를 당당히(驕 교만할 교) 걸어가는 사람을 뜻한다(교량, 대교, 철교).

果(실과 과) 나무 위에 열매가 여기저기 달린 모양을 본 뜬 글자이다. 나무가 '열매를 맺다'의 의미에서 일의 '결과'를 뜻하게 된다(결과, 효과, 과연).

課(매길 과) 왼쪽은 사실을 말하는 입(言)을, 오른쪽은 나무의 과일을 뜻한다. 공적인 장소에서 자신이 익숙히 알고 있는 내용을 논리적으로 말하면(言 말씀 언) 심사관이 그 결과(果 실과 과)를 평가하는 모습이다. '공부하다', '시험보다', '과목' 등의 의미로 사용된다(과제, 과외, 방과).

- **艸(풀 초) 풀**

808자	한자	훈&음	한어병음	간체자
739	草	풀 초	cǎo	
740	華	빛날 화	huá	华
741	花	꽃 화	huā	
742	茶	차 다차	chá	
743	落	떨어질 락	luò	
744	藥	약 약	yào	药
745	葉	잎 엽	yè	叶
746	藝	재주 예	yì	艺

草(풀 초) 위에는 풀(艸 풀 초), 아래는 풀 위로 해가 떠오르는 모습인 무(새벽 조)이다. 아침에 해가 뜰 때 지평선에서 어지럽게 흔들리는 풀을 뜻한다(초원, 초식동물).

華(꽃 화) 위에는 곡식이 여문 벼(禾 벼 화), 그 아래는 많음을 의미하는 十(열 십)이 있다. 곡식이 여문 벼가 익어 화려하게 빛나는 모습이다(䅠 벼가 무성할 화). 이후 글자 위에 식물을 의미하는 艸(풀 초)가 추가되어 무성하고 화려한 식물을 강조한다. 고대(BC11세기) 중국 서쪽에 살다가 동쪽 사람들을 물리치고 중원을 차지한 사람들을 화하(華夏)족이라 했는데, 이때부터 화(華)는 한(漢)과 더불어 중국을 대표하는 말로 사용된다(중화, 화교, 화려, 화사).

花(꽃 화)는 원래 모습인 華(빛날 화)에서 편의상 바꿔 통용된 글자로, 위에는 풀(艸 풀 초), 아래는 사람이 자세를 바꾸는 모습인 化(될 화)이다. 풀이 어느 정도 자라면 원래의 모습에서 색과 모양이 다른 꽃이 맺어짐을 뜻한다(화분, 개화, 화투).

茶(차 다) 위에는 식물(艸 풀 초), 아래는 여러 가지를 모아 덮는 뚜껑을 의미하는 스(모으다 집)와 그 아래 나무(木 나무 목)가 있는 余(나 여)이다. 나무로 기둥을 세우고 간이로 지붕(뚜껑)을 덮은 창고를 의미하는데, 쓰고 남은 여러 가지 자재나 도구 등을 보관했던 곳이다. 찻잎(艸)을 따서 창고(余)에 보관하여 건조나 발효를 시키는 모습이다(녹차, 홍차, 다도).

落(떨어질 락) 위에는 식물(艸 풀 초), 아래는 물(水), 그리고 발을 거꾸로 돌려 자기 집으로 돌아오는 모습(各 각각 각)이 합쳐진 洛(강 이름 락낙)으로, 위에서 아래로 흘러내리는 물을 그리고 있다. 물이 흘러내리듯 식물의 잎이 아래로 떨어지는 모습이다(추락, 누락, 타락).

藥(약 약) 위에는 식물(艸 풀 초), 아래는 실(絲 실 사)과 나무(木)로 만든 현악기, 그리고 가운데에 곡식으로 만든 흰 술을 마시며 떠드는 모습

(白)이 합해진 樂(즐길 낙락)이 있다. 아픈 사람에게 원기를 회복시켜 주어 다시 즐거운 기분이 들게 하는 식물을 뜻한다(약초, 약국, 보약).

葉(잎 엽) 위에는 식물을 의미하는 艸(풀 초), 그 아래에 앞으로 나아가는 발자국 모양의 止(발 지)와 十(열 십)이 동시에 세 개 있는 모습이 합쳐진 모습인 世(대 세), 그 아래 나무(木)가 있다. 나무가 자라나며(止) 나뭇잎(艸)이 가지마다 많이 붙어 있는(世) 모습으로, '나뭇잎'을 뜻한다(낙엽, 침엽수, 엽서).

藝(심을 예) 맨 위는 식물을 의미하는 艸(풀 초), 그 아래에 나무(木), 그 아래 흙(土)이 있고, 오른쪽에 허리를 숙인 사람이 두 손을 내밀고 있는 모습(丮 잡을 극)이 있다. 글자 맨 아래 云(이를 운)은 구불구불 피어오르는 구름인데, 높낮이가 다른 말(시, 노래)을 비유하기도 한다. 처음 글자가 만들어졌을 때는 초목을 잘 심고(埶 심을 예) 가꾸는 재능을 의미했으나, 이후 말(시, 노래)을 잘하거나 학문에 뛰어난 사람을 의미하게 된다(예술, 연예인, 예능).

• **青(푸를 청) 풀처럼 파란 광물**

808자	한자	훈&음	한어병음	간체자
747	青	푸를 청	jīng	青
748	晴	갤 청	qíng	晴
749	清	맑을 청	qīng	清
750	情	뜻 정	qíng	情

青(푸를 청) 위에는 땅에서 자라는 식물을 의미하는 生(날 생)이 있

고, 그 아래 우물(井 우물 정)과 그 속에 점이 한 개 있는데, 이 점은 광물을 캐는 우물(광정)에서 눈에 띄는 광물을 가리킨다. 붉은 흙(丹 붉을 단)으로 가득한 광정(鑛井)에서 풀처럼 파란색의 광물이 발견된 모습을 그리고 있다(청색, 청년, 청천).

상나라 시기(BC 13세기~BC 11세기) 다양한 모양의 장식물. 위의 동물 모양 장식물에 파란색 광물이 상감되어 있다.(중국 은허박물관)

晴(갤 청) 왼쪽은 해(日) 오른쪽은 파란색(靑)이다. 해와 파란 하늘은 '맑음'을 상징한다(쾌청).

淸 淸(맑을 청) 왼쪽은 물(水), 오른쪽은 파란색을 의미하는 靑(푸를 청)으로, 물이 파랗고 맑은 모습이다(청명, 청소, 청결).

情 情(뜻 정) 왼쪽은 마음(心), 오른쪽은 청초하고 맑은 푸른색을 의미한다(靑). 마음이 맑고 파란 모습으로, 싱싱하고 아름다운 감정을 뜻한다(감정, 정서, 우정).

• 竹(대 죽) 대나무

808자	한자	훈&음	한어병음	간체자
751	竹	대 죽	zhú	
752	筆	붓 필	bǐ	笔
753	答	대답할 답	dá	
754	等	가지런할 등	děng	
755	算	셀 산	suàn	
756	節	마디 절	jiē	节

竹 竹(대 죽) 위에는 뾰족한 잎들을, 그 아래는 줄기를 뜻한다. 끝이 고드름처럼 뾰족한 잎을 가진 대나무를 묘사한다(폭죽, 죽제품).

筆 筆(붓 필) 위에는 대나무(竹), 가운데는 손(又), 그 아래 나무뿌리(本)같이 많은 숱이 달린 모습이다. 대나무로 만든 붓을 손으로 잡고 있는 모습이다(필통, 집필, 필기).

答 答(대답할 답) 위에는 대나무(竹), 아래는 그릇(口)에 물건들을 모아 덮은 모습인 合(합할 합)이다. 고대에 종이 대신 대나무를 잘라 넓게 만든 죽간에 여러 글자를 쓴(모아 놓은) 모습이다. 죽간에 글을 적어 묶은 뒤 상대방에게 자신의 뜻을 전한다는 뜻이다(답변, 대답, 응답).

等 等(가지런할 등) 위에는 대나무(竹), 그 아래는 한곳에 멈추어 선 발(止 그칠 지), 그 아래 일을 진행시키는 것을 의미하는 손(寸)이 있다. 한곳에 머물며(止 터 지) 업무를 보는 관청(寺 절 사)에서 죽간에 쓴 글을 분류하여 가지런히 보관한 모습이다. '무리', '동등'의 의미로 사용된다(등급, 평등, 고등).

算 算(셀 산) 위에는 대나무(竹), 가운데는 주판과 같이 계산하는 도구, 맨 아래는 두 손(共 함께 공)이 있다. 대나무로 만든 계산하는 도구(具 갖출 구)를 조작하는 모습이다(계산, 예산, 암산).

조선시대 주판(국립중앙박물관)

節(마디 절) 위에는 대나무(竹), 아래 왼쪽은 흰 곡식(白 흰 백)과 숟가락(匕 숟가락 비)으로 이루어진 良(좋을 량양), 아래 오른쪽은 높은 사람 앞에 무릎 꿇고 고개를 숙인 관리(卪)이다. 신 앞에 흰 곡식을 바쳐 제사를 드리고 난 뒤 음식 앞으로 나아가(卽 곧 즉) 대나무 마디처럼 일정한 절차에 맞춰 조금씩 제사 음식을 먹는 모습을 그리고 있다(절기, 절약, 조절).

4) 동물

• 鳥(새 조) 새

808자	한자	훈&음	한어병음	간체자
757	鳥	새 조	niǎo	鸟
758	鳴	울 명	míng	鸣
759	島	섬 도	dǎo	岛

鳥(새 조) 새의 모습이다(조류, 백조).

鳴(울 명) 왼쪽은 입(口) 오른쪽은 새(鳥)이다. 새가 우는 모습이다(비명, 자명종).

島(섬 도) 위는 새(鳥), 아래는 산(山)이다. 바다 한가운데에 산처럼 솟아 있는 섬에는 인적이 드물어 바닷새들이 군집하여 사는 경우가 많다(반도, 도서지역).

상나라 시기 제작된 옥으로 만든 새(중국 은허박물관)

• 隹(새 추) 새

808자	한자	훈&음	한어병음	간체자
760	集	모일 집	jí	
761	難	어려울 난	nán	难
762	雄	수컷 웅	xióng	
763	誰	누구 수	shéi	谁
764	進	나아갈 진	jìn	进
765	推	밀 추	tuī	
766	應	응할 응	yīng	应

集(모일 집) 위는 새(隹 새 추)가 앉은 모습이고, 아래는 나무(木 나무 목)이다. 나무에 새가 무리지어 앉은 모습을 그리고 있다(집단, 수집, 모집).

難(어려울 난) 왼쪽은 동물의 가죽을 머리부터 다리까지 벗겨 넓게 편 革(가죽 혁)과 진흙(土)이 합해진 글자로 가죽을 진흙에 담근 모습(堇 진흙 근)이고, 오른쪽은 새(鳥 새 조)이다. 가죽은 벗긴 상태 그대로 두면 썩거나 딱딱해지고 못쓰게 되므로 황토가 섞인 물에 담가 썩지 않게 하고 이를 불에 건조하는 등의 어려운 과정을 통해 가공한다. 새를 잡는 일 역시 동물의 가죽을 가공하는 일 만큼이나 어렵고 까다로우므로 '어렵다'는 의미로 사용된다(곤란, 재난, 비난).

雄(수컷 웅) 왼쪽은 팔을 굽혔을 때 근육이 튀어나오는 모습(厷 팔뚝 굉)이고, 오른쪽은 새(隹 새 추)이다. 수탉처럼 힘이 센 수컷 새를 뜻한다(웅변, 웅장, 영웅).

誰(누구 수) 왼쪽은 공적이고 직설적인 말(言 말씀 언)이고, 오른쪽은 새(隹 새 추)이다. 낯선 사람을 경계하며 멀리에서 누구인지 확인하기 위해 새가 울 듯 신호를 보내는 모습이다. 현대 중국어에 자주 사용되는 의문사이다.

고대 국가의 정신적 상징이자 왕권의 상징이기도 했던 청동 제기. 왼쪽에 제물로 바치던 새 모양의 뚜껑이 보인다.(중국 은허박물관)

進(나아갈 진) 왼쪽은 길(彳)과 발(止)로 이루어져 걸어가는 모습을 의미하는 辵(쉬엄쉬엄 갈 착), 오른쪽은 새(隹 새 추)이다. 제사용 제물로 사용되던 새를 잡아 높은 사람에게 선물로 바치기 위해 가까이 다가가는 모습이다(진행, 전진, 추진).

推(옮을 추) 왼쪽은 손(手 손 수), 오른쪽은 새(隹 새 추)이다. 손으로 새를 들어 바치는 모습이다. 높은 사람에게 자신이 가지고 있는 좋은 제물인 '새'를 건네는 장면이다. '추천하다', '밀다' 등의 의미로 사용된다(추천, 추진, 추정).

應(응할 응) 넓은 큰 집을 의미하는 广(집 엄), 그 안에 사람(人), 새(隹 새 추), 마음(心)이 있다. 집은 지붕 모습이 시옷자(ㅅ) 형태이고, 지위가 낮은 일반인인 人(사람 인)은 왕이나 귀족이 지나갈 때 뒤에서 줄을 지어 따라가야 한다. 이러한 모습들은 우두머리의 지시에 따라 시옷자(ㅅ) 형태로 줄지어 날아다니는 새인 기러기(雁 기러기 안)의 특징과 흡사하다. 줄지어 나는 기러기처럼 앞사람의 지시에 따라 뒷사람이 마음(心)으로 호응하는 모습으로 '응하다', '맞장구치다'의 뜻이다(반응, 응답, 적응).

• **蒦**(황새 관) 목이 긴 황새

808자	한자	훈&음	한어병음	간체자
767	觀	볼 관	guān	观
768	權	권세 권	quán	权
769	勸	권할 권	quàn	劝
770	歡	기뻐할 환	huān	欢

觀 觀(볼 관) 왼쪽은 위에 볏이 있고 목이 길고 눈이 큰 새인 황새(蒦 황새 관)를 뜻한다. 오른쪽은 무릎을 꿇고 상대를 바라보는 사람을 의미하는 見(볼 견)이다. 한곳에 오래 머물러 서서 주변을 살피는 황새처럼 오랫동안 바라보는 모습이다(관찰, 관광, 관점).

權 權(저울추 권) 왼쪽은 나무(木), 오른쪽은 목이 길고 눈이 큰 새(蒦 황새 관)로 주변을 살피며 관리하는 높은 위치에 있는 사람을 뜻한다. 지팡이(木)를 들고 주변을 살피는 고위 관리(蒦)를 뜻한다(권력, 권위, 인권).

勸 勸(권할 권) 왼쪽은 목이 길고 눈이 큰 새(蒦 황새 관), 오른쪽은 힘을 상징하는 쟁기(力 힘 력역)이다. 새는 즐거움(歡 기뻐할 환)을 의미하고, 쟁기는 노력하며 힘쓰는 것을 뜻한다. 황새처럼 주변을 관찰하는 높은 위치에 있는 사람이 아랫사람에게 일을 지시하고, 아랫사람은 자신의 일을 기쁘게 열심히 하는 모습이다. 좋은 말로 칭찬하며 '권하다'의 뜻이다(권장, 권고, 권유).

歡 歡(기뻐할 환) 왼쪽은 목이 길고 눈이 큰 새(蒦 황새 관), 오른쪽은 입을 벌려 입김을 부는 모습(欠 하품 흠)이다. 황새가 부리를 '딱딱딱' 부딪

치며 고개를 뒤로 젖히는 모습을 그리고 있다. 황새는 부리를 부딪치며 우는 소리를 내는데 먼 곳에서 들릴 정도로 크고, 고개를 뒤로 젖히며 우는 모습이 마치 사람이 박장대소하는 모습과 유사하다. '기쁘다'의 의미로 사용된다(환호, 환송, 환영).

• 羽(깃 우) 새의 깃털

808자	한자	훈&음	한어병음	간체자
771	習	익힐 습	xí	习
772	飛	날 비	fēi	飞

習(익힐 습) 위에는 새의 날개(羽 깃 우), 아래는 말하는 모습을 의미하는 白(흰 백)이다. 새가 날개를 퍼덕이며 지저귀는 모습으로, 원래 글자는 어린 새가 둥지에서 날개를 치며 나는 연습을 하는 모습이다. 후대에 둥지가 白(흰 백)으로 바뀌며 반복하여 학습한다는 의미로 사용된다(자습, 학습, 습관).

飛(날 비) 오른쪽은 두 날개, 왼쪽에는 곡식을 퍼서 올리는 손잡이가 긴 그릇(升 되 승, 오를 승)으로, 올라감을 뜻한다. 날개를 치며 날아 올라가는 새를 묘사하고 있다(비행기, 비상, 비약적).

• 西(서녘 서) 새 둥지

808자	한자	훈&음	한어병음	간체자
773	西	서녘 서	xī	

西(서녘 서) 위는 꼬리가 긴 새 모습이고, 아래는 새 둥지이다. 새가 둥지에 앉아 있는 모습으로 해가 서쪽으로 지면 새들이 둥지에 모여 시끄럽게 떠드는 습성이 있어 '서쪽'의 의미로 사용된다(서양, 서해).

• 犬(개 견) 개

808자	한자	훈&음	한어병음	간체자
774	犬	개 견	quǎn	
775	伏	엎드릴 복	fú	

犬(개 견) 개의 형상을 세로로 된 죽간에 쓰기 편하게 세워 쓴 모습이다 (충견, 애완견).

伏(엎드릴 복) 왼쪽은 사람(人), 오른쪽은 개(犬)이다. 개는 '사냥'을 의미하

개 모습 도기(陶器)(AD 265~ 420)(북경 수도(首都)박물관)

는데, 사냥개는 공격할 대상을 보면 몸을 낮추고 적당한 기회를 엿보므로 '엎드리다'라는 뜻으로 사용된다. 개가 엎드려 사냥감을 노려보듯 사람이 엎드려 있는 모습이다(잠복, 매복, 복병).

• 羊(양 양) 양

808자	한자	훈&음	한어병음	간체자
776	羊	양 양 ·	yáng	
777	美	아름다울 미	měi	
778	善	착할 선	shàn	

羊羊(양 양) 뿔이 달린 양의 얼굴 모습이다.

美美(아름다울 미) 위에는 양(羊), 아래는 큰 사람(大)이다. 양은 제물로 사용되던 신성한 동물로, 의로움(義 옳을 의)을 뜻한다. 따라서 신성한 사람인 왕이나 제사장, 귀족을 뜻한다. 왕이나 제사장은 머리를 아름답게 꾸미고 아름다운 옷을 입었으므로 '아름답다'의 의미가 된다(미인, 미술, 미국).

머리에 양 뿔 모양의 모자를 쓴 귀족들이 제사를 지내고 있다.(전국시대 BC 403~BC 221)(북경 수도박물관)

善善(착할 선) 위에는 제물로 바치는 신성한 羊(양 양), 아래는 공적인 말(言)이다. 신 또는 신의 대리인인 왕이나 제사장이 하는 의롭고(義 옳을 의) 공정한 말이라는 뜻으로, 너그럽고 신령한 말을 뜻한다(선행, 개선, 최선).

• 牛(소 우) 소

808자	한자	훈&음	한어병음	간체자
779	牛	소 우	niú	
780	半	반 반	bàn	半
781	告	알릴 고	gào	
782	造	지을 조	zào	造

牛牛(소 우) 뿔이 있는 소를 그리고 있다(우유, 한우).

半牛(반 반) 위에는 갈라짐을 의미하는 八(여덟 팔), 그 아래 뿔 달린 소(牛 소 우)가 있다. 제물로 쓸 소를 칼로 잘라 나누는 모습이다(절반, 반도체, 전반).

상나라 시기 제사에 바쳐지던 소머리(은허박물관)

告告(알릴 고) 위에는 소(牛), 아래는 말하는 입(口)이다. 소는 제사에 바치는 귀한 제물로 소의 머리는 제사상 중간에 올려놓았다. 소를 바친 제단 앞에서 신에게 자신의 상황을 솔직히 알리며(口) 기도하는 모습이다(고백, 고발, 광고).

상나라 당시 제작된 소 모양 청동 제기(祭器)(중국 은허박물관)

造造(지을 조) 왼쪽은 진행을 의미하는 辵(쉬엄쉬엄 갈 착), 오른쪽은 제사를 지내며 신에게 솔직히 고하는 모습이다(告 알릴 고). 어떠한 물건을 만들거나 일을 진행한 상황을 신에게 보고하는 모습이다. '만들다', '성취하다'의 의미로 사용된다(제조, 조성, 조작).

• 虍(호피무늬 호) 호랑이

808자	한자	훈&음	한어병음	간체자
783	虎	범 호	hǔ	
784	號	부르짖을 호	hào	号
785	處	곳 처	chù	处
786	虛	빌 허	xū	虚

虎(범 호) 위는 호랑이 머리, 아래는 호랑이의 몸과 꼬리를 그리고 있다.

號(부르짖을 호) 왼쪽은 호각(호루라기)을 의미하는 号(부를 호), 오른쪽은 호랑이(虎)이다. 멀리서 호랑이가 크게 포효하는 소리를 뜻한다. 거리를 두고 큰 소리로 사람을 부를 때 사용한다(번호, 호령, 신호).

호랑이 형상의 청동 제기 손잡이(전국시대 BC 5세기~BC 3세기)(북경 수도박물관)

處(살 처) 호랑이(虎)와 거꾸로 된 발자국을 의미하는 夂(뒤져올 치)가 있다. 발이 뒤로 된 모습은 정해진 곳으로 돌아가는 모습이다. 원래 의미는 사형 죄에 해당하는 범죄자를 호랑이 우리에 넣어 처벌(處罰)한다는 뜻이었다. 현재는 '장소', '처리하다'의 의미로 사용된다(처리, 근처, 처치).

虛(빌 허) 위에는 호랑이(虍), 아래는 언덕을 의미하는 丘(언덕 구)가 변한 형태이다. 호랑이가 있는 산을 의미하며, 사람들이 호랑이가 무서워 그곳에 가지 않으므로 '비다', '폐허'의 의미가 된다(허무, 허위, 허구).

• 여러 동물 말, 사슴, 원숭이, 곰

808자	한자	훈&음	한어병음	간체자
787	馬	말 마	mǎ	马
788	慶	경사 경	qìng	庆
789	遇	만날 우	yù	遇
790	能	능할 능	néng	

馬(말 마) 말 모습으로 큰 머리와 머리의 말갈기를 묘사하고 있다
(승마, 출마, 마차).

慶(경사 경) 위는 사
슴의 뿔과 눈 등을 표현하고
(鹿 사슴 록녹), 그 아래 마음
(心 마음 심), 맨 아래 정해진
곳으로 가는 夊(천천히 걸을
쇠 발)이 있다. 고대에 경사

금으로 된 사슴과 호랑이 모습 장신구(BC 403~
BC 221)(요녕성박물관)

스런 일이 있을 때 귀한 사슴을 바치는 풍습이 있었다. 좋은 일에 즐거운
마음(心)으로 사슴을 건네는(夊) 모습이다(경축, 국경일).

遇(만날 우) 왼쪽은 진행을 의미하는 辶(=辵 쉬엄쉬엄 갈 착), 오른
쪽은 긴 꼬리를 가진 원숭이 禺(긴꼬리원숭이 우)이다. 길을 가다 평소 만나
기 힘든 꼬리가 긴 원숭이를 우연히(偶 짝, 우연할 우) 만나는 모습이다(불
우, 대우, 경우).

能(능할 능) 위는 곰의 머리(厶), 그 왼쪽 아래는 몸(肉), 오른쪽은 발을 세운 곰의 발바닥을 뜻한다. 곰은 고대 동아시아인들이 숭배한 동물로, 머리가 좋고 힘이 세므로 '잘하다', '능하다'라는 뜻으로 사용된다(가능, 능력, 기능).

 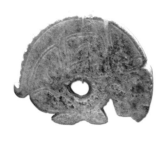

상나라 시기에 제작된 용을 닮은 옥장식들(중국 은허박물관). 중국에서는 이러한 형태의 옥이 원래 곰의 형상에서 발전된 것으로 분석하고, 이름을 '옥으로 된 곰 형상의 용(옥웅용 玉熊龍)'이라고 명명하고 있다.

• 也(어조사 야) 뱀

808자	한자	훈&음	한어병음	간체자
791	地	땅 지	dì	
792	他	남 타	tā	

地(땅 지) 왼쪽은 흙(土 흙 토), 오른쪽 也(잇기 야)는 계속 이어짐을 뜻한다. 也(잇기 야)는 원래 아직 태를 자르지 않은 태아나, 탯줄처럼 긴 뱀 모습

뱀 모양이 새겨진 제사용 그릇(BC 9세기~BC 771)(상해박물관)

의 巳(뱀 사)이었다. 흙이 계속해서 길게 이어져 있는 넓은 땅을 뜻한다(지역, 지방, 지구).

佗他(다를 타) 왼쪽은 사람(人), 오른쪽은 뱀처럼 길게 이어짐을 의미하는 也(잇기 야)이다. 사람이 길게 이어진 모습으로, 멀리 떨어진 다른 사람을 가리킨다(타국, 타향, 타인).

- **魚(고기 어) 물고기**

808자	한자	훈&음	한어병음	간체자
793	魚	고기 어	yú	鱼
794	漁	고기 잡을 어	yú	渔
795	鮮	고울 선	xiān	鲜

魚魚(고기 어) 물고기 모습이다. 위부터 물고기 머리와 몸통, 맨 아래는 지느러미이다.

상나라 수도 하남성 안양현 은허(殷墟) 부근에서 발견된 대형 물고기 뼈(은허박물관). 상나라 당시 중원의 기후는 지금보다 따뜻하여 대형 동물이나 대형 물고기가 서식했다.

漁漁(고기 잡을 어) 왼쪽은 물(水), 오른쪽은 물고기(魚)이다. 물속에 있는 물고기를 잡는 모습이다(어부, 어선, 농어촌).

鮮鮮(고울 선) 오른쪽은 물고기(魚), 왼쪽은 양(羊 양 양)이 있다. 양(羊)은 고대 제사에 바치던 귀한 제물로, 복이나 상서로움(祥 상서로울 상), 또는 아름다움(美 아름다울 미)을 뜻한다. 물고기의 빛깔이 싱싱하고 아름답다는 뜻이다(신선, 선명, 생선).

• 虫(벌레 충) 벌레

808자	한자	훈&음	한어병음	간체자
796	蟲	벌레 충	chóng	虫
797	强	굳셀 강	qiáng	
798	風	바람 풍	fēng	风
799	獨	홀로 독	dú	独
800	萬	일만 만	wàn	万

蟲(벌레 충) 위에는 날카로운 머리가 있고, 그 아래 구불거리는 몸이 있는 벌레(虫 벌레 충)가 여럿 모여 있는 모습이다. 뱀처럼 구불거리는 벌레의 유충을 묘사하고 있다. 송충이 같은 애벌레는 독이 있어 사람이 만지면 마치 뱀처럼 쏘는 습성이 있으므로 머리 부분을 뾰족하게 찌르는 모습으로 그리고 있다(곤충, 기생충, 충치).

强(굳셀 강) 왼쪽은 활(弓 활 궁), 오른쪽 위는 입처럼 벌어진 곤충의 뿔(턱), 그 아래 곤충(蟲 벌레 충)이 있다. 활처럼 굽은 단단한 뿔(턱)을 가진 사슴벌레, 딱정벌레

활처럼 휜 강한 턱을 가진 사슴벌레(한국학중앙연구원)

같은 곤충을 뜻한다. 사슴벌레는 몸이 단단하고 힘이 세어 한 번 물면 사람에게 큰 고통을 가져오므로 '강하다'라는 뜻으로 사용된다(강조, 강력, 강제).

風(바람 풍) 집이나 가리개를 의미하는 윗부분과, 그 안에 날카롭게 독을 쏘는 구불구불한 벌레가 있다. 집 안의 틈새로 들어오는 세차고 날카로운 바람이 마치 독을 쏘는 벌레와 같이 차갑고 매서운 것을 묘사한다. 외부에서 들어오는 바람으로 자신과 다른 타 지역의 풍습이나 경치를 의미하기도 한다(태풍, 열풍, 풍속, 풍경).

獨(홀로 독) 왼쪽은 개(犬 개 견), 오른쪽은 눈(目 눈 목)을 크게 뜬 사람(人)과 그 앞에 머리가 크고 몸통이 긴 뱀(虫 벌레 충)이 있다. 사람은 뱀을 마주하면 소스라치게 놀라고 도망을 간다. 반면에 개는 뱀을 보면 크게 짖으며 달려들어 뱀을 죽이는 습성이 있다. 사람들이 뱀을 보고 모두 도망갈 때 홀로 뱀과 맞서는 개의 특성으로 인해 '홀로', '오직'의 의미가 파생된다(독립, 단독, 독도).

萬(일만 만) 위에는 두 손(집게)이 있고, 그 아래 견고한 몸, 그 아래 구불거리는 꼬리가 있다. 꼬리를 가로지르는 것은 날이 세 개 달린 창

군집생활을 하는 전갈

날이 세 개 달린 삼지창(국립민속박물관)

을 뜻한다. 가재처럼 집게를 가진 곤충으로, 단단한 몸과 꼬리에 독이 있어 천적을 창으로 찌르듯 공격하는 전갈을 묘사하고 있다. 전갈은 떼를 지어 모여 사는 습성이 있고, 고대 중국에는 전갈이 많았으므로 '수없이 많다'라 는 뜻의 일만(10,000)을 의미하게 된다(만약, 만세, 만물).

• 角(뿔 각) 뿔

808자	한자	훈&음	한어병음	간체자
801	角	뿔 각	jiǎo	角
802	解	풀 해	jiě	解

角(뿔 각) 위에는 칼(刀 칼 도), 아래는 고드름(冫 얼음 빙)처럼 뾰족한 주름진 소의 뿔을 그리고 있다. 뾰족한 소의 뿔을 칼로 자르는 모습이다. 옛날에 소의 뿔은 활이나 가구, 악

날이 세 개 달린 삼지창(국립민속박물관)

기, 술잔 등을 만드는 중요한 재료였으므로 조심스럽게 잘라 귀하게 사용 하였다. 뿔은 날카로우므로 '뾰족한 정도'를 의미하는 '각도'라는 뜻이 추 가된다(각도, 시각, 직각).

解(풀 해) 왼쪽에 뿔(角 뿔 각)이 있고, 오른쪽 위는 뿔을 자르는 모 습을 강조하기 위한 칼(刀 칼 도), 그 아래 소(牛 소 우)가 있다. 소의 뿔을 칼로 잘라 도려내는 모습인데, 원래는 칼이 아니라 두 손으로 소의 뿔을

잡아 뽑는 모습이었다. 소의 뿔을 뽑기 위
해서는 먼저 뿔을 달구어 흐물흐물하게
한 뒤 적당한 온도가 되었을 때 뽑아야 원
형 그대로 뽑힌다. 뿔을 뽑는 일은 생각보
다 쉽지 않아 적당한 온도가 되었을 때 기
술적으로 빼내야 했다. 어렵게 쇠뿔을 뽑
고 나면 어려운 일을 해냈다는 생각에 '해
결', '해소' 등의 의미가 생겨난다(해결, 해
답, 화해).

소머리 모양의 손잡이가 달린 청동
기(BC 1046~BC 771)(중국 성
박물관)

• 毛(털 모) 털

808자	한자	훈&음	한어병음	간체자
803	毛	털 모	máo	

毛(털 모) 처음에는 땅에서 자라난 풀(屮)을 의미했는데, 이후 점차
사람이나 동물에 자라는 털을 의미하게 된다(모발, 모피).

7) 광물

• 金(쇠 금) 흙에서 빛나는 알갱이

808자	한자	훈&음	한어병음	간체자
804	金	쇠 금성 김	jīn	
805	銀	은 은	yín	银
806	錢	돈 전	qián	钱

金金 金(쇠 금성 김) 위에는 사물을 모아 덮는 뚜껑인 亼(모을 집)으로 '포함하다(含 머금을 함)'의 뜻이고, 그 아래 흙을 의미하는 土(흙 토)와 주변에 점들이 찍혀 있다. 흙에 포함되어 있는 빛나는 알갱이들을 모은다는 의미로, 사금(砂金)을 뜻한다. 원래는 흙 속에 포함된 다양한 금속을 의미했으나 이후 특별히 금을 의미하게 된다(금속, 세금, 자금).

銀銀 銀(은 은) 왼쪽은 금, 오른쪽은 위에 눈(目 눈 목), 그 아래 사람(人)이 눈(目)을 뒤로 하고 뒤돌아선 모습이 있다(艮 어긋날 간). 금보다 가치가 낮은 등급의 금속인 은을 보고 실망한 모습(恨 한할 한)을 뜻한다. 은은 금처럼 빛나긴 하지만 금보다 흔하고 많아 가치가 금보다 떨어진다. 중국에서 은은 1935년까지도 기본 화폐로 사용되었으므로 화폐를 다루는 곳을 '은행(은을 다루는 전문점)'이라 부르던 것이 현재 '은행'이라는 호칭의 기원이 된다(수은, 은하수).

錢錢 錢(돈 전) 왼쪽은 금속을 의미하는 금(金 쇠 금), 오른쪽은 금속으로 된 창(戈 창 과)이 쌓여 있는 모습인 戔(쌓일 전)이다. 창날처럼 길고 얇은(淺 얕을 천) 금속이 쌓인 모습이다. 옛날 창 모양의 얇은 동전이 있었는데(명도전), 구멍이 있어 여러 개를 겹쳐 끈으로 묶어 휴대하고 다녔다(동전, 금전).

명도전: 창이나 칼 모습을 한 화폐(국립경주박물관)

鐵 (쇠 철) 왼쪽은 금속(金 쇠 금), 가운데 위에는 화살(矢 화살 시), 그 아래 새(隹 새 추), 그 옆에 창(戈 창 과)이 있다. 새를 잡는 데 사용되는 화살촉이나 창을 만들 때 사용되는 금속인 철을 뜻한다(철강, 제철, 철도).

針 (바늘 침) 왼쪽은 금속(金 쇠 금), 오른쪽은 바늘(針 바늘 침)처럼 가는 실이나 나뭇가지를 의미하는 십(十 열 십)이다. 十(열 십)의 처음 형태는 실의 가운데를 한 번 묶어 '열(10)'을 표시한 모습으로, 주판에서 세로로 세워진 가느다란 나뭇가지와 같은 역할을 했다. 날짜나 숫자를 표시하던 가느다란 실 또는 나뭇가지처럼 쇠(金)를 바늘처럼 가늘게 만들어 방향을 표시하는 나침반을 뜻한다. 자석으로 된 바늘인 나침반은 방위를 가르치므로 추진하는 일의 '방향', '지침'을 가리키는 의미로도 사용된다(방침, 지침, 침엽수).

〈한자음 순 정렬〉

번호	한자	훈	음	한어병음	간체자
153	假	거짓	가	jiǎ	
254	街	거리	가	jiē	
290	加	더할	가	jiā	
360	家	집	가	jiā	
421	可	옳을	가	kě	
424	歌	노래	가	gē	
435	價	값	가	jià	价
234	各	각각	각	gè	
801	角	뿔	각	jiǎo	角
104	看	볼	간	kàn	
383	間	틈	간	jiān	间
132	甘	달	감	gān	
196	敢	감히	감	gǎn	敢
541	感	느낄	감	gǎn	
542	減	덜	감	jiǎn	减
576	講	이야기할	강	jiǎng	讲
702	江	강	강	jiāng	
797	强	굳셀	강	qiáng	
237	降	내릴, 항복할	강항	jiàng	
57	皆	다	개	jiē	
191	改	고칠	개	gǎi	
379	開	열	개	kāi	开
509	個	낱	개	gè	个
235	客	손님	객	kè	
81	去	갈	거	qù	
181	擧	들	거	jǔ	举
349	巨	클	거	jù	
505	居	살	거	jū	
208	建	세울	건	jiàn	
110	見	볼	견	jiàn	见
662	堅	굳을	견	jiān	坚
774	犬	개	견	quǎn	
555	決	터질	결	jué	决

번호	한자	훈	음	한어병음	간체자
566	結	맺을	결	jié	结
698	潔	깨끗할	결	jié	洁
5	競	다툴	경	jìng	竞
198	敬	공경할	경	jìng	
199	驚	놀랄	경	jīng	惊
284	耕	밭갈	경	gēng	
309	經	날실, 지날	경	jīng	经
390	京	서울	경	jīng	
512	輕	가벼울	경	qīng	轻
632	景	경치	경	jǐng	
788	慶	경사	경	qìng	庆
215	更	고칠, 다시	경갱	gèng	
261	界	지경	계	jiè	
270	季	끝	계	jì	
499	計	셀	계	jì	计
48	考	생각할	고	kǎo	考
389	高	높을	고	gāo	
504	古	옛	고	gǔ	
506	故	옛	고	gù	
507	苦	쓸	고	kǔ	
508	固	굳을	고	gù	
781	告	알릴	고	gào	
273	穀	곡식	곡	gǔ	谷
393	曲	굽을	곡	qǔ	
726	困	괴로울	곤	kùn	
614	骨	뼈	골	gǔ	骨
178	共	함께	공	gòng	
289	功	공로	공	gōng	
348	工	장인	공	gōng	
355	空	빌	공	kōng	
497	公	공평할	공	gōng	
255	過	지나갈	과	guò	过
274	科	과목	과	kē	
737	果	열매	과	guǒ	

번호	한자	훈	음	한어병음	간체자
738	課	매길	과	kè	课
361	官	벼슬	관	guān	
380	關	관계할	관	guān	关
767	觀	볼	관	guān	观
14	光	빛	광	guāng	
372	廣	넓을	광	guǎng	广
61	交	사귈	교	jiāo	
62	校	학교	교	xiào	
192	教	가르침	교	jiào	教
736	橋	다리	교	qiáo	桥
85	久	오랠	구	jiǔ	
129	口	입	구	kǒu	
131	區	지경	구	qū	区
133	句	글귀	구	jù	
185	舊	예	구	jiù	旧
193	救	구원할	구	jiù	
356	究	연구할	구	jiū	
413	球	공	구	qiú	
503	九	아홉	구	jiǔ	
87	局	구획	국	jú	
531	國	나라	국	guó	国
187	君	임금	군	jūn	
513	軍	군사	군	jūn	军
544	弓	활	궁	gōng	
177	卷	책, 말	권	juàn	卷
768	權	권세	권	quán	权
769	勸	권할	권	quàn	劝
231	歸	돌아갈	귀	guī	归
440	貴	귀할	귀	guì	贵
663	均	고를	균	jūn	
3	極	다할	극	jí	极
112	根	뿌리	근	gēn	
294	勤	부지런할	근	qín	
522	近	가까울	근	jìn	近

번호	한자	훈	음	한어병음	간체자
451	禁	금할	금	jìn	
608	今	이제	금	jīn	
804	金	쇠, 성	금김	jīn	
213	及	다다를	급	jí	
214	急	급할	급	jí	
310	給	넉넉할	급	gěi	给
189	技	재주	기	jì	
223	起	일어날	기	qǐ	
298	基	터, 기초	기	jī	
299	期	기약할	기	qī	
330	己	자기	기	jǐ	
331	記	기록할	기	jì	记
653	氣	기운	기	qì	气
565	吉	운 좋을	길	jí	
166	暖	따뜻할	난	nuǎn	暖
761	難	어려울	난	nán	难
291	男	사내	남	nán	
415	南	남녘	남	nán	
351	內	안	내	nà	内
39	女	여자	녀여	nǚ	
272	年	해	년	nián	
609	念	생각할	념염	niàn	
152	怒	성낼	노	nù	
394	農	농사	농	nóng	农
790	能	능할	능	néng	
617	多	많을	다	duō	
742	茶	차	다차	chá	
139	端	바를	단	duān	
322	團	둥글	단	tuán	团
446	單	홀로	단	dān	单
547	短	짧을	단	duǎn	
256	達	통달할, 도달할	달	dá	达
571	談	말씀	담	tán	谈
753	答	대답할	답	dá	

번호	한자	훈	음	한어병음	간체자
386	堂	집	당	táng	
387	當	당할	당	dāng	当
15	大	큰	대	dà	
169	對	대답할	대	duì	对
247	待	기다릴	대	dài	
447	代	대신할	대	dài	
248	德	덕	덕	dé	
95	道	길	도	dào	道
249	徒	무리	도	tú	
353	圖	그림	도	tú	图
373	度	법도	도	dù	
470	刀	칼	도	dāo	
553	到	이를	도	dào	
675	都	도읍	도	dōu	都
759	島	섬	도	dǎo	岛
445	讀	읽을	독	dú	读
799	獨	홀로	독	dú	独
239	冬	겨울	동	dōng	
266	東	동녘	동	dōng	东
297	動	움직일	동	dòng	动
399	同	같을	동	tóng	
584	童	아이	동	tóng	
458	豆	콩	두	dòu	
459	頭	머리	두	tóu	头
250	得	얻을	득	dé	
242	登	오를	등	dēng	
707	燈	등잔	등	dēng	灯
754	等	가지런할	등	děng	
743	落	떨어질	락	luò	
301	浪	물결	랑낭	làng	
594	來	올	래내	lái	来
68	冷	찰	랭냉	lěng	冷
267	量	헤아릴	량양	liàng	
300	良	좋을	량양	liáng	

번호	한자	훈	음	한어병음	간체자
391	涼	서늘할	량양	liáng	凉
515	兩	둘	량양	liǎng	两
518	旅	여행	려여	lǚ	
230	歷	지낼	력역	lì	历
288	力	힘	력역	lì	
311	練	익힐	련연	liàn	练
511	連	잇닿을	련연	lián	连
610	列	줄	렬열	liè	
611	烈	세찰	렬열	liè	
67	令	명령할	령영	lìng	令
69	領	거느릴	령영	lǐng	领
461	禮	예도	례예	lǐ	礼
612	例	법식	례예	lì	
49	老	늙을	로노	lǎo	
236	路	길	로노	lù	
292	勞	일할	로노	láo	劳
657	露	드러낼, 이슬	로노	lù	
338	綠	초록빛	록녹	lǜ	绿
628	論	논할	론논	lùn	论
593	料	되질할	료요	liào	
265	留	머무를	류유	liú	
685	流	흐를	류유	liú	
501	六	여섯	륙육	liù	
673	陸	뭍	륙육	lù	陆
209	律	법	률율	lǜ	
262	里	마을	리	lǐ	
263	理	이치	리	lǐ	
275	利	날카로울	리이	lì	
722	林	수풀	림임	lín	
22	立	설	립	lì	
787	馬	말	마	mǎ	马
65	晚	늦을	만	wǎn	
688	滿	찰	만	mǎn	满
800	萬	일만	만	wàn	万

번호	한자	훈	음	한어병음	간체자
724	末	끝	말	mò	
557	亡	망할	망	wáng	
558	忘	잊을	망	wàng	
559	忙	바쁠	망	máng	
648	望	바랄	망	wàng	望
37	每	매양	매	měi	
40	妹	누이동생	매	mèi	
442	買	살	매	mǎi	买
443	賣	팔	매	mài	卖
595	麥	보리	맥	mài	麦
64	免	면할	면	miǎn	免
66	勉	힘쓸	면	miǎn	
94	面	얼굴	면	miàn	
108	眠	잠잘	면	mián	
70	命	목숨	명	mìng	
647	明	밝을	명	míng	
650	名	이름	명	míng	
758	鳴	울	명	míng	鸣
36	母	어머니	모	mǔ	
631	暮	저물	모	mù	
803	毛	털	모	máo	
101	目	눈	목	mù	
721	木	나무	목	mù	
41	妙	묘할	묘	miào	
229	武	굳셀	무	wǔ	
244	舞	춤출	무	wǔ	
483	無	없을	무	wú	无
529	務	일	무	wù	务
78	文	글월	문	wén	
378	門	문	문	mén	门
381	問	물을	문	wèn	问
382	聞	들을	문	wén	闻
477	物	물건	물	wù	
327	尾	꼬리	미	wěi	

번호	한자	훈	음	한어병음	간체자
591	米	쌀	미	mǐ	
728	未	아닐	미	wèi	
729	味	맛	미	wèi	
777	美	아름다울	미	měi	
107	民	백성	민	mín	
667	密	빽빽할	밀	mì	
600	飯	밥	반	fàn	饭
676	反	돌이킬	반	fǎn	
780	半	반	반	bàn	
241	發	쏠	발	fā	发
285	方	네모, 방향	방	fāng	
286	放	놓을	방	fàng	
287	訪	찾아다닐	방	fǎng	访
670	防	막을	방	fáng	
146	拜	절	배	bài	
492	百	일백	백	bǎi	
596	白	흰	백	bái	
264	番	차례	번	fān	
532	伐	칠	벌	fá	
82	法	법	법	fǎ	
312	變	변할	변	biàn	变
473	別	나눌	별	bié	别
52	病	병	병	bìng	
523	兵	군사	병	bīng	
34	保	지킬	보	bǎo	
219	步	걸음	보	bù	
589	報	갚을	보	bào	报
403	服	옷	복	fú	
463	福	복	복	fú	福
775	伏	엎드릴	복	fú	
725	本	근본	본	běn	
175	奉	받들	봉	fèng	
20	夫	지아비	부	fū	
21	扶	도울	부	fú	

번호	한자	훈	음	한어병음	간체자
35	父	아버지	부	fù	
46	婦	며느리	부	fù	妇
464	富	넉넉할	부	fù	
469	否	아닐	부	fǒu	
674	部	거느릴	부	bù	
692	浮	뜰	부	fú	
54	北 ·	북녘	북	běi	
471	分	나눌	분	fèn	
525	佛	부처	불	fó	
468	不	아니	불부	bú	
56	比	견줄	비	bǐ	
58	非	아닐	비	fēi	
59	悲	슬플	비	bēi	
118	鼻	코	비	bí	鼻
549	備	갖출	비	bèi	备
772	飛	날	비	fēi	飞
430	貧	가난할	빈	pín	贫
691	冰	얼음	빙	bīng	
76	射	쏠	사	shè	
77	謝	감사할	사	xiè	谢
89	思	생각	사	sī	
119	四	넉	사	sì	
170	寺	절	사	sì	
205	史	역사	사	shǐ	
206	事	일	사	shì	
207	使	시킬	사	shǐ	
271	私	사사로울	사	sī	
362	寫	베낄	사	xiě	写
563	士	선비	사	shì	
605	舍	집	사	shě	
613	死	죽을	사	sǐ	
668	師	스승	사	shī	师
194	散	흩을	산	sàn	
664	山	뫼	산	shān	

번호	한자	훈	음	한어병음	간체자
713	産	낳을	산	chǎn	产
755	算	셀	산	suàn	
201	殺	죽일	살	shā	杀
491	三	셋	삼	sān	
105	相	서로	상	xiàng	
106	想	생각	상	xiǎng	
354	商	헤아릴	상	shāng	
388	常	항상	상	cháng	
433	賞	상줄	상	shǎng	赏
478	傷	상처	상	shāng	伤
480	上	위	상	shàng	
560	喪	죽을	상	sàng	丧
71	色	빛	색	sè	
712	生	날	생	shēng	
210	書	쓸	서	shū	书
325	序	차례	서	xù	
485	暑	더울	서	shǔ	暑
773	西	서녘	서	xī	
334	席	자리	석	xí	
425	石	돌	석	shí	
642	昔	옛	석	xī	
643	惜	아낄	석	xī	
649	夕	저녁	석	xī	
220	先	먼저	선	xiān	
257	選	가릴	선	xuǎn	选
313	線	줄	선	xiàn	线
404	船	배	선	chuán	
665	仙	신선	선	xiān	
778	善	착할	선	shàn	
795	鮮	고울	선	xiān	鲜
6	說	말씀	설	shuō	说
126	舌	혀	설	shé	
202	設	베풀	설	shè	设
655	雪	눈	설	xuě	雪

번호	한자	훈	음	한어병음	간체자
122	聖	성스러울	성	shèng	圣
123	聲	소리	성	shēng	声
537	成	이룰	성	chéng	
538	城	성	성	chéng	
539	盛	담을	성	shèng	
540	誠	정성	성	chéng	诚
714	姓	성씨	성	xìng	
715	性	성품	성	xìng	
716	星	별	성	xīng	
102	省	살필, 덜	성생	shěng	
7	稅	세금	세	shuì	税
221	洗	씻을	세	xǐ	
232	歲	해	세	suì	岁
295	勢	기세	세	shì	势
314	細	가늘	세	xì	细
500	世	인간, 세대	세	shì	
84	笑	웃을	소	xiào	
281	小	작을	소	xiǎo	
282	少	적을	소	shǎo	
315	素	흴	소	sù	
377	所	~하는 바	소	suǒ	
619	消	사라질	소	xiāo	
444	續	이을	속	xù	续
681	俗	풍속	속	sú	
733	速	빠를	속	sù	速
316	孫	손자	손	sūn	孙
258	送	보낼	송	sòng	送
731	松	소나무	송	sōng	
51	壽	목숨	수	shòu	寿
93	首	머리	수	shǒu	须
96	須	반드시	수	xū	须
142	修	닦을	수	xiū	
143	手	손	수	shǒu	
159	受	받을	수	shòu	

번호	한자	훈	음	한어병음	간체자
160	授	줄	수	shòu	
195	數	셀	수	shù	数
276	秀	빼어날	수	xiù	
280	愁	시름	수	chóu	
329	收	거둘	수	shōu	收
363	守	지킬	수	shǒu	
684	水	물	수	shuǐ	
734	樹	나무	수	shù	树
763	誰	누구	수	shéi	谁
364	宿	묵을	숙	sù	
97	順	따를, 순할	순	shùn	顺
320	純	순수할	순	chún	纯
666	崇	높을	숭	chóng	
604	拾	주울	습	shí	
771	習	익힐	습	xí	习
55	乘	탈	승	chéng	
145	承	받들	승	chéng	
296	勝	이길	승	shèng	胜
29	始	처음	시	shǐ	
171	時	때	시	shí	时
172	詩	시	시	shī	诗
333	市	시장	시	shì	
449	試	시험할	시	shì	试
450	示	보일	시	shì	
452	視	볼	시	shì	视
519	施	베풀	시	shī	
636	是	옳을	시	shì	
448	式	법	식	shì	
575	識	알	식	shí	识
599	食	밥	식	shí	
732	植	심을	식	zhí	植
75	身	몸	신	shēn	
109	臣	신하	신	chén	
524	新	새	신	xīn	

번호	한자	훈	음	한어병음	간체자
569	信	믿을	신	xìn	
582	辛	매울	신	xīn	
658	申	거듭	신	shēn	
659	神	귀신	신	shén	神
144	失	잃을	실	shī	
439	實	열매	실	shí	实
551	室	집	실	shì	
88	心	마음	심	xīn	
690	深	깊을	심	shēn	
498	十	열	십	shí	
679	氏	성씨	씨	shì	
186	兒	아이	아	ér	儿
534	我	나	아	wǒ	
418	樂	풍류	악	lè	乐
91	惡	악할, 미워할	악오	è,wù	恶
113	眼	눈	안	yǎn	
365	安	편안할	안	ān	
366	案	책상	안	àn	
635	暗	어두울	암	àn	
18	央	가운데	앙	yāng	
72	仰	우러러볼	앙	yǎng	
90	愛	사랑	애	ài	爱
344	哀	슬플	애	āi	
326	野	들	야	yě	
652	夜	밤	야	yè	
157	若	같을	약	ruò	
317	約	묶을	약	yuē	约
545	弱	약할	약	ruò	弱
744	藥	약	약	yào	药
577	讓	사양할	양	ràng	让
602	養	기를	양	yǎng	养
639	陽	볕	양	yáng	阳
641	揚	휘날릴	양	yáng	扬
704	洋	바다	양	yáng	

번호	한자	훈	음	한어병음	간체자
776	羊	양	양	yáng	
494	語	말씀	어	yǔ	语
793	魚	고기	어	yú	鱼
794	漁	고기잡을	어	yú	渔
580	憶	기억할	억	yì	忆
581	億	억	억	yì	亿
568	言	말씀	언	yán	
197	嚴	엄할	엄	yán	严
417	業	일	업	yè	业
45	如	같을	여	rú	
180	與	줄	여	yǔ	与
601	餘	남을	여	yú	余
259	逆	거스를	역	nì	逆
638	易	바꿀, 쉬울	역이	yì	
426	硏	갈	연	yán	研
708	然	그러할	연	rán	
709	煙	연기	연	yān	烟
710	熱	더울	열	rè	热
745	葉	잎	엽	yè	叶
19	英	꽃	영	yīng	
73	迎	맞이할	영	yíng	迎
687	永	길	영	yǒng	
711	榮	꽃	영	róng	荣
746	藝	재주	예	yì	艺
302	午	낮	오	wǔ	
493	五	다섯	오	wǔ	
495	悟	깨달을	오	wù	
573	誤	잘못	오	wù	误
410	玉	옥	옥	yù	
552	屋	집	옥	wū	
693	溫	따뜻할	온	wēn	温
13	完	완전할	완	wán	
251	往	갈	왕	wǎng	
561	王	임금	왕	wáng	

번호	한자	훈	음	한어병음	간체자
651	外	밖	외	wài	
184	要	구할	요	yào	
138	欲	하고자할	욕	yù	
682	浴	목욕할	욕	yù	
395	用	쓸	용	yòng	
396	勇	날쌜	용	yǒng	
683	容	얼굴	용	róng	
100	憂	근심할	우	yōu	忧
151	又	또	우	yòu	
154	友	벗	우	yǒu	
156	右	오른쪽	우	yòu	
367	宇	집	우	yǔ	
654	雨	비	우	yǔ	
779	牛	소	우	niú	
789	遇	만날	우	yù	遇
514	運	옮길	운	yùn	运
656	雲	구름	운	yún	云
762	雄	수컷	웅	xióng	
12	元	으뜸	원	yuán	
74	怨	원망할	원	yuàn	
98	願	원할	원	yuàn	愿
343	園	동산	원	yuán	园
345	遠	멀	원	yuǎn	远
465	圓	둥글	원	yuán	圆
700	原	근원	원	yuán	
645	月	달	월	yuè	
24	位	자리	위	wèi	
245	偉	훌륭할	위	wěi	伟
543	威	위엄	위	wēi	
678	危	위태할	위	wēi	
307	幼	어릴	유	yòu	
408	由	말미암을	유	yóu	
409	油	기름	유	yóu	
441	遺	남길	유	yí	遗

번호	한자	훈	음	한어병음	간체자
520	遊	놀	유	yóu	游
530	柔	부드러울	유	róu	
618	有	있을	유	yǒu	
616	肉	고기	육	ròu	
620	育	기를	육	yù	
83	恩	은혜	은	ēn	
805	銀	은	은	yín	银
137	飮	마실	음	yǐn	饮
578	音	소리	음	yīn	
671	陰	응달	음	yīn	阴
23	泣	울	읍	qì	
766	應	응할	응	yīng	应
203	醫	의원	의	yī	医
339	衣	옷	의	yī	
340	依	의지할	의	yī	
535	義	옳을	의	yì	义
536	議	의논할	의	yì	议
579	意	뜻	의	yì	
25	已	이미	이	yǐ	
27	以	~로써	이	yǐ	
120	耳	귀	이	ěr	
179	異	다를	이	yì	异
277	移	옮길	이	yí	
490	二	둘	이	èr	
400	益	더할	익	yì	益
1	人	사람	인	rén	
2	仁	어질	인	rén	
158	印	도장	인	yìn	
352	因	원인	인	yīn	
475	忍	참을	인	rěn	
476	認	알	인	rèn	认
546	引	끌	인	yǐn	
489	一	하나	일	yī	
629	日	해	일	rì	

번호	한자	훈	음	한어병음	간체자
350	入	들	입	rù	
32	子	아들	자	zǐ	
33	字	글자	자	zì	
117	自	스스로	자	zì	
308	慈	사랑할	자	cí	
484	者	놈	자	zhě	者
528	姊	누이	자	zǐ	중국상용자 姐[jiě]
336	作	지을	작	zuò	
337	昨	어제	작	zuó	
47	長	길, 어른	장	cháng, zhǎng	长
583	章	글	장	zhāng	
625	壯	씩씩할	장	zhuàng	壮
626	將	장수, 장차	장	jiāng	将
640	場	마당	장	chǎng	场
431	財	재물	재	cái	财
623	再	두 번	재	zài	
717	才	재주	재	cái	
718	材	재목	재	cái	
719	在	있을	재	zài	
735	栽	심을	재	zāi	
161	爭	다툴	쟁	zhēng	争
432	貯	쌓을	저	zhù	贮
486	著	분명할	저	zhe	著
680	低	낮을	저	dī	
586	敵	원수	적	dí	敌
587	適	맞을	적	shì	适
597	的	과녁	적	de	
706	赤	붉을	적	chì	
176	典	법	전	diǎn	
260	田	밭	전	tián	
323	傳	전할	전	chuán	传
328	展	펼	전	zhǎn	
405	前	앞	전	qián	

번호	한자	훈	음	한어병음	간체자
411	全	온전할	전	quán	
533	戰	싸울	전	zhàn	战
660	電	번개	전	diàn	电
806	錢	돈	전	qián	钱
318	絶	끊을	절	jué	绝
756	節	마디	절	jié	节
80	點	점	점	diǎn	点
374	店	가게	점	diàn	
147	接	이을	접	jiē	
99	頂	정수리	정	dǐng	顶
162	淨	깨끗할	정	jìng	净
163	靜	고요할	정	jìng	静
225	正	바를	정	zhèng	
226	政	정치	정	zhèng	
228	定	정할	정	dìng	
375	庭	뜰	정	tíng	
392	停	머무를	정	tíng	
592	精	정교할	정	jīng	精
622	井	우물	정	jǐng	
750	情	뜻	정	qíng	情
342	製	지을	제	zhì	
456	祭	제사	제	jì	
488	諸	모든	제	zhū	诸
526	弟	아우	제	dì	
527	第	차례	제	dì	
637	題	제목	제	tí	题
672	除	덜	제	chú	
398	調	고를	조	diào	调
454	祖	조상	조	zǔ	祖
479	助	도울	조	zhù	
482	兆	조짐	조	zhào	
630	早	이를	조	zǎo	
646	朝	아침	조	cháo	
757	鳥	새	조	niǎo	鸟

번호	한자	훈	음	한어병음	간체자
782	造	지을	조	zào	
227	足	발	족	zú	
521	族	겨레	족	zú	
168	尊	높을	존	zūn	尊
720	存	있을	존	cún	
347	卒	군사	졸	zú	
9	從	좇을	종	cóng	从
240	終	끝날	종	zhōng	终
283	種	씨	종	zhǒng	种
455	宗	으뜸, 조상	종	zōng	
585	鐘	종	종	zhōng	钟
155	左	왼	좌	zuǒ	
60	罪	허물	죄	zuì	
211	晝	낮	주	zhòu	昼
222	走	달릴	주	zǒu	
368	宙	집	주	zhòu	
406	主	주인	주	zhǔ	
407	住	살	주	zhù	
462	酒	술	주	jiǔ	
694	注	물 댈	주	zhù	
730	朱	붉을	주	zhū	
751	竹	대	죽	zhú	
10	衆	무리	중	zhòng	众
268	重	무거울	중	zhòng	
516	中	가운데	중	zhōng	
243	證	증거	증	zhèng	证
607	增	더할	증	zēng	增
148	指	손가락	지	zhǐ	
173	持	가질	지	chí	
188	支	가를	지	zhī	
190	枝	가지	지	zhī	
218	止	그칠	지	zhǐ	
319	紙	종이	지	zhǐ	纸
548	知	알	지	zhī	

번호	한자	훈	음	한어병음	간체자
550	至	이를	지	zhì	
564	志	의지	지	zhì	
791	地	땅	지	dì	
103	直	곧을	직	zhí	直
401	盡	다될	진	jìn	尽
466	眞	참	진	zhēn	真
764	進	나아갈	진	jìn	进
436	質	바탕	질	zhì	质
590	執	잡을	집	zhí	执
760	集	모일	집	jí	
135	次	버금	차	cì	
644	借	빌릴	차	jiè	
510	車	수레	차거	chē	车
487	着	붙을	착저	zhe	着
457	察	살필	찰	chá	
140	參	간여할	참	cān	参
134	唱	노래	창	chàng	
357	窓	창문	창	chuāng	窗
164	採	캘	채	cǎi	采
165	菜	나물	채	cài	
434	責	꾸짖을	책	zé	责
627	冊	책	책	cè	册
43	妻	아내	처	qī	
785	處	곳	처	chù	处
86	尺	자	척	chǐ	
11	千	일천	천	qiān	
17	天	하늘	천	tiān	
689	淺	얕을	천	qiǎn	浅
699	泉	샘	천	quán	
701	川	내	천	chuān	
807	鐵	쇠	철	tiě	铁
121	聽	들을	청	tīng	听
574	請	청할	청	qǐng	请
747	靑	푸를	청	jīng	青

번호	한자	훈	음	한어병음	간체자
748	晴	갤	청	qíng	晴
749	淸	맑을	청	qīng	清
615	體	몸	체	tǐ	体
149	招	부를	초	zhāo	
341	初	처음	초	chū	
739	草	풀	초	cǎo	
167	寸	마디	촌	cùn	
727	村	마을	촌	cūn	
125	最	가장	최	zuì	
279	秋	가을	추	qiū	
669	追	쫓을	추	zhuī	追
765	推	밀	추	tuī	
453	祝	빌	축	zhù	祝
633	春	봄	춘	chūn	
224	出	나갈	출	chū	
30	充	채울	충	chōng	
517	忠	충성	충	zhōng	
796	蟲	벌레	충	chóng	虫
124	取	취할	취	qǔ	
136	吹	불	취	chuī	
217	就	이룰	취	jiù	
28	治	다스릴	치	zhì	
233	齒	이	치	chǐ	齿
554	致	보낼	치	zhì	
467	則	법칙, 곧	칙즉	zé	则
111	親	친할	친	qīn	亲
502	七	일곱	칠	qī	
808	針	바늘	침	zhēn	针
556	快	유쾌할	쾌	kuài	
150	打	칠	타	dǎ	
792	他	남	타	tā	
8	脫	벗을	탈	tuō	脱
358	探	찾을	탐	tàn	
16	太	클	태	tài	

번호	한자	훈	음	한어병음	간체자
695	泰	클	태	tài	
369	宅	집	택	zhái	
661	土	흙	토	tǔ	
31	統	거느릴	통	tǒng	统
397	通	통할	통	tōng	
114	退	물러날	퇴	tuì	退
204	投	던질	투	tóu	
174	特	특히	특	tè	
305	波	물결	파	bō	
427	破	깨뜨릴	파	pò	
472	判	판가름할	판	pàn	判
496	八	여덟	팔	bā	
200	敗	깨뜨릴	패	bài	败
428	貝	조개	패	bèi	贝
216	便	편할	편	biàn	
624	片	조각	편	piàn	
419	平	평평할	평	píng	平
384	閉	닫을	폐	bì	闭
26	抱	안을	포	bào	
332	布	베	포	bù	
634	暴	사나울	폭	bào	
346	表	겉	표	biǎo	
130	品	물건	품	pǐn	
460	豐(豊)	풍년	풍	fēng	丰
798	風	바람	풍	fēng	风
303	皮	가죽	피	pí	
304	彼	저	피	bǐ	
567	必	반드시	필	bì	
752	筆	붓	필	bǐ	笔
238	夏	여름	하	xià	
422	何	어찌	하	hé	
423	河	물	하	hé	
437	賀	하례	하	hè	贺
481	下	아래	하	xià	

번호	한자	훈	음	한어병음	간체자
182	學	배울	학	xué	学
115	恨	원한	한	hèn	
116	限	한계	한	xiàn	
246	韓	나라이름	한	hán	韩
370	寒	차가울	한	hán	寒
385	閑	막을	한	xián	闲
696	漢	한수	한	hàn	汉
603	合	합할	합	hé	
38	海	바다	해	hǎi	
371	害	해칠	해	hài	
802	解	풀	해	jiě	解
253	行	갈	행	háng	
588	幸	다행	행	xìng	
278	香	향기	향	xiāng	
359	向	향할	향	xiàng	
598	鄕	시골	향	xiāng	乡
572	許	허락할	허	xǔ	许
786	虛	빌	허	xū	虚
306	革	가죽, 고칠	혁	gé	
412	現	나타날	현	xiàn	现
438	賢	어질	현	xián	贤
402	血	피	혈	xiě	
293	協	화합할	협	xié	协
4	兄	형	형	xiōng	
141	形	모양	형	xíng	
474	刑	형벌	형	xíng	
324	惠	은혜	혜	huì	
44	好	좋을	호	hǎo	
376	戶	집	호	hù	户
420	呼	부를	호	hū	
703	湖	호수	호	hú	
783	虎	범	호	hǔ	
784	號	부르짖을	호	hào	号
42	婚	혼인할	혼	hūn	

번호	한자	훈	음	한어병음	간체자
697	混	섞을	혼	hún	
321	紅	붉을	홍	hóng	红
53	化	될	화	huà	
128	話	말할	화	huà	话
212	畫	그림	화	huà	画
269	和	화할	화	hé	
429	貨	재화	화	huò	货
705	火	불	화	huǒ	
740	華	빛날	화	huá	华
741	花	꽃	화	huā	
92	患	근심	환	huàn	
770	歡	기뻐할	환	huān	欢
127	活	살	활	huó	
414	黃	노란색	황	huáng	黄
562	皇	임금	황	huáng	
606	會	모일	회	huì	会
686	回	돌	회	huí	
50	孝	효도	효	xiào	
63	效	본받을	효	xiào	
252	後	뒤	후	hòu	后
677	厚	두터울	후	hòu	
570	訓	가르칠	훈	xùn	训
723	休	쉴	휴	xiū	
621	胸	가슴	흉	xiōng	胸
79	黑	검을	흑	hēi	
183	興	일	흥	xìng	兴
335	希	바랄	희	xī	
416	喜	기쁠	희	xǐ